Blattzeit...
und andere Jagderlebnisse

Blattzeit... und andere Jagderlebnisse

Von
Dieter Birnbaum, Gerhard Böttger, Helmut Koch,
Rudolf Leyh, Ursula Sabban, Robert Schneider, Werner Stoll

Verlagshaus Reutlingen · Oertel + Spörer

Bilder
Alle Bilder von Erich Marek, Villingen-Schwenningen

Die Deutsche Bibliothek – CIP-Einheitsaufnahme

Blattzeit... und andere Jagderlebnisse /
von Dieter Birnbaum... – Reutlingen :
Verl.-Haus Reutlingen Oertel und Spörer, 1999
ISBN 3-88627-234-6

© Verlagshaus Reutlingen · Oertel + Spörer · 1999
Postfach 16 42 · 72706 Reutlingen
Alle Rechte vorbehalten
Schrift: 11/13 p Garamond
Lektorat: Dr. Gabriele Lehari, Reutlingen
Satz: typoscript GmbH, Kirchentellinsfurt
Druck: Oertel + Spörer, Reutlingen
Einband: Heinrich Koch, Tübingen
Printed in Germany
ISBN 3-88627-234-6

Inhalt

Blattzeit

Von Robert Schneider

Man schreibt den 18. Juli.
Schon vor Tagen bemerkte man eine gewisse Unruhe beim Rehwild. Die Geißen trippelten aufmerksam umher und hielten ihre Kitze versteckt... Bei den Schmalrehen stand schon am frühen Abend ein Bock. Spielend sprangen sie dann in weiten Fluchten über die Wiesen, doch der Rehbock zog immer wieder und dichter an das Weibliche heran.
Es ist der Anfang der Blattzeit oder, wie viele sagen, der Brunft. Das hohe Gras ist abgemäht. Die Bauern haben es in die Silos gebracht, um es dort zum Gären zu bringen. Das Nachgewachsene hat jetzt schon wieder Wadenhöhe erreicht, es ist ein frisches Grün und lädt gerade zur Äsung ein.
Heute morgen war ich bei meinen Waldarbeitern, um sie in einen neuen Arbeitsauftrag einzuweisen. Die Sauen haben sich vor zwei Tagen an einem Weizenacker gütlich getan und dort Schaden angerichtet. Die Männer beschließen, das Schilf, das das Feld umgibt, auf zwei bis drei Mahden niederzumähen, um so den Sauen wenigstens für ein paar Nächte eine fremde Umgebung anzubieten. Vielleicht nützt es für einige Tage. Das Feld liegt in einem Naturschutzgebiet, was die ganze Sache noch viel schwieriger macht.
Als sie gerade, es ist zehn Uhr am Morgen, mit dem Auto über eine Wiese einbiegen, steht doch der langersehnte Sechserbock grottenbreit in aller Ruhe vor ihnen. Er bemerkt sie. Er äugt, doch dann senkt er das Haupt und trollt in Richtung des großen Weizenfeldes. Kein Zweifel, die Blattzeit ist im Gange. Schon lange wollte ich diesen Sechserbock erlegen. Im letzten Augenblick hatte ich es mir

anders überlegt. Ich möchte den Abschuß einem befreundeten Jagdgast überlassen.

In der Mittagszeit fährt jetzt ein sehr angefachter Waidmann bei seinem Freund Tom vorbei, um ihm vom Beginn der Rehbrunft zu berichten. Denn dem Tom macht es unheimlich viel Spaß, mit dem Buchenblatt die Böcke zu narren.

„Tom, was meinst du, um zu blatten, wäre es heute ein guter Tag? Die Böcke treiben, es ist heiß, schwülwarm. Ich denke, denen muß doch der Saft bis in alle Haarspitzen fahren."

„Ich habe jetzt keine Zeit", war seine Ausrede.

Meinen Freund kannte ich genau, es muß irgend etwas anderes in ihm sein, weshalb er so ablehnend ist.

„Ein besseres Wetter zum Blatten können wir uns nicht wünschen."

„Es ist noch zu früh. Am Wochenende machen wir vielleicht einen leisen Versuch. Die Böcke beschlagen jetzt erst einmal die Schmalrehe, dann die Ricken, und in dieser Phase läßt sich ein Rehbock sowieso nicht von einem brünftigen Stück ablenken."

Etwas enttäuscht gehe ich nach Hause. Ich weiß über die große Klasse meines Freundes Bescheid, denn er ist ein alter Hase, reich an Erfahrung, äußerst geschickt, um die Böcke „an der Nase herumzuführen", wie er selber sagt.

In ein paar Tagen will ich für vier Tage eine Bergwanderung unternehmen. Wie konnte ich diese Wanderung ausgerechnet in die Blattzeit legen?

„Wenn du zurückkommst, so um den 2. bis 5. August, da schießen wir bestimmt einen oder zwei Böcke", meinte noch Tom. „Dann erst spielt die Musik, da ist der Tag des Herrn."

Doch welchen Jäger zieht es an diesen Tagen nicht hinaus, wenn die Frucht in der Reife steht, die Ähren im Winde schaukeln, wenn das Rehwild ohne Scheu seine Liebesspiele treibt. Wenn es, verrückt vor Zuneigung, keine Gefahr beachtet. Wenn es des Abends in hohen Fluchten durch die Kornfelder treibt. Die Liebe ist ausgebrochen. Die Ricke kümmert sich nicht mehr groß um ihre Kitze. Wild jagen sie durchs Holz. Kaum ein Verschnaufen, keuchend, den Lecker heraus, mit feurigen Lichtern treibt er seine Weiber über Wiesen und Bäche, durch Büsche und Wälder, durch Hecken und Felder. Nur das eine Ziel, um sich selber fortzupflanzen.

In schwülen Nächten hat das Treiben kein Ende. Die Einstände werden längst verlassen, weit ist sein Revier geworden. Der Kampf des Nebenbuhlers muß noch entschieden werden. Mit aller Kraft folgt er dem Duft der brünftigen Ricke, der ihn unwiderstehlich im Banne hat. Sie rennen jetzt im Kreise. Die Ricke flieht mit Fiepton voran. Der Kreis wird enger, es wird zum Karussell, fast wird ihm schwindelig. Er kommt näher, immer schneller, immer enger wird der Kreis. Er berührt sie. Dann hat er sein Ziel erreicht. Die Brünftige bleibt stehen, sie gestattet ihm den großen Akt. Ein Verschnaufen, ein kurzes Beisammenstehen, dann ziehen sie weiter, und schon rennen sie wieder durch Hecken und Stangen, durch Büsche und Wälder, über Berge und Täler.

In ein paar Tagen, so meinte Tom, sei der Tag des Herrn. Er meinte, so verstand ich es wenigstens, der Tag des Jagdherrn. Es sei die beste Zeit, den Rehbock mit dem Fiepton der Ricke zu ähneln. Ihn zu locken, wenn er noch liebestrunken seinem Weibervolk hinterhersucht.

Der Kalender zeigt den 2. August. Müde, abgekämpft, mit Muskelkater in den Knochen, komme ich vom Bergwandern zurück. Sofort gehe ich zu meinem um etliche Jahre älteren Freund Tom. Während meiner Abwesenheit waren kühle Tage gewesen, die viel Regen brachten.

„Was meinst du? Wie wär es heute mittag? Gehen wir zum Blatten?"

„Verzeih mir, ich kann nicht."

„Was...!?"

„Ich mußte von einem anderen Jäger den Vorstehhund in Pflege nehmen und zudem muß der Hund noch für die Prüfung etwas abgerichtet werden."

„Du mit deinen Scheiß-Hunden..."

„Es ist noch zu früh, glaub mir, übermorgen um 11.00 Uhr geht es los."

9

Enttäuscht fahre ich nach Hause. Am Gespür für die Lockjagd auf den Rehbock hat Tom bis jetzt immer recht behalten.

Meine Jagdpassion läßt mir an diesem Tage jedoch keine Ruhe, ich muß hinaus. Sollte ich das Blatten allein versuchen, so ungeschickt bin ich nun auch nicht. Nach dem Mittagessen richte ich meine Blattutensilien herbei. Dann geht's los.

Ich fahre in ein sehr entlegenes Waldstück und begebe mich auf einen alten Hochsitz, der gute hundert Gänge von der Jagdgrenze entfernt steht. Vor mir ist ein vom Sturm aufgerissenes Stangenholz, an dessen Oberhang ein guter Rehwechsel verläuft.

Ich bleibe lange ruhig sitzen, bis ich den ersten Fiepton probiere. Nichts.

Totenstille.

Die Vögel hüpfen lustig durchs Geäst. Ich fiepe noch einmal. Es rührt sich nichts. Noch einmal geht der Blatter zum Mund. Nichts.

Tom hat doch recht, es ist noch zu früh. Nochmals sehe ich haarscharf das Unterholz ab. Auf dem Rehwechsel ist etwas, eine Gestalt, ein Gesicht, ein Mensch, jetzt drückt er sich hinter einen Baum. Soeben hat er mich erkannt. Er ist in Jägerkluft. Im Fernglas erkenne ich ihn, es ist der Jagdaufseher meines Reviernachbarn. Er kam genau auf dem Wechsel. Das Fiepen hat ihn angezogen. Ob er nur nach dem Rechten sehen will? Mit Sicherheit hat er sich zu weit in mein Revier gewagt. Ich hab ihn jetzt haarscharf im Zielfernrohr. Sollte ich ihm einige Kugeln nur ein paar Meter über den Kopf schießen?

Das wäre ein Denkzettel, der ihn in Angst und Gruseln versetzen würde.

Verdient hätte er es ja. Jetzt macht er sich rücklings aus dem Staube. Heute abend werde ich dieses Betreten persönlich mit meinem Jagdnachbarn von Mann zu Mann regeln.

Es ist mir auf das Blatten schon allerhand zugestanden, vom Dachs, einer wilden Sau angefangen bis hin zu einem Marder oder Fuchs, aber ein Jäger noch nie.

Zwei Tage später:

Pünktlich um 11.00 Uhr fahren wir los. Tom ist sehr leicht gekleidet. Der übliche Duft seines Rasierwassers umgibt ihn heute nicht. Das Thermometer zeigt 29 °C. Es soll heute laut Wetterbericht über 33 °C warm werden. Hohe Luftfeuchtigkeit ergibt eine dermaßen große Schwüle, daß, ehe man viel tut, einem schon das Wasser am Hintern kocht.

„Hast du deine Trompete eingeschoben? Ein ordentliches Jagdmesser brauchen wir, nicht wie im vorigen Jahr, da hatten wir noch nicht einmal ein Taschenmesser bei uns."

„Wo fahren wir hin?"

„Wir fahren in den Wald bei den Seelachwiesen."

„Mensch, ist das heute eine Hitze. Wir machen mit dem Blatten nicht so lange. Wenn keiner springt, bin ich mit meinem Latein bald am Ende."

„Hast du deiner Frau wenigstens Bescheid gesagt, wann wir am Mittag zurück sein könnten? Hat sie dir das Essen wenigstens warmgestellt?"

„Ich dachte so gegen 13.00 Uhr."

Schnell begeben wir uns an eine günstige Stelle im Seelachwäldchen, wo im Stangenholz nach einer Schonung das Unterholz einigermaßen durchsichtig ist. Vorsichtig gehen wir in aller Stille dorthin.

„Bist du fertig? Ich hupe jetzt."

Sodann setzt sich Tom auf einen alten Baumstumpf. Ich nicke ihm zu und stehe schußbereit ein paar Schritte daneben.

Tom läßt nun seine Kunst mit den Tönen walten.

Nichts – Totenstille – gar nichts.

Nach einer Weile:

„Die haben den Ton aus dem Pfeifenholz nicht so gern, jetzt probiere ich es einmal mit einem Zehn-Mark-Schein."

Wieder fiept Tom.

Einmal – zweimal – warten – nichts.

„Das gibt's doch gar nicht..."

„Du, ich habe hier einen Kassenzettel vom Supermarkt, bei dem ist das Papier etwas weicher. Probier's mal mit dem."

„Hier muß ein Bock stecken. Gib dein Papier her, ich probier's halt."

Warten.

Nichts – aber auch gar nichts rührt sich.

„Du hast mir was Schönes vorgemogelt, mit deinem Tag des Herrn und deiner Musik!"

Tom schüttelt den Kopf.

„Ich kenne mich selber nicht mehr aus, so was gibt es doch gar nicht. Hier muß ein Rehbock sein."

Wir flüstern uns dies alles zu.

„Ich verstehe die Welt nicht mehr, es ist unglaublich."

„Ich hab noch einen Hundert-Mark-Schein, probier's mal damit."

„Gib her – wenn's mit dem nicht klappt, dann leck mich am A . . ."

Tom fiept mit dem großen Schein. Nichts. Entnervt schüttelt er den Kopf.

„Auf, wir gehen. Wir gehen weiter, hier steht kein Bock."

„Nein, langsam. Wir warten noch ein bißchen, vielleicht kommt doch noch einer angetappt."

Wir glotzen uns die Augen aus dem Kopf. Nichts. Im Grase raschelt nicht einmal eine Maus.

„Auf deine hundert Mark springen die auch nicht, darauf legen sie überhaupt keinen Wert."

„Da unten." Ein roter Schatten, ein Reh. Im Zielfernrohr erkenne ich einen kantigen Rehkörper. Es muß ein alter Bock sein.

Er sichert – windet – jetzt senkt er den Grind. Sucht, zieht weiter. Auf der einen Seite seines Gehörns eine hochangesetzte Gabel, die andere Seite zeigt eine kaum vereckte Sechserstange. Das Gehörn hat starke Dachrosen und ist von gedrungenem Wuchs.

Da erfaßt ihn die Kugel. Der Schuß reißt ihn hoch in die Luft, sofort flüchtet er ins Unterholz.

„Mensch, das war höchste Zeit, daß du geschossen hast. Hast du nicht bemerkt, wie er versucht hat, in den Wind zu kommen? Ein kleiner Lufthauch, und er springt ab."

„Der Schuß muß gut sein. Die Kugel müßte seine Kammer voll erfaßt haben."

„Wie bist du abgekommen? Warst du aufgeregt?"

„Ein bißchen Nervenkitzel ist immer dabei. Es mußte alles so schnell gehen und einen sicheren Schuß sollte man schon anbringen."

Nur unweit vom Anschuß liegt der Bock verendet in den Stauden. Wir treten an das Stück heran. Mein Ansprechen sehe ich bestätigt.

„Waidmannsheil!" Tom gratuliert mir.

„Waidmannsheil, Tom!" Ich nehme meinen Freund in die Arme.

„Was meinst du, das war eine tolle Sache."

„Er gehört uns beiden. Ich habe ihn zwar geschossen, aber ohne deine Kunst wäre dies nicht gelungen. Wir haben ein Erlebnis, das uns für immer verbindet. Du hast ihn herbeigenarrt."

„Mit deinem Hundert-Mark-Schein."

Es ist ein guter Abschußbock, dessen Alter wir auf fünf bis sieben Jahre schätzen. Sein Leben hat er verwirkt, und es war Zeit für ihn, hier im Seebachwäldchen einem Jüngeren Platz zu machen. Danach nehme ich das Gescheide aus dem Wildkörper. Tom gibt ihm zu Ehren den letzten Bissen. Alsdann begeben wir uns mit völlig durchschwitzten Hemden nach Hause.

„Siehst du, die einhundert Mark, die haben ihn doch gebracht."

„Ach was – Aberglaube. Wenn es klappen will, dann kann man in eine Gießkanne hineinblasen und sie stehen zu. Das war heute Matthäi am letzten."

Toms Äuglein strahlen jetzt wie Feuer. Es hat ihm unglaublich viel Spaß gemacht, diesen alten, erfahrenen Bock verführt zu haben.

Unser Bock wurde einen Tag später am Abend mit ausschließlich rotem Wein vom besten Naß totgetrunken, wobei wir von unseren Frauen in froher Runde kräftig unterstützt wurden.

„Eines will ich noch wissen: Was heißt – hier sei der Tag des Herrn?"

„Weißt du, das ist so: An diesem Tag, wenn die Brunft zu Ende geht" (bei diesen Worten wurde Tom sehr nachdenklich, auf seiner glatten Stirn bildeten sich plötzlich Falten), „da ruft der Herrgott den Rehbock wieder zur Vernunft. Der Bock ist dann nicht mehr den Düften der Weiblichen ausgeliefert oder gar vollkommen dem anderen Geschlecht hingegeben. Abgebrunftet liegen die Böcke in der Deckung. Sie sind erschöpft vom Zauber der Macht, die alles Leben weiterträgt."

Den Bock verwirrt der Sonne Glut – den Hirsch die kalte Nacht...

Von Dr. Werner Stoll

Wenn sich Ende Juli das Azorenhoch wie eine Hitzeglocke lähmend über Mitteleuropa stülpt, sich Lehrer und Schüler über ein Hitzefrei an den Schulen freuen, die Brauereien und Eisverkäufer ihre hohe Zeit haben, dann feiert auch unser Rehwild seine Hochzeit.

Im Anzeigenteil der Jagdzeitungen werden dann allerlei geheimnisvolle Pfeifchen, teils aus edlem Holz, teils aus schnödem Kunststoff gefertigt, zum Verkauf feilgeboten.

Sogar seltsame, aus Gummi geformte Gebilde, die beim Zusammendrücken einen quäkenden Laut wie eine in Bedrängnis geratene Barbie-Puppe ausstoßen, sollen nur einem einzigen Zweck dienen: den liebestollen Rehbock vor die Büchse des beutehungrigen Jägers zu locken.

Flankierend dazu verteilen im redaktionellen Teil der Publikationen weise Meisterjäger aus ihrem schier unerschöpflichen Fundus freigebig Tips und Tricks für ein erfolgreiches Blatten und Schwadronieren über die unwiderstehliche Lockwirkung der Töne, die der Könner kunstvoll auf dem zwischen den beiden Daumen eingeklemmten Buchen- oder Fliederblatt hervorzaubert.

Daß man aber auch mit einer ganz normalen Hundepfeife ungeahnte Erfolge auf der Blattjagd erzielen kann, erlebte ich vor einigen Jahren.

Damals fuhr ich noch, anstelle eines japanischen Four Wheelers einen bayrischen Two Wheeler ins Revier, und so ich erfolgreich war, wurde die Beute nicht einfach stillos in der Wildwanne des

Geländewagens verstaut, sondern trat noch im Rucksack, mit einem großen Bruch geschmückt, seine letzte Fahrt an.

An diesem Julimorgen genoß ich den kühlenden Fahrtwind, der mich auf dem Weg ins Jagdrevier umschmeichelte, ganz besonders. Seit Wochen hatte es nicht mehr geregnet. Die ehemals so grünen und saftigen Bergwiesen waren braun und ausgedörrt. Sie erinnerten mehr an die Sahelzone denn an die Ausläufer des Südschwarzwaldes, wo sich mein Revier in etwa 600 Meter Höhe gelegen befand. Aber die Hitze brachte das Blut der Böcke in Wallung. An einigen erfolgversprechenden Stellen hatte ich schon den zarten Fieplaut erklingen lassen, und prompt waren mir zwei Böcke zugestanden. Bei beiden handelte es sich aber um gut veranlagte, vorwitzige Jünglinge. Wahrscheinlich standen die älteren territorialen Böcke noch bei ihren Schmalrehen und dachten noch gar nicht daran, auf meine zarten Lockrufe hereinzufallen.

Inzwischen stach die Sonne fast senkrecht vom Zenit. Ich beschloß heimzufahren, um mein Glück in den kühleren Abendstunden nochmals zu versuchen. Die Luft flimmerte vor Hitze. Der Gewehrriemen schnitt mir tief in die Schulter, und das Fernglas hing schwer wie ein Bleiklotz an meinem Hals. Betörend umfing mich der schwere Duft von Mädesüß, die Grillen erfüllten die Luft mit ihren schrillen Fiedeltönen und ein paar Zygänen = Blutströpfchen, ein Kleinschmetterling, der typischerweise in den heißesten Wochen des Jahres erscheint, torkelten müde mit mattem Flügelschlag auf der Suche nach Nektar durch den mittäglichen Hitzeglast. Auch ich trottete mit schweren Beinen und trockenem Mund heimwärts dem Standplatz meines BMW-Motorrades zu.

Plötzlich stockte mein Schritt.

Spiegelte eine Fata Morgana das Trugbild eines treibenden Rehbockes auf meine Netzhaut oder hatte mir die Sonne so intensiv aufs Haupt gebrannt, daß ich schon an Halluzinationen litt?

Ein rascher Blick durch das Fernglas zeigte mir, daß da wirklich in dem weiten Wiesental mit einigen eingesprengten Äckern unterhalb eines Maisschlages ein reifer Bock mit mächtigen Vordersprossen Hexenringe ins dürre Gras zirkelte. Durst und Müdigkeit waren schlagartig verflogen. Im weiten Bogen pirschte ich mich an den Maisacker heran. Gespannt spähte ich um die Ecke. Keinen Moment zu früh war ich hier an der Schmalseite des Ackers angelangt, denn das Schmalreh war gerade im Begriff in den Mais zu ziehen. Mit tiefem Windfang folgte ihm der Bock in etwa 40 Gängen Abstand. Jetzt war keine Zeit mehr zu verlieren. Der Drilling flog von der Schulter. Als der Zielstachel ins Blatt fuhr, brach auch schon der Schuß. Der Bock ruckte zusammen, machte ein paar mächtige Fluchten, und schon verschluckte ihn der dunkelgrüne Stengelwald.

Raucher stecken sich an dieser Stelle erst mal die berühmte Beruhigungszigarette zwischen die Lippen. Ich hingegen überlegte, wie ich das Zeichen deuten sollte. Der Bock schien getroffen. Jedoch, sprach dieses Zusammenrucken nicht eher für einen Waidwundschuß denn für einen Kammertreffer? Den Anschuß aufzusuchen, der mir hätte weiterhelfen können, traute ich mich nicht; lag dieser doch ziemlich dicht am Ackerrand. Wenn der Rehbock dort in der Nähe ins Wundbett gegangen wäre, so hätte ich ihn gar zu leicht aufmüden können.

Also, klammheimlicher Rückzug zu Hubert, meinem ganz in der Nähe wohnenden Jagdaufseher. Anka, seine temperamentvolle kleine Münsterländer-Hündin, begrüßte mich noch überschwenglicher als sonst. Instinktiv spürte sie wohl, daß es jetzt „auf Jagd geht".

Nur kurz brauchten Hubert und ich uns zu beraten, schon waren wir uns über das weitere Vorgehen im klaren. Im Wiesengrund angekommen, umschlug ich wieder im weiten Bogen den Maisacker und stellte mich so vor der dem Anschuß abgewandten Stirnseite auf, daß ich auch die beiden Längsseiten des Maisschlages ziemlich weit überblicken konnte. Erst jetzt ging Hubert mit Anka am Schweißriemen zum Anschuß, den ich ihm von Ferne her gut hatte zeigen können, da der Bock im Moment der Schußgabe direkt neben einigen markanten dürren Stengeln eines Doldenblütlers gestanden hatte. Ich konnte noch sehen, wie die junge Hündin ungestüm die Fährte aufnahm und ihr Führer am langen Riemen

Mühe hatte zu folgen. Die Maispflanzen – Wohlstandsgladiolen des Masttierzeitalters – schlossen sich hinter den beiden wie ein samtgrüner Vorhang.

Gleich darauf hörte ich Hubert kräftig schimpfen und konnte mir vorstellen, was da in dem Stengellabyrinth vorgefallen war. Der Schweißriemen hatte sich wohl irgendwo verfangen. Doch bevor ihn Hubert wieder klarbekommen konnte, hatte sich die junge Hündin, der die Prozedur wohl zu lange gedauert hatte, kurzerhand aus der Halsung herausgewunden. Darauf verstand sie sich nämlich meisterhaft.

Daß meine Vermutung richtig war, bestätigte sich, als es plötzlich vor mir im Blattwerk rauschte und Anka mit tiefer Nase einer imaginären Fährte folgend erschien, um auf der Wiese hinter mir hin und her zu bögeln.

„Hubert, pfeif' mal nach deinem Hund. Der rennt hier ziemlich planlos auf der Wiese rum", rief ich meinem Freund zu.

Kaum waren die schrillen Töne der Hundepfeife verklungen, da stürmte aus dem weit oberhalb von uns gelegenen Feldgehölz ein Rehbock heraus, nahm Kurs auf die Hündin, folgte ihr und kam so, als diese sich langsam begann zu ihrem Herrn zurückzubequemen, breit an mir vorbei.

„Kein Zweifel, das war der gesuchte Rehbock. Diese tief angesetzten, langen Vordersprossen beiderseits waren unverkennbar!"

Mir blieb keine Zeit mehr mich zu wundern. So als würde in einem Film eine Szene wiederholt, sank ich in die Knie. Wieder suchte der Zielstachel das Blatt, und diesmal brach der Bock im Schuß verendet zusammen.

Jetzt erst vernahm ich Huberts Frage: „Was schießt du denn? Hier liegt doch dein Bock!" Nun verstand ich gar nichts mehr. Doch dann lagen tatsächlich zwei Rehböcke einträchtig nebeneinander auf dem sonnendurchglühten Rain. Wirklich zum Verwechseln ähnlich waren sie. Die Hobbyahnenforscher, die man ja bei jeder Knochenolympiade antrifft, sollten später bei der Trophäenschau die beiden als Vater und Sohn oder gar als eineiige Zwillinge klassifizieren.

Anschließend, als das Wild gut versorgt im kühlen Keller hing und wir bei Hubert auf der schattigen Terrasse zusammen saßen, unterhielten wir uns über das merkwürdige Verhalten des zweiten Rehbockes. Wie schon von Raesfeld schrieb, springt der Rehbock, wenn ihm die Minne die Sinne gründlich vernebelt hat, selbst „auf ein quietschendes Wagenrad". In meinem Fall hatte der verliebte Reh-Mann den wenig melodischen Pfiff auf der Hundepfeife als Fieplaut gründlich mißgedeutet. Offensichtlich war die sich auf der Wiese hin und her bewegende Hündin ein zusätzlicher optischer Reiz, der ihm wohl eine liebesbereite, suchende Partnerin vorgaukelte. Ein Irrtum, der wahrhaft fatale Folgen für ihn haben sollte …

Bei einem kühlenden Bier machte ich Hubert erst einmal klar, in welch großer Gefahr Anka geschwebt hatte. „Wenn ich nicht geschossen hätte, wäre vielleicht nach dem Rehpinscher der Rehmünsteraner als neue Hunderasse entstanden …"

Auf Elch im Yukon

Von Robert Schneider

Meine Reise beginnt eigentlich im Süden Kanadas im Staate Alberta, in der Nähe von Fort Macleod. Dort besuchte ich meine Kusine Elsbeth mit Mann und durfte einige Tage auf deren Farm verbringen.

Watson-Lake, Yukon, 30. September
Ich lerne auf dem Flug von Vancouver nach Whitehorse einen Amerikaner kennen, er will nach Alaska zum Fischen.
Zuvor schlief ich auf einer Bank in der Flughafenhalle in Vancouver von 3.00 Uhr bis 6.00 Uhr.
Der Flug entlang der Küste ist Nebel, Wolken und Regen. Es geht über Prinz Ruprecht nach Whitehorse. Dort wird ausgerufen: „Mister Schneider soll sein Gepäck abholen."
Was für eine Sch... „Meise", meine andere Cousine aus Calgary sagte mir doch, daß das Gepäck durchgeht bis Watson-Lake. Natürlich sind mein Gewehr und mein Seesack bei der Gepäckausgabe. Ich will und muß neu einchecken.
Am Flugschalter in Whitehorse schickt man mich von einem zum anderen. Schließlich lande ich vor einem leeren Schalter. In einer halben Stunde wird dort geöffnet. Da ich nur Deutsch spreche, muß ich genau hinhören, um alles zu registrieren. Es ist zehn Minuten vor der Abflugzeit.
Es tut sich noch nichts am Flugschalter. Ich werde nervös und schreibe noch schnell eine Karte an Margot, meine Frau, und Felix Schröder.
„Sind Sie Mister Schneider?" kommt ein bärtiger Urwäldler auf mich zu.

„Ja", antworte ich.

„Okay, come on." Er schnappt mein Gepäck. Wir gehen aus dem Flughafengebäude und laden es auf ein Drogle (ein Pkw-ähnliches amerikanisches Fahrzeug mit großer Ladefläche).

Ich verstehe, daß er mich zu einem anderen Airport bringen will. Dort steht eine einmotorige Luftkutsche. Ein netter junger Mann bittet mich einzusteigen. Gepäck und Gewehr sind schon verstaut. Rasch mache ich noch ein Foto von seiner Mühle, und schon geht es los. Ich sehe schnell auf die Tankuhr im Flugzeug – Benzin hat er ja. Es ist alles voll. Alle Instrumente funktionieren. Er drückt das fünfte Mal den Startknopf, beim sechstenmal geht es los. – „O Gott!"

Und schon schaukeln wir über die Berge, deren Spitzen frisch verschneit sind. Manchmal fliegen wir ganz nahe am Fels vorbei. Es schaukelt auf und ab, kreuz und quer. Nur jetzt nicht in die Hosen machen, der will ja auch wieder heil herunter!

Doch es ist eine unvergleichlich schöne, unberührte Bergwelt. Wir fliegen durch die Wolken, plötzlich keine Sicht mehr.

Hoffentlich rast mir der Kerl nicht gegen einen Berg. Na ja, zugunsten von Margot, meinem holden Eheweib, habe ich ja eine gute Lebensversicherung abgeschlossen.

Wir fliegen ganz knapp über den Wolken – wunderschön. Wie durch ein weißes Federkissen. Jetzt zieht er den Kahn etwas nach unten. Vor uns liegen weite, unberührte Täler. Eng gewundene Flüsse schlängeln sich in einem ungemeinen Gewinde durch die Wälder der Wildnis. Vor uns tauchen die weißen Gipfel des Makkenzie-Gebirges auf. Er schwenkt ab und landet nach 1½ Stunden Flugzeit sicher in Watson-Lake.

Das Airportgebäude ist nur ein Blockhaus. In der Flugbaracke warte ich auf weiteres. Das Gepäck und Gewehr, alles ist okay.

Im Haufen vieler Männer steht ein untersetztes, pummeliges Weib. Sie unterhalten sich aufgeregt auf Englisch. Ich verstehe kein einziges Wort. Es kommen noch andere Jäger an, sie gehen mit ihr aufgeregt ein und aus. Plötzlich kommt sie auf mich zu. „Sind Sie Mr. Schneider?"

„Ja!"

„Oh, well." Sie gibt einen urgewaltigen Schrei von sich.

Ich nehme sie in meine Arme, was ihr auch offensichtlich gut tat.

Es ist Frau Wilkinson, die Frau meines Jagdführers.

Zusammen mit drei Amis fahren wir ins Dorfhotel. Ich bin mit jedem sofort per du, was dort oben im Yukon üblich ist, und versuche ein ruhiges, sympathisches Wesen auszustrahlen. Wir kommen alle ins Gespräch und in gute Kameradschaft. Der eine ist Joe aus Kalifornien, die anderen beiden Peter mit Sohn aus Detroit.

Auf dem Hof von Wilkinson sehen wir die ersten Elchschaufeln, zum Teil enttäuschend. Doch es liegen dort auch frisch geschossene kapitale Karibugeweihe.

Am Abend essen wir gemeinsam im Hotel und gehen dann die Licence kaufen für Elch, Grizzly und Schwarzbär. 195 Dollar insgesamt.

Danach geht es zu Wilkinsons Wohnung, wo wir Kaffee, Kuchen und Trauben serviert bekommen und das restliche Abschußgeld bezahlen.

So geht ein langer Tag zu Ende, der am 29. September mit Abflug in Calgary um 2.30 Uhr begann und mit der Ankunft am 30. September und dem Zu-Bett-Gehen um 23.00 Uhr endet.

Der Yukon

Er ist einer der 12 Provinzen Kanadas und liegt im Nordwesten des riesigen Landes. Der Yukon grenzt im Süden an Britisch-Kolumbien, im Westen an Alaska, im Norden an das Eismeer und im Osten an die unberührten Weiten der Nordwestterritorien.

Der Bundesstaat Yukon hat die ähnlichen Ausmaße und geographische Form wie Großbritannien. Es leben jedoch hier nur etwa 35 000 Menschen, wobei allein die Landeshauptstadt Whitehorse annähernd 25 000 Seelen beheimatet.

Watson-Lake hat schätzungsweise 1500 Einwohner.

Die Sommer sind hier oben relativ kurz, schneller Herbst und Frühling, und die Winter dafür recht lang und bringen Temperaturen mit bis zu 60 °C unter Null. Die Sonne will im Sommer nicht untergehen, dagegen sind im Winter die Nächte fast endlos.

Watson-Lake, Yukon, 1. Oktober
Watson-Lake-Hotel, Zimmer 113
Morgens 8.30 Uhr
Draußen beginnt es zu schneien. Ich entschließe mich, ab jetzt ein Tagebuch zu führen, da die Eindrücke auf mich sehr interessant sind.
Wir sind mit Jagdführer (Outfitter) Wilkinson verabredet, daß er uns zwischen 8.00 und 9.00 Uhr im Hotel abholt. Endlich, um 9.30 Uhr, kommen er und seine Frau angefahren. Er nimmt Joe und Peters Sohn mit. Peter und ich, wir beide müssen noch warten. Er gibt uns zu verstehen, daß alle mit dem Boot jagen werden, und jeder alleine. Das heißt, jeder bekommt einen eigenen Führer (Guide).
Wir warten geduldig bis 11.00 Uhr. Zeit oder Pünktlichkeit spielt hier oben keine Rolle. Wie gut, daß ich am Morgen noch ein ordentliches Frühstück, drei Spiegeleier und gebackenen Fleischkäse, zu mir genommen habe. Schnell schreibe ich noch eine letzte Postkarte an Margot und Jagdfreund Walter Meffle. Dann geht's los.
Peter muß immer noch warten und wir fahren zu Terry Wilkinsons Hof. Ein alter, zerlumpter Indianer kommt aus dem Hause. Hier in Watson-Lake sind anscheinend 60–70 Prozent der Bevölkerung Nordindianer.
Wilkinson meint, das sei mein Guide. Mich haut es fast um. – O Gott, Herr Pfarrer! Schnell wird unser Gepäck auf ein Drogle verladen. Ruth, Frau Wilkinson, verlangt uns die Flugtickets ab. Ich gebe ihr meinen Personalausweis, Jagdschein und alles Geld zur Aufbewahrung. Und los geht's. Wir hängen noch ein Boot an. Kaufen noch Smoke und etwas zu essen.
Nach ungefähr 1½ Stunden Fahrt in Richtung Nordwesten sitzt ein herrliches Buschhuhn am Wege. Es hat ein zierliches Häubchen am Kopfe. Jetzt geht es in die Wildnis. Wenn dieser Indianer neben

mir nur nicht so fürchterlich nach Alkohol und Smoke stinken würde. Das wird ja heiter. Wilkinson redet Englisch, ich mit den Händen und der Indianer sein Dialekt-Englisch.

Ich wollte ja so sehr das Abenteuer. Die Herausforderung für zehn bis zwölf Tage allein in der Wildnis, jetzt habe ich sie. Indianer – ich wollte sie immer schon näher kennenlernen. Jetzt hatte ich einen.

Da, vor uns auf dem Waldweg ein Schwarzbär mit Jungen. Schnell flüchten sie seitlich in den Busch.

Weiter geht die Fahrt.

Wir halten an einem See, es ist der Simson-Lake – kurze Pinkelpause –, noch eine Stunde Fahrzeit. Die beiden neben mir essen ihr Eingekauftes. Ich habe keinen Hunger. Es hat mir auf den Magen geschlagen. Wie soll ich eigentlich den Indianer nennen?

Ich frage, ob es heute Saturday (Samstag) sei. Ja, meint der Indianer.

Also werde ich ihn, wie einst Robinson Crusoe, Saturday nennen. Wenig später erfahre ich, daß er wie ich Robert heißt, aber er stinkt fürchterlich. Etwas später halten wir an und lassen unser Boot zu Wasser. Gepäck, Sprit usw. wird verladen. Dann bin ich allein mit Saturday.

Flußabwärts.

Wir fahren, ich rede auf ihn ein, er versucht mich zu verstehen. „Okay", „good", „no" – wenigstens drei Worte, die ich verstehe. Ich packe mein Gewehr aus. Es könnte ja sein! Oder wenn der Kerl nicht pariert. Aber er ist still und friedlich, so fahren wir dahin. Denkste!

Ein plötzlicher Ruck und wir sitzen auf einer Sandbank.

Aussteigen und schieben.

Wir stehen im knietiefen, eiskalten Wasser, und schon habe ich Kellerfeuchte in den gelobten Filzstiefeln von Pincher-Creek. Wir zerren das Boot hin und her.

Nichts geht. Blöder Indianer, denke ich. Hat er geschlafen?

Ausladen, sämtliches Gepäck und die Benzinkanister werden rund 30 Meter weiter auf eine Kiesbank geschleppt.

Wir zerren das Boot aus Leibeskräften in tieferes Fahrwasser und laden alles wieder ein. Es geht weiter, doch es wird kalt – saukalt.

Wir gehen an Land. Elchspuren hat es hier, auch Wolf und Grizzly. Auf einer nahen Graswiese versucht Saturday einen Elchschrei. Er ist ja ein guter Guide.

Saturday war auch mit Thomas Gäckle, einem Freund von mir, welcher dieselbe Reise schon vor mir machte, sehr erfolgreich.

Dann setzen wir die Fahrt fort.

Die Fahrt wird schneller und schneller, Steine stehen aus dem Wasser. Ich sitze vorn im Boot, das Gewehr neben mir.

Unsere Augen huschen am Ufer entlang, um eventuell einen Elch zu sehen. Nichts, nur saukalt.

Ein urplötzlicher Schlag. Mein Gewehr und ich landen im Bug des Bootes. Es hat einen Stein gerammt.

Gott sei Dank, der Heckmotor ist noch heil. Der Indianer hat zwar etwas an ihm herumgehämmert, aber es geht weiter, immer flußabwärts. Es fängt an zu dämmern. Halt, da war was! Er will es nicht glauben. Ich gebe zu verstehen, er solle rückwärts fahren.

Da steht er. Mein erster Elch in natura. Etwa 60 Meter entfernt auf der Uferböschung. Ich habe ihn bombensicher im Visier. Er ist ungefähr 10–14jährig, ein guter Elch, nicht super, aber sehr gut.

Robert sieht Robert an, was tun? Und der Elch schaut uns an. Sollte ich? Er hält aus. Saturday weiß nicht, was er mir sagen soll. Sollte ich gleich den Erstbesten nehmen?

Nur ein kleiner Ruck am Abzug. – Nein, ich zähle 14 Enden an einer Schaufel.

Jetzt wird es dem Vierbeiner doch zu mulmig. Er dreht ab in den Busch und wir schippern weiter.

Bei völliger Dunkelheit legen wir an einer Kiesbank an. Die Spritkanister werden ausgeladen und danach unser Boot festgemacht. Was wir schleppen können, nehmen wir auf den Rücken und durchs knietiefe, eiskalte Wasser mit in den Busch. Wir stehen vor einer erbärmlichen Hütte.

Feuer machen, nasse Klamotten vom Leib und in den Schlafsack.
Zu essen gab's nichts, nur Magenknurren.
Die Bude ist nicht dicht, es zieht zu allen Ritzen herein. Vor Kälte
schmerzen mir die Lymphdrüsen am Hals und die eiskalten Beine.
Nur jetzt keine Erkältung. Alles Verfügbare stopfe ich um mich.
Robert-Saturday, knäult sich in eine Decke und schläft auch schon
wie ein Bär.
Einen Vorteil hat er ja, er schnarcht nicht und gibt keine hinter-
hältigen Töne von sich.
Gegen Mitternacht schlafe auch ich. Mein Gewehr ist geladen und
griffbereit über meinem Bett. Ich bin ihm körperlich überlegen, doch
er könnte mir auch schnell die Kehle durchschneiden! Was für ein
Unsinn. Das Feuer im Ofen geht aus. Mein Körper erwärmt sich
allein, und ich schlafe ein. Ich fror am Tage, aber er fror noch mehr.
Ich war hungrig, aber er noch mehr, so hatte ich ihn unter Kontrolle, oder wollte er mich testen?
Wenn der wüßte, daß ich Whiskey dabei habe, o Gott.
Ich beschließe, den Whiskey nur im Notfall anzuwenden (Erkältung, Wunde oder um ihn mit Whiskey zu reizen). Er darf auf
keinen Fall merken, daß ich eine Flasche bei mir habe.
Es war ein aufregender 1. Oktober.

2. Oktober, Sonntag

Die Lymphdrüsen schmerzen vor Kälte. Wir verlassen die Hütte
ohne Frühstück oder Kaffee. Er hat es eilig, und das ganze Gepäck muß wieder über den Fluß zum Boot. Die Stiefel sind jetzt
trocken. Denkste – trocken gefroren in der Hütte, und so werde
ich sie wieder anziehen.
Es geht durch den Fluß, und die Knie stehen wieder im eisigen
Flußwasser. Am Ufer beim Boot begrüßt uns eine Elchkuh. Wir
beladen das Boot, legen ab, doch auch die Kuh verabschiedet sich
mit einem Satz in den Busch. Wir fahren immer flußabwärts, kein
Schwanz zu sehen.
Zweimal gehen wir an Land. Fährten von Elch, Wolf und Bär
finden wir immer.

Gegen Mittag legen wir wieder an. Nach drei Minuten sind wir wieder in einer Hütte. Alles Gepäck soll dorthin. Es wird unser Basislager. Jetzt kocht er. Er ist ausgehungert, aber ich auch. Die nassen Klamotten werden gewechselt. Die letzten trockenen Socken kommen in die nassen Stiefel.

Gutes Flußwasser mit Zitronenpulver, schmeckt gut. Ich muß Zitronen zu mir nehmen. Abwehrkräfte bilden. Mein Gesundheitszustand ist besser bis gut. Er kocht Spaghetti mit Fleischbällchen und Tomatensoße.

Gegen 15.00 Uhr fahren wir nochmals flußaufwärts. Gar nicht weit weg, ungefähr eine halbe Stunde später, steht eine Elchkuh am Ufer. Nach einer weiteren halben Stunde ein Einjähriger. Darauffolgend sehen wir eine Kuh mit Kalb, außerdem noch einen vierjährigen Elch. Saturday meint, seine Schaufeln seien noch zu schmal.

Wir fahren heimwärts. Auf halbem Wege steht ein Kalb am Ufer. Beim Nähern erkenne ich noch eine Kuh. Ich nehme mal das Visier zur Probe. „Small", sagt er plötzlich. Ja – da stand ja der Vater im Gebüsch. Ein Fünf- bis Siebenjähriger. Langsam verabschieden sich die drei in den Busch. Wir fahren heim. Es war ein schöner sonniger Sonntagmittag.

Ich koche heute selber, Steak mit Zwiebeln und Weißbrot. Statt Wein gibt's kanadisches Flußwasser mit Zitronenbrause. Wir schlafen gut. Nachts regnet es.

Jetzt trocknen endlich unsere Sachen. Doch auf diese Art wird der Körper getestet.

In der Nacht werde ich geweckt, es zappelt etwas in meinen Haaren. Verflucht, es ist eine Maus. Natürlich ist sie schon fort. Doch ich höre sie an unseren Konserven und dem Kuchen knabbern. Ach, was soll's – jetzt wird geschlafen.

Robert friert den ganzen Tag und legt seine dicksten Sachen an. Auch ich muß mich vor einer Erkältung schützen, und zwar jetzt. Es kommt das Wärmste, was ich habe, an den Körper.

Saturday hängt immer das Hemd heraus. Ich glaube, er friert sich lieber den Spitz ab, bevor er sich sein Hemd reinstopft. Außerdem stinkt er auch nicht mehr so penetrant wie zu Beginn. Ist er entwöhnt oder habe ich mich an ihn gewöhnt?

Montag, 3. Oktober

Es hat geschneit und geregnet. Gegen Mittag fahren wir flußaufwärts, gehen dreimal an Land und sehen nichts. Wir gehen zur ersten Hütte und holen eine Axt, Säge und Lampe. Rückweg, Regen, Regen und bitterkalt. Am Ende sehen wir doch noch eine zweijährige Elchdame.

Robert legt noch eine Leitung für Telefon oder Radio. Wir helfen uns gegenseitig. Es klappt ganz gut. Doch die Leitung hat nie funktioniert. Er will am Tage einen schwarzen Wolf gesehen haben. Wir sitzen in der Bude, er liest und ich schreibe.

Nun weiß ich auch, warum der Eskimo seine Frau ausleiht.

Gibt er seine Hunde weg, kommen sie krank und ausgehungert zurück. Gibt er seinen Schlitten weg, so ist er bestimmt kaputt. Gibt er seine Frau, da habe noch keiner was beschädigt.

Und noch gilt ein Wort hier in Kanada, das heißt „iß oder stirb".

Dienstag, 4. Oktober

Ein schöner Jagdtag bricht an, und das Wetter ist gut. Die Temperatur beträgt etwa +5 °C, und trotzdem habe ich Probleme mit dem Anziehen. Der Pullover wird vor dem Hemd angezogen, usw. Die Strümpfe werden verwechselt, statt die trockenen werden die nassen Socken angezogen. Die Halbschuhe statt die Stiefel.

O weh, welch einen Tag habe ich doch heute erwischt. Ich schieße heute bestimmt daneben.

Wir fahren los. Eine Stunde, zwei Stunden, nichts. Doch das Jagdwetter ist super. Wenn ich vor Tagen nicht acht Elche gesehen hätte, würde ich sagen, es hätte hier keine. Und so oft wir auch an Land gehen, überall Elchfährten und Wolfsspuren, auch der Grizzly. Was soll ich tun?

Ich fange zu grübeln an. Hätte ich doch den ersten. Hätte ich doch, ich Idiot, ich Riesenrindvieh. Doch dann hätte ich dies alles nicht erlebt.

Robert steuerte den Kahn jetzt ganz ordentlich. Er war jetzt bestimmt ausgenüchtert.

Kein Wild weit und breit. Ich nehme meinen Fotoapparat, um ein Porträt zu machen. Das erste ist gut. Ja. Oh, da tritt urplötzlich ein junger Elch ans Ufer. Er läßt uns heran, und ich fotografiere ihn.

Er ist nicht scheu, zieht jedoch schnell in die Büsche. Da muß doch noch einer sein! Er zieht am Ufer entlang. Wir gehen an Land. Ich finde eine ganz frische Wolfsspur.

Also, deswegen waren die Elche so unruhig. Da war ein Wolf, ein Timber, am hellen Tage unterwegs.

Wir fahren weiter flußaufwärts, dem Elch hinterher. Er ist nicht scheu und stellt sich nochmals auf 20 Meter zum Porträt. Er zieht sogar hinter uns her, als wolle er mitfahren. Es ist näherungsweise ein 1½jähriger. Auf der einen Seite Gabel, auf der anderen Spieß.

Gegen 11.00 Uhr fahren wir flußabwärts. Da drüben war auch einer im kleinen Tannenholz. Müßte wieder so ein Greenhorn sein. Er läßt uns heran. Robert hat ein gutes Geschick, die Tiere anzufahren. Wir umfahren die Insel und gehen an Land. Robert meint, es seien zwei. Da springt er ab. Wir gehen aufs Boot. Da schwimmt der Jüngling ca. 40 Meter vor uns durch den River. Robert fährt heran. Herrlich, wie das große Tier im Wasser schwimmt. Als er an Land geht, erwische ich ihn nochmals mit der Kamera.

Robert kocht heute mittag vier Steaks, für jeden zwei. Ohne Brot, jedoch mit Erbsen. Wir fahren wieder los, flußaufwärts. Ich kenne jetzt jede Kurve. Nichts, gar nichts!

Warum immer flußaufwärts und zurück? Klar, sollte der Motor streiken, so könnten wir uns mit der Strömung bis zur Hütte treiben lassen. Andernfalls wären wir schonungslos der Wildnis ausgesetzt.

Gegen Abend sehen wir noch ein paar Schmaltiere am Ufer. Die Wildnis zeigt sich von ihrer schönsten Seite. Ich mache noch ein paar Fotos. Nebel kommt auf.

Ich spüre bei der Hütte endlich ein Verlangen nach dem Donnerbalken. Wie mach ich das bloß bei der Kälte. Ich stelle mich einfach über das Loch und ziehe mit dem großen Rohr ab. Mit dem Kleinen bin ich zwar treffsicherer, doch man muß sich ja in jeder Lage zu helfen wissen.

Jetzt fahren wir schon drei Tage hinter einem jagdbaren Elch her. Warum habe ich nicht den ersten, ich Depp, ich großes Rindvieh. Die Einsamkeit, die Wildnis, es wird mir zum Ärger und nie würde ich ihm begegnen. Doch ich wollte nur einen, einen einzigen Elch. Glück bräuchte ich, Glück. Das haben sie mir alle gewünscht bei der Abreise, und ich hatte es fast schon.

Einen einzigen Millimeter am Abzug, ich Granatendackel. Nun fahren wir schon tagelang dem Glück hinterher, nichts, überhaupt nichts. Es hat keinen Sinn, ihm noch zu trauen, dem Chaoten.

Der Abend ist ruhig, zu ruhig. Ich kann mich mit niemandem unterhalten. Robert ist zwar gut und wir verstehen uns ordentlich. Will einer was vom anderen, hat z.B. einer Hunger, so deuten wir einfach auf den Bauch, und es heißt „yes" oder „no".

Ich merke allmählich, daß die Wildnis mich nicht nur in meinem Lebensraum und meinen Gewohnheiten einschränkt, sondern auch die Gedankenwelt einengt. Denken, Selbstgespräche führen. Jetzt sollte ich in dieser Lage etwas dagegen tun. Ich beschäftigte mich mit Lesen.

Ich kann nicht weg, höchstens im Umkreis von 50 Meter um die Hütte laufen. In den Busch hinein geht nicht. Am Flußufer entlang geht auch nicht. Keine oder kaum Unterhaltung. Die grüne Wildnis wird mir zum Gefängnis.

Georg, der Mann meiner Kusine, hat mir zwar das Buch „Der Arzt von Stalingrad" mitgegeben. Das werde ich noch lesen. Ich will mich erst selber testen und zunächst mein Tagebuch schreiben. Ja – das Denken.

Stößt man oder kommt man an die Perversie des Denkens, da müßte die Verrücktheit beginnen. Furchtbare Gedanken quälen mich. Ich schlummere halb ein.

Man kann sein Glück nicht beeinflussen, das wäre sinnlos. Genauso sinnlos es ist, einer schönen Frau hinterherzulaufen. Steigt mir der Saft in den Kopf? Doch ich habe kein Verlangen nach einer Frau.

Allmählich weiß ich auch, warum der Fußboden in unserer Bude 1 cm breite Risse hat. Der feine Dreck fällt hindurch und vom groben ist nicht viel übrig, denn der fliegt vor die Hütte.

Auch weiß ich nun, warum wir von der ersten Hütte hierher ins Basislager gezogen sind. Ich sah im Wegfahren am Morgen schätzungsweise 30 Meter von der dortigen Hütte entfernt ganz frische Bärenspuren.

Die jetzige Hütte liegt auf einer kleinen Insel. Die Bären müssen durch tiefes Wasser schwimmen. So sind wir in dieser sicher untergebracht.

Wir müssen mit allem rechnen. Du gehst 20 Meter weiter, und plötzlich steht so ein Kamerad vor oder hinter dir. Das Gewehr haben wir immer schußbereit dabei. Auf unserer Inselhütte habe ich noch keine Bärenspuren gesehen, allerdings am gegenüberliegenden Ufer.

Ja, das Denken, die Gedanken, was tun, irgend etwas tun, sich mit irgend etwas beschäftigen, etwas gut machen, besser machen, das muß die Medizin gegen Gedankenlosigkeit sein.

Hier ist doch der Mensch dem Tier überlegen.

Der Anfang vom Denken muß die Krone der menschlichen Schöpfung sein. Adam und Eva waren alleine und aßen vom Apfel der Verführung, doch ich glaube, nur aus Langeweile oder Unruhe, die ja in einer Frau noch mehr verankert ist als bei dem Manne. Sonst hätte ja auch die heutige Frau kein Verlangen nach dem Schönen, Schmuck, Geld, Geschmack, schöne Kleider etc.

Meine Gedanken tragen mich weit weg. Das Tier sorgt für sich und seine Nahrung, doch der Mensch denkt, er will mehr. Ist der moderne Mensch nicht mehr fähig zu denken, läßt er sich prägen von den Medien, den Schriften usw.? Ich werde den Arzt von Stalingrad noch nicht lesen. Dieses Buch hat man mir zum Zeitvertreib mitgegeben. Also geistige Nahrung. Ich will mich testen.

Mittwoch, 5. Oktober

Wir wissen nicht mehr, sind wir jetzt fünf oder sechs Tage unterwegs, ist es Mittwoch oder Donnerstag. Wir holen erst das Benzin. Wir haben schon um die 150 Liter vergast. Robert macht die Telefon- oder Radioleitung, die nie funktionierte, ab. Er packt. Ich glaube, wir ziehen um. Er macht Probeschießen am Fluß. Ist es ihm zu einsam hier?

Es ist ein ordentlicher Tag. Die Temperatur beträgt schätzungsweise +6 bis +7 °C, und es ist teilweise wolkig. Er gibt mir zu verstehen, ich solle meine Sachen noch nicht zusammenpacken. Doch dann sollen plötzlich sämtliche Sachen auf den Kahn. Gegen 12.30 Uhr legen wir ab, in Richtung Khaty-Hütte, flußaufwärts. Nach rund einer Stunde Fahrt sehen wir eine Elchkuh mit Baby. Wir biegen um die nächste Ecke. Es ist ein schöner, warmer Tag. Noch um eine Kurve und noch eine, nichts.

Da oben zwei, drei, vier, fünf Stück Elchwild. Ein junger Bulle steht am Wasser, und schon durchschwimmt er den River. Der ist weg. Vier Stück stehen noch am Ufer. Ein starker Bulle, ein schwächerer und zwei Kahlstücke.

Langsam, ganz langsam nähern wir uns. Ich mache mich im Bug des Bootes fertig. Der Große könnte was werden.

Er ist nicht ideal, doch er wäre besser als gar nichts. Der Bulle dreht ab und steht dem Busche zu, Robert nickt. Ich soll schießen, sonst ist er weg.

Nein, in den Spiegel nicht, nein, niemals ins Waidloch. Ein Stück Kahlwild steht vor ihm. Ich kann so nicht.

Er will noch nicht in den Busch. Dreht sich jetzt spitz von vorne. Nein, so habe ich noch nie ein Stück Wild geschossen. Auch ihn nicht. Wenn's knallt, muß er liegen.

60 Gänge, nicht weit. Ich bin nicht aufgeregt. Ruhig pulsiert mein Blut in den Adern.

Er muß sich drehen, bitte, ein kleines bißchen. Er dreht sich langsam weg.

Da ist die Kugel draußen. Ein Knall, als hätte ich auf einen Sandsack geschossen. „Good", sagt Robert, „good". Doch der Elch steht unerschüttert.

Ich habe ihn hunderprozentig getroffen, das weiß ich. Die zwei Roberts sehen sich an: Was tun? Der Elch sieht zu uns. Die zweite Kugel verläßt den Lauf. Er steht noch. Er steht steif wie ein Sägebock, stützt sich auf allen Vieren.

Ich war mir ganz sicher. Soll ich nochmals? Das gibt es doch gar nicht. Endlich wankt er zwei Schritte nach vorne, und wie besoffen bricht er in sich zusammen. Die anderen drei Stück sehen zu und flüchten nicht. Sein Haupt schlägt direkt am Wasser auf, wo er so oft getrunken hatte. Aus den Nüstern quillt der Schweiß ins klare Flußwasser.

Langsam fahren wir an Land. Die drei anderen Elche stehen noch da. Wir steigen aus und Robert ballert mit seinem Gewehr in die Luft, um sie zu verscheuchen. Die zwei Kahlstücke gehen flußaufwärts in den Busch, der Nebenbulle vor uns ins Holz.

Ich nähere mich dem geschossenen prächtigen, großen Tier. Grandios! Regungslos liegt er vor mir. Ich betaste seine Decke und seinen Rücken. Es ist kein Gefühl der Freude in mir, nicht Rachlust, nicht die Freude des Sieges. Etwas Trauer kommt über mich, so eine schöne Kreatur einfach zu töten.

Robert kommt schon mit dem Messer, er will an die rote Arbeit. Nein, noch nicht, laß mich noch ein bißchen mit ihm allein. Er versteht. Meine Finger gleiten über das stolze Geweih. Ja, so ist es. In der tiefen Stille der Trauer ist der Anfang, die Geburt der Freude.

Ich lehne mein Gewehr an seine Schulter, und jetzt wird fotografiert. Erst Robert-Saturday, dann ich. Und die Sonne lacht vom leicht bedeckten Himmel.

Danach schlagen wir ihm das Haupt ab. Wir benötigen dazu die Axt. Zu zweit schleppen wir aus Leibeskräften das schwere Haupt zur Seite.

Robert geht in den Busch, um Aspenreisig zu hacken. Nur allmählich macht sich Freude in mir Platz. Plötzlich kommt Robert-Saturday aus dem Holz auf mich zu gerannt, reißt mir das Gewehr aus der Hand.

Hinter ihm der Elch – der Nebenbuhler. Robert schießt ihm vor den Bug. Wir schreien, winken; 20 Meter vor uns kommt er zum Stehen. Robert repetiert das Gewehr – es ist leer.

Ins Boot, wir flüchten eiligst auf den Kahn, der Bulle folgt noch langsam einige Gänge. Robert ballert wie verrückt. Ich lade meine Spritze so schnell wie möglich. Wir wollen ihn ja nicht auch noch töten. Er dreht ab in den Busch.

Wir warten annähernd fünf Minuten. Ich will das Boot verlassen. „No", meint Robert. Er wird wiederkommen und uns auf das Horn nehmen und zu Tode stoßen. Tatsächlich, 80 Meter unterhalb von uns tritt er aus. Geht den Wald entlang zu uns her. Robert ballert wieder drei bis fünf Schuß in die Luft. Er geht wieder ins Holz. Wir warten weitere zehn Minuten. Da kommt er wieder, etwas oberhalb und das auf näherungsweise 30 Meter Entfernung. Er äugt zu uns her, nimmt dann die Fährte von seinem weiblichen Harem auf und folgt dieser flußaufwärts. Langsam verlassen wir wieder das Boot. Robert holt Gestrüpp und Zweige, ich muß Wache halten nach dem Nebenbuhler.

Robert tut's nicht anders.

So machen wir uns an die Arbeit. Ich will die Decke mitnehmen. Robert hat's kapiert.

Es ist eine Sauarbeit, dieses schwere Tier mit schätzungsweise 18 Zentner allein zu zerlegen. Seine Maße dürften bis zum Widerrist etwa 8½ Fuß sein (2,50 – 2,70 m). Sicher gibt es Stärkere, Bessere.

Er war mir gut genug. Ich freue mich allmählich. Ich wollte dich nur haben und nur einen aus deiner Gattung. Nur einen, und wir werden jetzt zusammen sein, so lange ich lebe.

Ich werde dir einen schönen Platz in meiner Wohnung geben. Ich weiß, es war unfair, ich schäme mich. Ein ungleicher Kampf, so einem großen Tier auf zirka 70 Meter mit einer präzisen Waffe mit

Zielfernrohr zwei Kugeln zu verpassen. Dabei hast du mir gar nichts getan. Ich wollte dich nur haben, allein, und ich wollte es so schmerzlos wie möglich machen. Du solltest dabei nicht leiden. Wir verladen wenig Wildbret sowie das Haupt des Elches. Unser Boot ist darüber hinaus mit Gepäck und Benzin gut beladen. Wir fahren nochmals gleich hierher und holen den Rest des Elches und das Fell.

Schwer liegt der Kahn im Wasser. Das monotone Geräusch des Bordmotors schiebt den Bug des Bootes durchs Wasser. Die Fahrt wird unendlich. Erst gegen 19.00 Uhr erreichen wir die Creek-Hütte. Schnell wird ausgeladen.

„No", sagt Robert. „No", heute nicht mehr. Es fängt schon an zu dämmern. Also holen wir morgen früh das restliche Wildbret und die Decke. Robert kocht jetzt Lendensteaks.

Sollten wir heute Whiskey trinken?

So gerne hätte ich mit ihm gefeiert. Doch ich traute ihm nicht. Ich hatte mir vorgenommen, keinen Tropfen Alkohol! Wenn er besoffen ist, kennt er wahrscheinlich keine Grenzen. Wir gehen schlafen. Ich bringe die ganze Nacht kein Auge zu, so stark waren die Eindrücke auf mich.

Ein Tag später

Wir verschlafen, wie am Tage zuvor. Der Wecker, den mir meine liebe Frau anvertraute, rappelte mal wieder nicht. Gegen 9.00 Uhr schippern wir los, in der Hoffnung, einen Wolf beim restlichen Elchfleisch anzutreffen. Ich freue mich schon auf das Zusammentreffen mit einem richtigen Timberwolf.

Das Wasser im Fluß war heute jedoch merkwürdig trübe. Wo bekommen wir bloß unser Trinkwasser her?

Auf der Fahrt sehen wir einen etwa dreijährigen Elch mit drei Gabeln. Robert drosselt den Motor. Hier müßte die Stelle sein, wo das Elchbret liegt. Ein Weißkopfadler fliegt auf. Dort drüben ist es, man sieht ja nichts. Wir fahren heran.

Alles landunter. Das schöne Fleisch, die Decke im tiefen Wasser. Der Fluß ist in der Nacht um fast 70 cm gestiegen. Wir zerren an der

Decke. Unmöglich. Sie ist zentnerschwer. Eher würde der Kahn kippen. So gehen schätzungsweise fünf bis acht Zentner Fleisch ohne Knochen und die schöne Elchdecke, die ich so gerne Margot mitgebracht hätte, den River hinunter. Nicht einmal der Wolf, viel weniger der Bär, bekamen einen Happen. Wir fahren nach Hause und sehen noch einen guten Elch. Er stellt sich zum Fotomotiv.

Gegen Abend schlägt Robert den Elchschädel aus der Decke. Mit unheimlicher Liebe und Geduld säubert er jeden Fleischfetzen vom Haupt. Ich mache mir am Unterkiefer zu schaffen. Am Schluß wird alles dick mit Salz eingerieben. Er entfacht noch ein extra Lagerfeuer, sollten wir feiern? Sicher denkt er daran. Kann ich ihm trauen?

Es ist wohl eine der schwersten Entscheidungen in meinem Leben, nachdem ich die volltrunkenen Indios in den Reservaten im Süden gesehen habe.

„Trinkst du einen Whiskey?"

„Ja, gut!" Bei diesem Wort leuchten seine Augen auf wie Zunder im Lagerfeuer.

Wir trinken auf den Elch, die Jagd und auf den schönen Yukon. Die halbe Flasche ist schnell weg; er ist noch normal.

Ich hole mein Handsprechgerät hervor, auf dem ich einige Jagdsignale hatte und einige Lieder. Hätte ich doch mein Jagdhorn dabei!

„Good, Robert, good", auch er fängt an zu singen und meint, in Kanada hätte man dazu jetzt noch eine Gitarre.

Es ist herrlich mit ihm am Lagerfeuer. Ich singe deutsche Lieder und er kanadische und indianische, dabei scheinen der Mond und die Sterne, und in der Ferne hört man die Wölfe. Wir sind Freunde geworden.

Gegen 22.00 Uhr gehen wir in die Falle. Wir stellen fest, daß wir nur noch zwei Dosen Motorenöl hatten, welches wir unbedingt für den Rückweg benötigten. Ich hatte jetzt noch vier Tage Zeit.

Die Nacht
In der Nacht hatte ich merkwürdige Symptome. Ich wache auf.
Es war in mir kein Heimweh. Ich fühlte mich ganz gesund. Auch
geistig war ich voll da. Bekam ich Malaria? Irgend etwas war in
mir?
Ich hätte vor die Hütte treten und losrennen können. So etwas
hatte ich noch nie. Wenn ich nur wüßte, was es war. Das bißchen
Whiskey? Dreiviertel der Flasche hatte er ja getrunken. Gestern
hatte mich eine Mücke gestochen und das rechte Auge war fast
zugeschwollen. Waren dies die Auswirkungen? Was habe ich
bloß? Bin ich der Verrücktheit nahe? Ich ziehe schließlich meine
dicke Unterwäsche aus und glaube, daß mein Körper nicht genug
Sauerstoff bekommen hat. Nach einer halben Stunde schlafe ich
ein.

Nächster Tag
Der Tag beginnt ruhig mit Gewehrreinigen. Ich bringe auch Roberts Gewehr in rostfreien Zustand. Er kocht vorzüglich. Heute
kocht er schon um 10.30 Uhr. Rippstück mit der Axt gehackt und
Elchzunge zur Nachspeise und Reis. Brot brauchen wir nicht. Es
ist jetzt 15.00 Uhr und das Essen ist fertig, super.
Anschließend fahren wir fischen. Der Abend ist schnell da und wir
packen. Morgen soll's flußaufwärts gehen. Hätten wir am Vortag
das ganze Fleisch und das Elchfell mitgenommen, dafür aber das
Benzin stehen lassen, so hätte uns jetzt das Hochwasser den Sprit
weggespült und wir säßen machtlos in der Wildnis. Er ist eben
doch ein guter Guide, der Robert-Saturday.
Während ich diese Zeilen schreibe, quält mich der Gedanke, ob in
der vergangen Nacht zu Hause etwas passiert ist. Sind die Jungs
verunglückt? Ist Margot okay? Ist mit Mutter was? Der Gedanke
an meine Kinder Rolf und Bernd läßt mich nicht los.

Nächster Tag
Es soll flußaufwärts gehen. Abfahrt soll 8.00 Uhr sein. Doch es
schneit und schneit. Saturday tippt, um 9.00 Uhr würde es besser

werden. Um 9.00 Uhr tippe ich auf 11.00 Uhr. Tatsächlich hellt es sich um 10.30 Uhr auf, und wir brechen um 11.00 Uhr auf, um flußaufwärts zu fahren.

Schwer beladen kriecht unser Boot durch die Fluten. Jede halbe Stunde streiken die Zündkerzen. Hoffentlich kommen wir heil hindurch. Ich fürchte noch die Stromschnellen, doch es geht alles gut. Um 18.00 Uhr legen wir durchgefroren und ohne Essenspause am Ufer unserer Aussetzungsstelle an. Unterwegs sahen wir noch zwei Karibus durch den Fluß schwimmen. Der Fluß ist etwa so groß wie der Neckar bei Heidelberg und führt hervorragendes Trinkwasser.

Wir übernachten im Freien. Am Lagerfeuer wird auf Tannenreisig geschlafen. Es ist kalt, saukalt, rund −10 °C. Über den Bergen ist es noch hell. Die schmalen Tannenspitzen ragen wie Dolche in den Abendhimmel.

Heute haben wir nahezu 100 Liter Benzin verbraucht.

In dieser Nacht habe ich kein Auge zugetan. Schon gegen 23.00 Uhr wird es langsam durch die Baumkronen heller. Die Nacht scheint zu schwinden. Gegen Norden hin sind die Schatten der Berge gut zu erkennen. Es wird heller und heller.

Nordlicht!

Nach ungefähr einer halben Stunde wird es jedoch wieder dunkel, und der Zauber des Nordlichtes ist vorüber.

Der nächste Tag

Der nächste Tag beginnt mit einem schönen Sonnenaufgang. Wir vertreiben uns die Zeit mit Fischen und entdecken dabei einen Biberbau. Die Biber sind überhaupt sehr scheue Tiere, sieht man sie im Fluß vor sich oder sind sie in Gefahr, so knallen sie mit ihrem breiten Schwanz auf das Wasser und tauchten dann oft 30 bis 40 Meter weg.

Wir machen noch Feuer und unterhalten uns noch etwas. Robert wartet auf Terry Wilkinson, der uns abholen soll.

Ich schaffe Holz herbei. Dies sollte nicht zu kurz sein, da es, wenn es vorne abgebrannt ist, ständig nachgeschoben wird. Heute gibt es

Elchfleisch. Er hat ein ca. 40 cm langes und 25 cm breites rohes Stück Fleisch am Spieß aufgehängt. Zuvor hat er beide Seiten mit dem Messer fein schräg eingekerbt und Pfeffer und Salz eingestreut. So muß es nun an der nahen Feuerglut schmoren.

Wir setzen uns dazu, blicken in die lodernden Flammen und sehen hinunter zum Fluß, dessen Wasser lautlos an uns vorübergleitet. Ich ziehe Bilanz.

Hat es sich gelohnt, hier im Busch einmal gewesen zu sein? Da hocke ich nun mit meinem hungrigen Magen, der mir bis zu den Fußzehen hängt. Langeweile, warten auf diesen Wilkinson, der schon seit zwei Tagen hier sein sollte. Der Abend kommt. Wir müssen uns wieder auf das grüne Hotel einrichten.

Graue Wolken stehen am Himmel und Robert richtet ein Notzelt her. Wir beide ruhen neben dem Feuer, und Robert schnarcht. Ich schlafe auch besser als die vorhergegangene Nacht.

Gegen 1.00 Uhr schneit es heftig. Wir machen erneut Feuer und kochen uns mitten in der Nacht einen Kaffee. Ich ziehe zu Robert unters Notdach.

Der nächste Tag

Wie jeden Morgen gibt's auch heute Speck am Spieß gebraten und Eier. Über Nacht ist 25 cm Neuschnee gefallen. Robert meint, eine Stunde Fußmarsch von hier wäre eine alte Trapperhütte, er würde mich gerne dorthin führen. Selbstverständlich gehen wir. Wir beeilen uns, packen unsere Sachen zusammen und legen alles an die nie befahrene Waldstraße, in der Hoffnung, daß Wilkinson uns heute abholt. Dann laufen wir entlang der Straße flußaufwärts.

Die Hütte ist zerfallen, in sich eingeknickt. Sie war in zwei Teile geteilt, einen Vor- und Arbeitsraum, in dem er die Felle abgezogen und aufbewahrt hatte, und einen Schlafraum. Vor der Hütte lehnt noch ein Hundeschlitten.

Was bewegt wohl einen Menschen, in dieser gottverlassenen Gegend allein mit den Hunden und den Wildtieren zu leben. Es kann nicht der Jagdtrieb sein. Ohne Frau, ganz allein, ohne jeglichen menschlichen Kontakt und auch keine Verbindung zur Außenwelt, kein Interesse, was auf der Welt geschieht, und ohne ärztliche Versorgung. Was sind das für Leute? Bei 30–50 °C minus monatelang in der Hütte zu verbringen. Verschlafen sie ihr Leben?

Nein, sie sind doch intelligent, haben Verstand. Ich glaube, sie wollen einfach ganz für sich sein. Frei von all dem Rummel dieser Welt.

Ich entnehme einen Teller mit Bibermotiv und wir laufen wieder zu unserem Notlager zurück. Es ist ein schöner heller Sonnentag, und der Schnee taut allmählich weg.

Doch Wilkinson erscheint immer noch nicht. Warten, warten, warten. Es wird zur Geduldsprobe. Am Abend kommen zwei junge Hunter vorbei. Sie haben Hühner geschossen. Wir erfahren von ihnen, daß wir uns in der Zeit um einige Tage vertan haben. Wir richten uns wieder auf die dritte Nacht im Freien ein.

Gegen Abend gehe ich zum Biberbau, um etwas Holz für das Lagerfeuer zu holen. Ich sehe dort doch tatsächlich den Biber beim Nagen und Schaffen. Unglaublich, was die Biber alles zernagen und wegschleppen.

Robert kocht in der Zwischenzeit Elchgulasch mit Kartoffeln und Karotten. Man muß gut essen, wer weiß, wann es wieder etwas zu futtern gibt.

Die Nacht wird hell und eisig. Wir gehen einer kalten Nacht entgegen, daher wird genügend Holz hergerichtet, das Feuer auf starke Glut gebracht. Die Tannenreiser zur Bettunterlage frisch zurechtgelegt, den Schlafsack aufgeschüttelt. Robert braucht das alles nicht. Er rollt sich in seine dicke Wolldecke auf Reisig, und schon schläft er.

Er schnarcht nicht, Gott sei Dank.

Die Nächte sind lang hier oben, denn bei der Dämmerung legen wir uns schon nieder, und im Oktober steht die Sonne in diesen Breiten sehr flach. Es wird kalt, lausig kalt.

Ich kann nicht einschlafen. Wie lange müssen wir eigentlich noch warten, bis wir hier abgeholt werden; es geht heute in die dritte Nacht.

Die ersten Sterne zeigen sich jetzt. Mein Nachtlager ist unangenehm. Die Stiefel werden angezogen. In den Sack geschlüpft. Die Mütze wird aufgesetzt. Ich versuche zu ruhen.

Drüben am anderen Flußufer heult ein Timber herrlich durch die Nacht. Es muß ein Lockruf sein, denn nicht lange danach meldet sich ein zweiter, ca. 300 m flußabwärts. Einer ruft dem anderen zu. Jetzt kommen sie sich näher. Unser Elchfleisch ist im Boot ca. 50 Meter von uns entfernt versteckt. Zu dem Rufen der Wölfe gesellt sich noch ein dritter. Tiefer im Busch hört man seine Stimme.

Herrlich auf Tannenreisig zu schlafen, die Vielzahl der Nordsterne in der kalten klaren Winternacht am Himmel zu sehen. Unglaubliche Stille, nur die Stimmen der Timberwölfe. Ob sich wohl auch der Bär in unserer Nähe aufhält?

Die Kälte zieht unheimlich vom Fluß zu uns herauf. Von der Vorderseite erwärmt mich das Feuer und der Rücken friert. Die Nieren schmerzen. Der Seesack muß her, dicht an den Rücken gelegt, gibt er mir Schutz vor Kälte. Ich beginne zu schlafen, doch ich weiß nicht wie lange, vielleicht waren es nur zwei bis vier Stunden.

Ich werde wach, das Feuer ist fast gänzlich aus. Robert wird auch munter, das Feuer wird wieder entfacht. Die steifen Glieder werden erwärmt, Holz gehackt. Es ist zirka 1.00 Uhr in der Nacht. Die Flammen lodern 10–15 Meter hoch in den Himmel. Hoffentlich brennt mir Robert nicht den Wald an!

Wir kochen Kaffee. Schräg wird unsere Holzstange über das Feuer gestellt. Der Wassertopf aufgehängt. In nur 5 Minuten kocht das Wasser, eine Handvoll Kaffee hinein und aufkochen lassen. Wir sitzen bei eisiger Kälte nachts um 2.00 Uhr unter den Sternen und trinken Kaffee. Das Feuer kracht und prasselt, daß es eine Freude ist. Dann legen wir uns wieder schlafen.

Wenn man bei uns zu Hause nur mal zehn Minuten warten muß, dann ist die Hölle los. Ungeduld, hetzen, jagen, das gibt es hier nicht. Warten, warten, warten, er wird schon kommen, unser Herr Wilkinson. Ist er am dritten Tage nicht hier, so am vierten. Doch er wird kommen, ganz gewiß.

Der nächste Tag
Der Morgen graut langsam. Ich erlebe einen unglaublichen Sonnenaufgang. Es wird heller hinter den verschneiten Bergen, gelb und rot leuchten die Strahlen der aufgehenden Sonne gegen den zum Teil bewölkten Morgenhimmel. Nur langsam wird es heller und heller. Die Berge und die aufgehenden Sonnenstrahlen spiegeln sich im klaren Fluß. Grandios.

Robert macht Frühstück, Schinken und Ei. Danach kochen wir Kaffee. Die Trinkbecher sind gefroren und die Flußufer meterweit vereist. Danach dreht er noch eine Zigarette. „Willst du auch eine", fragt er mich. „Yes." Wir rauchen am Lagerfeuer. Wir reden nicht viel, doch wir sind glücklich. Wir verstehen uns in Gedanken, doch sein Hemd hängt immer noch heraus, insbesondere über den Gesäßpartien.

Hoffentlich ist heute nacht nicht sein Spitz erfroren. Er lächelt mir zu, als wollte er sagen, alles okay.

Es dürfte heute nacht vielleicht –15 °C gehabt haben. Ich bestaune das unbeschreibliche Schauspiel des Sonnenaufgangs. Robert steht plötzlich neben mir. Seine Augen leuchten, unsere Blicke begegnen sich. Ich fühle seine Sinne, seine Seele. Wir reden kein Wort, nur ein beglückendes Lächeln bricht aus seinen schlitzigen Augen.

Das ist seine Welt, und er ist froh, daß er mir dies alles zeigen kann und daß ich dafür viel Freude und Verständnis habe. Wir sind Freunde geworden, ich glaube, gute Freunde.

Was bin ich doch für ein komischer, unruhiger Mensch. Ich denke nach. Wie viele Jäger kaufen sich, so auch ich, einfach einen Abschuß, fliegen für fünf Tage in die herrlichsten Jagdgebiete dieser Erde und schießen, schießen. Es kann nicht Jagd sein.

Ein Drittel aller amerikanischen und kanadischen Jäger jagen mit Pfeil und Bogen. Sie müssen sich bis auf 50 Schritt einem Bären oder Elch oder Hirsch oder was auch immer nähern. Und dann einen tödlichen Pfeil sicher sausen lassen. Das ist Jagen.

Was mache ich?

Mit einer hochmodernen Waffe einen Elch auf 70 Meter einfach dahinstrecken. Es war kein Kunststück. Es war fast abscheulich.

Aber für Geld, für genügend Geld kannst du in nur fünf Tagen sieben bis neun Rehböcke oder zwei bis drei Bären, das Beste vom Besten und Schönsten, schießen.

Ich verurteile solche Jäger, solches Jagen auf das allerschärfste. Das sind keine Jäger mehr, die solches tun. Dies sind skrupellose Menschen, welche jegliche Achtung vor der Kreatur, ja vor sich selbst verloren haben. Und dann noch prahlen, was für stolze, waidgerechte Jäger sie sind. Diese soll auf der Stelle der Blitz treffen.

Um 9.30 Uhr erscheint Wilkinson, schnell wird verladen. Die Fahrt nach Watson-Lake, schätzungsweise 200 km, geht bei strahlendem Sonnenschein nach drei Stunden zu Ende. Robert wird im Indianerdorf abgeliefert. Zwei kleine Enkelkinder stehen halbnackt vor der erbärmlichen Hütte. Sie könnten besser leben, aber der Smoke und Whiskey sind das Rauschgift in ihrem Blute. Ja, er ist mein Freund geworden, ein richtig guter Guide.

Seine Freundschaft, das mit ihm Durchlebte in der eisigen Stille, die Freude an den Tieren in der Wildnis, das ist für mich mehr als ein besserer Elch, den ich hätte haben können.

Ich ziehe Bilanz über meine Reise. Hat es sich gelohnt?

Ja, ich fand in der Wildnis durch ihn zu mir zurück.

Eine schöne Jagdreise geht zu Ende, die ich in erster Linie meiner Mutter, meinen Söhnen Rolf und Bernd und ganz besonders meiner Frau Margot verdanke. Herzlichen Dank.

Der Basse vom Forstberg

Von Rudolf Leyh

Die Sterne funkelten wie Brillanten am dunklen Samt des wolkenlosen Firmaments. Betörend schwebt der süße Duft von in voller Blüte stehenden Heckenröschen und wilden Fliederbüschen in der Luft. Die Frösche unten am Teich waren ihres nächtlichen Konzerts müde; ab und zu quakte noch ein verliebter Grünfrosch. Da und dort kläffte pflichtbewußt ein Hund, wenn jemand die Schotterstraße entlang heimwärts stiefelte.

Doch das Schönste, was diese lauwürzige Maiennacht zu bieten hatte, war der unübertreffliche Liebesgesang mehrerer Nachtigallen, deren Lied aus dem dichten Buschwerk des Teiches nahe dem Ortsrand unendlich zart und fein zu uns herüberklang.

Wir warteten auf einen weiteren Jagdfreund, der um 3.00 Uhr früh hier sein wollte, um mit uns gemeinsam die am Waldrand stehenden Hochsitze zu besetzen. Am Abend vorher hatten wir die Lage für einen Ansitz auf Sauen begutachtet. Auch die Einstände einiger Rehböcke hatten wir bestätigt.

Immer häufiger sah ich auf meine Uhr, und als die Sterne am östlichen Firmament langsam erloschen, marschierten wir kurzentschlossen ohne Karl, den Jagdfreund, los. Wahrscheinlich hatte er gestern etwas tief ins Glas geschaut und heute verschlafen. Allenfalls würde er nachkommen.

Aus dem vor uns liegenden Altholz mit anschließender Dickung vernahmen wir den schnarrenden Balzlaut der Nachtschwalbe. Beim ersten Büchsenlicht erreichten wir endlich, vorbei an einem großen Jungmaiskomplex, unseren Hochsitz. Nebelschwaden verdeckten die Sicht nach dem Ort zu und ließen uns nur bis zur Mitte des Feldes einigermaßen etwas erkennen.

Warum ich die Absicht, die Leiter zu besteigen aufgab, weiß ich selbst nicht. Jedenfalls wählte ich als Ansitz einen bequemen Baumstrunk, von wo aus ich die noch niedrig bestandene Lehne vor mir leidlich einsehen konnte. Meinen Freund postierte ich zur besseren Beobachtung der unter uns etwas steil abfallenden Lehne, in Sichtweite auf zwanzig Meter unter mir. Ich gab mich in andächtiger Stimmung der erwartungsvollen Beobachtung der im ersten Blättergrün schimmernden, im ersten Morgentau so frisch wirkenden Jungkultur hin. Jetzt rief bereits, nicht weit entfernt, ein Kuckuck, und aus aberhundert Vogelkehlen jubelt es dem anbrechenden Sonnentag entgegen.

Kaum zehn Minuten kann ich der so harmonisch pulsierenden Stimmung lauschen, da gibt mir mein Freund, wie erstarrt nach unten schauend, ein vorsichtiges Handzeichen: Achtung! Da unten ist was los! Mein Freund duckt sich und wird immer kleiner. Wieder zeigt er nach unten. Ich habe seine Hinweise verstanden und nicke ihm leicht mit dem Kopf zu. Den dunklen Klumpen hatte ich längst als starkes Schwein erkannt.

Plötzlich legte sich mein Freund auf den Rücken, mir Gelegenheit für freies Schußfeld gebend.

Heiliger Hubertus, auf kaum 20 Meter unter ihm schiebt sich gemächlich, schnurstracks auf uns zu, ein kohlschwarzer mittelstarker Keiler! Ich könne jetzt schießen, doch wer tut das schon gerne. Was geschieht, wenn der Keiler nicht sofort im Feuer liegt? Eine kurze Todesflucht genügt, meinen Freund zu überrennen, der so rasch gar nicht aus seiner liegenden Stellung hochkommen könnte.

Doch wie es das Schicksal manchmal will, kommt der Keiler näher und näher, die Spannung ist unbeschreiblich, und die guten Nerven meines Freundes bewundere ich.

Unendlich langsam zieht der Basse zwei, drei Meter nach rechts, dadurch aus der Richtung meines Freundes tretend. Der Zielstachel tanzt unentwegt auf dem Keiler, und als dieser eine leichte Wendung noch weiter nach rechts macht, mir dadurch den rechten Teller freigebend, drücke ich den Abzug. Donnernd bricht sich der

Schall des Schusses mehrmals im Tal. Gott sei's gedankt, der Keiler sackt in der Fährte zusammen. Kaum zwölf Meter von meinem Freund, der jetzt doch etwas bleich aussieht, entfernt, verendet er in wenigen Sekunden.

Das Alter schätze ich auf vier bis fünf Jahre. Die Waffen waren außergewöhnlich stark und blitzten schneeweiß aus dem Gebrech. „Waidmannsheil!" wünscht mir mein Freund.

Ein Schnaps aus der Flasche für Erste Hilfe löst unsere Gemüter, rasch ist der Bruch, von meinem Freund auf dem Hut überreicht, am eigenen angesteckt, der Keiler aufgebrochen und gelüftet. Zufrieden mit Gott und der Welt traten wir den Heimweg an.

Die Jagd auf den Gamsbock

Von Dr. Helmut Koch

In meiner langjährigen Jagdzeit hatte ich noch keine Gelegenheit, auf Gamswild zu jagen. Dazu hatte ich nun nach Einladung von Freunden im ehemaligen Jugoslawien die Möglichkeit. Die Jagd sollte in den Alpen von Slowenien stattfinden. Voller Erwartung traf ich in der Hauptstadt dieses Landes, in Ljubljana, ein, wo mich meine slowenischen Freunde schon erwarteten. Nach einer Übernachtung im Hotel traten wir am kommenden Morgen per Auto die Reise in die slowenischen Alpen an. Es war eine interessante Fahrt durch das malerische Gebirge, als wir schließlich in einem kleinen Bergdorf unweit der österreichischen Grenze ankamen. Ein alter und erfahrener Jäger sollte mich auf dieser Gemsenjagd führen. Als wir ihn in einer einsamen Berghütte begrüßten, wo er uns schon erwartet hatte, war meine erste Überraschung schon perfekt. Sie hatte nichts mit der Jagd, sondern mit meinem Jagdbegleiter zu tun. Er war nämlich 82 Jahre alt, wie sich im Gespräch herausstellte. Sein gebräuntes und von vielen Falten durchzogenes Gesicht spiegelte wohl schon manchen Sturm in seinem Leben wider. Er selbst war nicht nur ein erfahrener Jäger, sondern übte gleichzeitig die Tätigkeit eines Bergführers seit 60 Jahren aus. Ich war damals etwa halb so alt wie er und gespannt, wie sich wohl unsere gemeinsame Pirsch und Jagd in den Bergen gestalten würde.
Die Jagdhütte in den Bergen war einfach und zweckmäßig ausgestattet. Aus dicken Holzstämmen solide und massiv gebaut, hatte sie wohl schon manchen Schneesturm überstanden und viele Jagdgäste gesehen. Das Innere der Hütte war in zwei Teile getrennt. Die eine Hälfte war mit einem großen massiven runden

Tisch ausgestattet, um den sich klobige Stühle gruppierten. In der Wand eingebaut war ein breiter Kamin, wo schon zur Begrüßung ein knisterndes und anheimelndes Feuer von großen Holzscheiten brannte. An der Wand hingen ein imposantes Geweih eines Steinbockes und zwei präparierte Köpfe von Gamsböcken. Für die Zubereitung von Speisen und Getränken war ein kleiner einfacher Herd vorhanden. Einen Brunnen in dieser Höhe gab es nicht, aber in nicht weiter Entfernung von der Hütte plätscherte ein kleiner Bergbach mit kristallklarem Wasser. Das war sicher reiner als das aus der Wasserleitung der Großstadt.

Der durch eine Holzwand getrennte zweite Teil der Hütte diente der Übernachtung. Hier waren für sechs Personen zweistöckige Betten aufgestellt, um den Raum gut auszunutzen. Für weniger turnbegabte Gäste war für das Oberbett eine Leiter zum Einsteigen angebracht.

Da wir die Jagd erst am nächsten Tag beginnen wollten, war genügend Zeit, um „am runden Tisch" über Jagd, Land und Leute sowie persönliche Erlebnisse zu plaudern. Als letztes wurde der Plan für den nächsten Tag besprochen. Mein 82jähriger Führer hatte vorgesehen, an einem Gamswechsel in etwa 1600 Meter Höhe sich anzusetzen und durch zwei Treiber Unruhe und Bewegung in diese Gegend zu bringen.

Nach einem gemütlichen Hüttenabend im Gebirge ging es in die Doppelstockbetten. Anfangs war es totenstill in der Hütte, bis diese Stille durch das laute Schnarchen unseres Jagd- und Bergführers unterbrochen wurde, der unter mir schlief. Die von mir vorsorglich bereitgestellten Oropax auf Grund bisheriger Erfahrungen bei solchen Jagdübernachtungen verhalfen mir doch noch zu einem ungestörten Schlaf, der erst morgens durch das schrille Läuten des Weckers unterbrochen wurde.

Wir waren übrigens vier Männer. Neben dem Jagd- und Bergführer waren noch zwei slowenische Freunde mitgekommen. Genüßlich wurde ein heißer Kaffee getrunken, und die vom Bergdorfbäcker mitgebrachten Brötchen mit slowenischem Schinken waren ein schmackhaftes Frühstück. Daß ich speziell eine gute

Essensgrundlage für die kommenden Stunden brauchte, sollte mir bald bewußt werden.

Wir hatten bis zu unserem Ansitz einen Höhenunterschied von etwa 600 Metern zu überwinden. Das geschah auf einem schmalen Bergpfad, der steil nach oben führte. Was ich in der vor mir liegenden Stunde des Aufstiegs erlebte, war unwahrscheinlich. Mein 82jähriger Begleiter legte ein für sein Alter bewundernswertes Tempo scheinbar mühelos vor. Obwohl ich nur halb so alt war wie er, kam ich schon nach kurzer Zeit ins Schnaufen und Keuchen, obwohl ich mir einbildete, nicht unbedingt zur Kategorie der unsportlichen Menschen zu gehören!

Bei den von mir verursachten kurzen Verschnaufpausen hatte ich Gelegenheit, die herrliche Umgebung im Gebirge zu erleben. Majestätisch erhoben sich in der Runde die zum Teil schneebedeckten Gipfel der Berge. Die aufgehende Sonne ließ die Schneegipfel im Osten von einem zarten Rosa allmählich in ein leuchtendes Rot übergehen. Dieses schöne Naturschauspiel versprach uns, wie mein Begleiter nach seinen langjährigen Erfahrungen feststellte, ein gutes und ruhiges Jagdwetter. Das waren in dieser Jahreszeit durchaus nicht selbstverständliche Bedingungen.

Bald hatten wir zu meiner Erleichterung unser Ziel erreicht. An einem flach verlaufenden Hang hatte mein Begleiter einen leichten provisorischen Schirm aus Kiefernästen speziell für unsere Ansitzjagd errichtet. Er sollte uns vor allem Schutz vor dem Erkennen durch die erhofften Gemsen geben, wenn sie, wie erwartet, einen Hauptwechsel unterhalb unseres Ansitzes benutzten. Der Berghang war mit Kiefern bewachsen. Die rauhe Witterung in diesen Gefilden hatte dazu geführt, daß sie mehr Büschen als Bäumen glichen. Also hatten wir im allgemeinen eine gute Sicht und ein freies Schußfeld. Das betraf besonders den unter uns liegenden Hang, wo der Hauptwechsel in einer Entfernung von etwa 80 Metern von uns verlief.

Schwieriger war die Einsicht zum oberen Hang. Er stieg relativ steil an und war infolge einer grabenartigen Vertiefung nicht voll einzusehen. Es war vorgesehen, daß in etwa gleicher Höhenlage unseres Ansitzes zwei Treiber aus etwa einem Kilometer Entfernung auf uns zugehen, um die vermuteten Gemsen in ihrem Einstand zu beunruhigen und hoffentlich zu veranlassen, auf dem Hauptwechsel an uns vorbei das Gebiet zu verlassen.

Mein Begleiter sprach übrigens ein gutes Deutsch. Das resultierte daraus, daß er in seiner Jugendzeit einige Jahre in Deutschland zugebracht und dort in einem Bergwerk im Ruhrgebiet gearbeitet hatte. Das in dieser Zeit schwerverdiente Geld reichte dazu aus, um seine Frau und drei Kinder in der Heimat zu ernähren und darüber hinaus etwas Geld für den Bau eines Hauses im heimatlichen Bergdorf zu sparen. Dort wohnte er noch immer und empfing gern seine Kinder und die zahlreichen Enkel, die jedoch fast alle das Bergdorf verlassen hatten. Sie wohnten und arbeiteten fast ausnahmslos in der Landeshauptstadt und hatten die verschiedensten Berufe vom Schlosser bis zum kaufmännischen Angestellten ergriffen. Er erzählte mir auch nicht ohne Stolz von der Zeit des zweiten Weltkrieges, wo er an der Seite der Partisanen gegen die deutschen Besatzer gekämpft hatte. Mir schien es, daß er diese Ereignisse mit etwas Vorbehalt erzählte, da ich ja immerhin als Deutscher aus dem Land dieser Besetzer kam. Als ich schließlich von meiner entschiedenen antifaschistischen Einstellung kein Hehl machte und auch meine Achtung für die Slowenen zum Ausdruck brachte, die für ihr Land gekämpft haben, schien unser ohnehin herzliches Verhältnis noch aufgeschlossener zu werden.

Nach dem Rückblick auf diese schweren Zeiten, wo durch den deutschen Faschismus über die jugoslawischen Völker, aber auch das deutsche Volk, so großes Leid und Elend entstanden war, kehrten wir in unseren Betrachtungen wieder zur Gegenwart zurück.

Würden wir überhaupt Gelegenheit haben, die von Natur aus scheuen Gemsen zu Gesicht zu bekommen? Es war etwa eine halbe Stunde vergangen, da machte mich mein Begleiter darauf aufmerksam, daß von der erwarteten Richtung sechs Gemsen auf dem Hauptwechsel auf uns zukamen. Bei dieser Gelegenheit konnte ich übrigens wiederum feststellen, daß, obwohl ich nur halb so alt war, mein Begleiter auch ohne Brille bedeutend besser als ich sehen konnte. Als er sein gutes natürliches Sehvermögen noch durch das Fernglas verstärkt hatte, stellte er fest, daß es sich ausnahmslos um weibliche Tiere handelte. Also kein Gamsbock, der für den Abschuß geeignet war. Vor den zwei Treibern, die durch eine Schlucht verdeckt und deshalb noch nicht sichtbar waren, kamen die Gemsen hochflüchtig in großen Sprüngen näher. Es war erstaunlich, wie geschickt die Tiere über Klippen und Hänge sicher sprangen. Nun waren wir darauf gespannt, ob sie auf dem vor uns liegenden Hauptwechsel vorbeizogen. Wir waren vorsichtshalber hinter unserem Schirm in volle Deckung gegangen, um zu verhindern, daß die sehr scharfsichtigen Tiere uns bemerkten. Als sie auf etwa 150 Meter an unseren Stand herangekommen waren, verließen sie plötzlich den Hauptwechsel und bogen nach oben ab. Dabei blieb für uns die Frage offen, ob sie den neu errichteten Schirm als Gefahrenquelle ansahen, oder vielleicht auch durch den wechselnden Wind Witterung von uns bekommen hatten. Jedenfalls passierte die sprungkräftige Truppe nicht unterhalb, sondern oberhalb von uns den Hang. Das war, wie wir gleich feststellen konnten, mit einem kräftigen Steinhagel verbunden, der in unsere Richtung niederprasselte. Da der Hang an unserem Schirm jedoch verhältnismäßig flach verlief, fielen glücklicherweise die Steinbrocken uns nicht auf den Kopf, sondern rollten an uns vorüber. Sollten wir das als Abschiedsgruß oder Revanche auffassen?

Imposant und interessant blieb diese erste Begegnung mit diesen Gemsen doch, während sie mit kräftigen Sprüngen und dabei auf und ab wiegenden Hinterteilen sich von uns in die nahe gelegene Schlucht entfernten!

Sollte es das für den heutigen Vormittag gewesen sein? Darüber nachzudenken blieb mir nicht viel Zeit. Da kam schon auf dem gleichen Hauptwechsel eine einzelne Gemse in unsere Richtung. Das konnte durchaus ein Gamsbock sein, der sich hier allein in großen Sprüngen in unsere Richtung bewegte. Ein Blick durch das Fernglas und vor allem das fachmännische Urteil meines Begleiters ließen zumindest mein Herz höher schlagen. „Es ist ein alter Gamsbock", flüsterte mir mein Begleiter zu. „Machen Sie sich schußbereit!"

Ich hatte im übrigen ein von meinen slowenischen Freunden geborgtes Gewehr, nachdem die Grenz- und Zollorgane im ehemaligen Jugoslawien die Einfuhr eigener Jagdwaffen nicht erlaubten oder zumindest sehr erschwerten. Probezielen mit dem geliehenen Gewehr hatte ich schon absolviert. Der Besitzer hatte mir versichert, daß eine genaue Treffsicherheit gegeben wäre, vorausgesetzt natürlich, daß der Schütze auch richtig zielt!

Doch für philosophische Betrachtungen über geliehene Gewehre und ihre Treffsicherheit blieb keine Zeit mehr. Vorsichtig wurde das Gewehr auf einer Verstärkung des Schirmes in Anschlag gebracht und entsichert. In großen Sprüngen kam der Gamsbock uns näher. Er war jetzt in der Nähe der Stelle, wo die Gemsen vorher den Hauptwechsel verlassen und nach oben abgebogen waren. Würde auch er diesen Weg nehmen und uns sozusagen als Gruß einen Haufen Steine von oben senden? Zum Glück blieb er auf dem Hauptwechsel und kam uns näher, allerdings in hohen Fluchten. Wenn er nicht einmal unterhalb unseres Ansitzes in einer vertretbaren Schußentfernung verhoffte, konnte die Abgabe des Schusses durch die großen Sprünge sehr schwierig werden. Schon erschien er halb links von mir im Zielfernrohr. Es kam wider pessimistischer Erwartungen doch anders, wie das so oft bei der Jagd geschieht! Wir wußten zwar nicht warum, vielleicht wegen des ungewöhnlichen Schirms in der Nähe des Hauptwechsels, jedenfalls hielt er plötzlich in seinen wilden Sprüngen inne. Er verhoffte auf einem Felsvorsprung unter uns, und die Entfernung mochte etwa 100 Meter betragen. Jetzt galt es ohne Zeitverzug diese günstige Möglichkeit zu nutzen. Etwas aufgeregt und zittrig, dazu noch das ungewohnte fremde Gewehr, zielte und schoß ich auf den Gamsbock. Er quittierte mit einem hohen Satz den Schuß. Es war ein deutlichen Merkmal dafür, daß ich getroffen hatte. Die erste Freude über den scheinbaren Treffer wurde dadurch gedämpft, daß der Gamsbock nicht umfiel, sondern etwas gebückt, aber doch noch sehr lebendig die Flucht fortsetzte. Schließlich entschwand er in etwa 200 Meter Entfernung unserer weiteren Beobachtung in einer rechts von uns verlaufenden Schlucht. Fragend und erwartungsvoll blickte ich meinen Begleiter an. Er hatte ja schließlich mit der Gemsenjagd Erfahrung und würde nun seine Meinung äußern. Das tat er dann auch. „Er wird einen Schuß zwischen Blatt und Leber haben", und nach meinem bangen Blick fügte er gleichzeitig hinzu: „Wir werden ihn sicher finden!"

Auch hier galt die gute Regel, dem beschossenen kranken Wild nicht sofort hinterherzulaufen, sondern eine Pause einzulegen und abzuwarten! Die Zeit kam mir zwar ewig vor, aber erwartungsvoll und diszipliniert vergingen zehn Minuten, bis wir uns schließlich auf den Weg machten. Zuerst wurde der Anschuß besichtigt. Schnitthaare und kleine Schweißtropfen bestätigten erst einmal unsere Vermutung, daß ich getroffen hatte. Regelmäßig verlief die Schweißfährte in Richtung der Schlucht, die wir nun verfolgten. Gespannt näherten wir uns dem Rand der Schlucht, die uns einen weiteren Einblick gewähren würde. Als erstes sahen wir jedoch nur ein Kieferndickicht und von unserem Gamsbock keine Spur. Die Fluchtfährte mit den regelmäßigen Schweißtropfen führte direkt in das Kieferndickicht hinein. Schritt für Schritt arbeiteten wir uns im wahrsten Sinne des Wortes in dem Gestrüpp voran, immer bemüht, die Schweißfährte zu halten. Vorsichtshalber hatte ich das Gewehr nachgeladen, um erforderlichenfalls den Fangschuß anzutragen, wenn der Gamsbock noch leben sollte. Nachdem wir uns mehr kriechend als gehend etwa 20 Meter durch das Kieferndickicht gezwängt hatten, fanden wir den Gamsbock. Er war schon verendet und in die ewigen Jagdgründe eingegangen. Ein erster Blick bestätigte unsere Vermutung, daß der Schuß zwischen Blatt und Leber saß.

Nun kehrte sich die Anspannung in Freude über die erfolgreiche Jagd um. Mein Begleiter wünschte mir auf deutsch und anschließend auf slowenisch ein kräftiges Waidmannsheil. Als Zeichen des erfolgreichen Jägers wurde mir der Bruch in Form eines Kiefernzweiges überreicht und am Hut befestigt. Nun konnte auch das

Gewehr wieder entladen werden. Dazu eine kleine Anmerkung: In der allgemeinen Aufregung steckte ich die mitgeführten Patronen ein und nahm sie versehentlich mit nach Deutschland, wo ich sie zur Erinnerung an den Gamsbock jetzt noch aufbewahre.

Nach dem Aufbrechen und Versorgen des Gamsbockes, der nach Einschätzung meines Begleiters sieben bis acht Jahre alt war, machten wir uns auf den Weg zur Jagdhütte. Wir hatten inzwischen durch die beiden Treiber Verstärkung bekommen, die nach dem Schuß in unsere Richtung geeilt waren, um nachzusehen, was wir „angerichtet" hatten! Auch sie freuten sich über den Erfolg, an dem sie durch ihr Treiben einen wesentlichen Anteil hatten. Mit vereinten Kräften brachten wir den Gamsbock zur Jagdhütte, wo meine slowenischen Freunde schon hoffnungsvoll warteten, nachdem auch sie den Schuß mit vielfachem Echo in den Bergen gehört hatten.

Alle gemeinsam verbrachten wir noch schöne Stunden nach einem schmackhaften Mittagessen in der Jagdhütte. Dann wurde der Rückzug in das nahe gelegene Bergdorf angetreten. Glutrot versank die Sonne hinter den schneebedeckten Berggipfeln. Ein imposantes Panorama, das, wie ich finde, deutlich macht, wie klein und unbedeutend doch eigentlich der Mensch in dieser Bergwelt ist.

Herzlich und dankbar verlief der Abschied von meinem slowenischen Bergführer, der mit seinen 82 Jahren noch so lebenslustig und vital in dieser schönen Bergwelt lebte. Bei solchen Erlebnissen fragt man sich manchmal, was macht den wirklichen Wert des Lebens eigentlich aus? Das Großstadtleben mit Streß, Autos und allen erdenklichen technischen Annehmlichkeiten oder das Leben dieser einfachen und naturverbundenen Menschen in der Bergwelt?

Der Zanderbrücker Vierzehnender

Von Gerhard Böttger

In der reizvollen Landschaft der Mecklenburgischen Seenplatte, hauptsächlich nördlich der Müritz, später auch in der Lewitz und anderswo, hatte ich erfolgreich auf den roten Bock gejagt, war mir Rot-, Dam- und Schwarzwild zur Beute geworden.
Als ich damals an der Müritz im Herbst die Rothirsche schreien hörte, bei sonst gutem Anblick aber nicht zu Schuß kam, wandten sich meine Gedanken und Blicke von der Kanzel, auf der ich saß, auch ab und an der Richtung der aufgehenden Sonne zu. Vorpommern kannte ich auch schon, aber noch weiter im Osten, in Hinterpommern, müßte man doch auch einmal jagen!
Wenn man sich diesen heute noch dünn besiedelten Landstrich auf der Karte anschaut, sucht man unwillkürlich nach bekannten Namen, nach Ortschaften, die einem vertraut erscheinen, auch wenn man nie in ihren Mauern verweilt hat. Nicht allzuweit von Neustettin war da zum Beispiel an den Ausläufern der Tucheler Heide das ehemals westpreußische Forstamt Pflastermühl, das mir aus der Literatur so vertraut war, daß ich fast glaubte, mich dort zurechtfinden zu können (siehe R. M. Beninde: „Jagen und Reiten – Passion meines Lebens").
Ich hörte mich später gezielt um, und siehe da, es bot sich die Möglichkeit, im Nachbarforstamt Zanderbrück – vom Namen her mir natürlich auch ein Begriff – auf den Brunfthirsch zu jagen. 8600 ha Jagdfläche werden von der polnischen Jagdgesellschaft „Ponowa" betreut, die schon seit Jahren ausländische Jäger an ihrem Abschuß beteiligt – gegen harte Devisen, versteht sich.
Von der blühenden Ortschaft Zanderbrück ist nur noch ein kleines Nest übriggeblieben, „Sporysz" liest man am Ortseingangsschild.

Von dort bis nach Pflastermühl („Suszka") sind es ungefähr 10 km Wegstrecke. Langsam fuhr ich damals die nur durch geschlossene Forsten führende Straße entlang, bis sich am Ufer eines breit dahinfließenden Baches, der unter einer Brücke einen kleinen Fall bildete, eine Lichtung auftat. Ich war am Ziel: Pflastermühl. Wenige Häuser, einige alte Eichen, die sicher so manches erzählen könnten, Pferdeweiden, auf denen jetzt Gänse schnattern.

Das schmucklose Forstamtsgebäude und ein alter Pferdestall sind aus der besseren Zeit noch übriggeblieben. Die zur Bachseite hin angebaute Veranda, vor der Beninde sich mit seinem Lebenshirsch hat fotografieren lassen, ist allerdings dem Verfall preisgegeben, das Grundstück von Unkraut überwuchert.

Jagdliche Historie wehte mich an, Historie, die mit Hirschen verbunden war und sehr viele nachdenkliche Zwischentöne aufwies. Durch den Umstand, daß meine Dolmetscherin mit der im Hause lebenden polnischen Familie befreundet war, konnte ich auch das Hausinnere betreten.

Grüne Reminiszenen gab es dort nicht, und ich fühlte mich sehr unwohl, was sicher nicht nur an den ungelüfteten, zigarettenrauchgeschwängerten Räumen lag.

Mit zwiespältigen Gefühlen fuhr ich zurück in mein Quartier, das ich im Hause der Revierförsterei „Jelnia" in Przereba gefunden hatte.

In der kunstvoll angelegten Chronik der „Ponowa" fand ich später das besagte Foto von Beninde und seinem Kapitalhirsch von über 20 Pfund Geweihgewicht, den er 1941 abseits der Hauptbrunftplätze auf den Binnendünen am sog. „Spitzenberg" erlegt hatte. Der Kaltfließer Revierbeamte Barge, ein Schweißhundmann, versteckte das Geweih des ungeraden Zweiundzwanzigenders während des Krieges auf seiner Försterei. Es hat nichts genutzt. Das Geweih dieses Spitzenhirsches mit den unwahrscheinlichen Kronen ist niemals mehr aufgetaucht.

Daneben ein Foto vom Geweih eines 40 Jahre später im Revier der „Ponowa" verludert aufgefundenen Hirsches. Bei dem schätzungsweise ein Jahr zuvor verendeten Recken war die Todesursache nicht mehr festzustellen. Wieder mal ein Beispiel für das unrühmliche Ende eines Kapitalen. Gewildert, angefahren, geforkelt? Oder doch ein natürliches Ende gefunden? Wer weiß. Das Geweih mit Schädelfragmenten wog, wie aufgefunden, 8,8 kg. Frisch nach der Erlegung und mit ganzem Schädel wäre es mit Sicherheit ebenfalls an die magische 10-kg-Grenze herangekommen.

An CIC-Punkten übertrifft das Geweih mit den noch (!) voluminöseren Kronen sogar die Trophäe von Forstmeister Benindes Lebenshirsch.

Ich fand es hochinteressant und freute mich, diese Verbindung zu Pflastermühl in der Chronik niedergelegt zu finden. Es zeigt doch zumindest zu einem kleinen Teil, daß man sich der Tradition, in der man in diesen gesegneten Rotwildrevieren jagt, bewußt ist. Jedenfalls sah es der Chronist so. Die Unterschiede wurden mir später klar, als sich mein Jagdaufenthalt bereits dem Ende zuneigte und ich mit einer ganzen Reihe von polnischen Jägern und Jagdführern gesprochen hatte.

Doch wir wollen zurück zum Anfang gehen und wieder chronologisch berichten. Meine Reise gen Osten hatte ich mir auf zwei Tage aufgeteilt, wenn auch nicht ganz freiwillig. Bei uns zu Hause, in der nördlichen Lüneburger Heide, herrschte Ende September 1992 ein Nebelwetter, das erst am frühen Nachmittag genügend Sicht für eine verantwortungsvolle Autofahrt bot. In diesem 4-Stunden-Zeitraum bis zur Dunkelheit fuhr ich bis in die Nähe der polnischen Grenze, übernachtete auf deutscher Seite in Penkun. Mit viel Mühe fand ich in der kleinen Ortschaft eine Pension, die mich noch aufnehmen konnte. Relativ zügig ging es am nächsten Vormittag durch die Grenzabfertigungen bei Pomellen, und dann fuhr ich auf der Straße Nr. 10 immer nur nach Osten. Es ist angenehm, wenn man ohne Zeitdruck reisen und auch einmal einen Blick in die Landschaft werfen kann. Auf den größtenteils gut ausgebauten Straßen war es überhaupt kein Problem für mich, bis 14.00 Uhr – zum vereinbarten Zeitpunkt – auf dem Forstamt Czarne einzutreffen.

Zum ersten Mal konnte ich in Czarne meine paar Brocken der polnischen Sprache anwenden, als ich mich nach dem Weg zum Forstamt erkundigte. Die freundlich gegebene Erklärung verstand ich sogar.

Kaum eine Stunde später war dann auch ein von meiner Dolmetscherin geschickter Forstbeamter zugegen, der mit mir in meine Unterkunft fuhr.

Auspacken, Kaffeetrinken, dabei „Lagebesprechung" mit dem Jagdführer Adolf, und dann, ja, und dann ging es zum ersten Mal los, die Jagd auf den Brunfthirsch in der Tucheler Heide! Eine Woche lang – zur besten Zeit eigentlich, über die Gründe wurde immer wieder gemutmaßt – hatten die Hirsche verschwiegen, kaum, daß des Nachts einmal ein ferner Schrei ertönte. Ich hatte das Glück, daß mit meinem Eintreffen die Pause zu Ende und die laute Brunft wieder voll im Gange war.

Mit meinem „Jägermeister" (er war also Chef aller Jagdführer und wurde von der Dolmetscherin so betitelt) verhörte ich am Rande eines riesigen Wiesen- und Ödlandgeländes.

Die obligatorische Zigarette gab uns die Windrichtung an, wir wußten damit also, von welcher Seite wir den im Bestand schreienden Hirsch angehen konnten. „Den" Hirsch sage ich deshalb, weil wir ihn bzw. seine Stimme für am vielversprechendsten hielten. Drei weitere Hirschhälse hatten sich nämlich eingeschaltet. Der tief orgelnde Schrei, auf den wir uns dann zubewegten, kam aus schätzungsweise 1 km Entfernung. Zunächst ging es noch auf einer schmalen Schneise voran, die wir dann verlassen mußten, um „querbeet" an das Wild heranzukommen. Der lückige Kiefern-Altholzbestand mit wenigen Jungbäumen und eingesprengten Fichtenhorsten ließ die Pirsch noch relativ schnell vorangehen. Ein Problem war nur das unter der Altgrasdecke eingeflochtene Dürrholz, auf das man verteufelt achtgeben mußte.

Plötzlich hatten wir zwei Tiere auf ungefähr hundert Meter vor uns, die hocherhobenen Hauptes seitlich wegtrollten. Ein Spießer spritzte aus einer Fichtengruppe hervor, hochflüchtig überholte er das Kahlwild. Uns konnte er nicht bemerkt haben, die wir mit dem

Glas an den Augen hinter Baumstämmen in Deckung standen. Ich konnte mir schon denken, vor wem dieser Angsthase geflüchtet war. Da! War er das schon? Wir entdeckten halblinks einen Hirsch, der dem Spießer nachäugte. Halb war er von einer dicken Kiefer verdeckt, doch Träger, Haupt und Geweih waren klar anzusprechen. Jetzt zog er sogar hervor. „Gering im Wildbret", dachte ich als erstes, der war kaum stärker als das eben gesehene Alttier. Mittelalt, vom Geweih her regelmäßiger Zwölfer, dünnstangig. Nein, das konnte nicht der Platzhirsch sein.

Ein gewaltiger Schrei vor uns bestätigte meine Vermutung. Ein Starker zog auf uns zu, und der Zwölfer verdünnisierte sich. Noch einmal ein Schrei.

Ja, das war „unsere" Stimme!

Angespannt beobachteten wir nach vorn. Ob der Hirsch sich zeigen würde? Was mag es für einer sein? Aus den Augenwinkeln heraus sah ich, wie Adolf seinen zweibeinigen Zielstock aufbaute, und mir wurde plötzlich ganz warm. Vertrackterweise hatte ich meinen eigenen vertrauten Pirschstock, den ich sonst immer mitführe, am Gartenzaun der Försterei stehen lassen.

Das Glas hatte ich abgesetzt, kein Stück einer roten oder grauen Decke war mehr zu erspähen. Dafür fing hinten eine Fichte an zu wackeln, es prasselte und brach. Ein Wildkörper schob sich um das arme Bäumchen herum und schlug es nunmehr von der anderen Seite zuschanden.

Der Hirsch stand nicht frei, aber auch durch den Schleier der ihn deckenden Äste und Zweige sehen wir dann, wie das Haupt in die Höhe fährt, dicke Stangen gen Himmel ragen und aus dem offenen Äser ein wütendes Grollen ertönt. Unruhig zog er dann hin und her, würde wahrscheinlich gleich dem längst verschwundenen Kahlwild nachfolgen. Ich war sicher, einen reifen Hirsch vor mir zu haben. Er wirkte doppelt so massig – hatte „alles vorn" – wie der schwache Beihirsch.

„Schießen", flüsterte es neben mir. Auffordernd deutete Adolf auf sein Zweibein. Natürlich war das für meine Körpergröße viel zu niedrig eingestellt.

Geduckt stehend legte ich trotzdem an, habe dann das weiß leuchtende Fichtenstämmchen im Absehen, aber nicht den Hirsch. „Schießen, rechts Hirsch", quetscht Adolf wieder hervor. Nur nicht verrückt machen lassen, denke ich. Mit der linken Hand nahm ich das Glas noch einmal an die Augen. Im abnehmenden Licht des Tages brauchte ich einige Sekunden, bis ich den Hirsch wiedergefunden hatte.

Er verhoffte nach links, nur der Träger war frei für eine gutgezielte Kugel. „Schnell machen, Hirsch weg." Adolfs Deutsch wird immer besser, am Nachmittag noch hatten wir uns nur „per Dolmetscherin" unterhalten.

Dann vergesse ich alles in der Konzentration der Schußabgabe, schon ist das Geschoß heraus.

Ein Prasseln, ein flüchtender Schatten. Hatte die Kugel die Lücke gefunden?

Ich hatte kein gutes Gefühl nach diesem aus verkrampftem Anschlag heraus abgegebenen Schuß.

Aber für ein Versagen hat man ja immer eine Erklärung. Ich konnte meinen Jagdführer nicht davon abbringen, unverzüglich zum Anschuß zu eilen. Was er in sich hinein murmelte, verstand ich diesmal nicht, oder hatte er etwas von „Baum" gesagt? Wir hatten die knappen hundert Meter noch nicht zurückgelegt, da blieb er stehen, wies mit der Hand zur Seite hin.

Da hatten wir die Bescherung. Ich war auch nicht besser als der Hirsch; der schlägt eine Fichte zusammen, ich flicke eine westpreußische Kiefer an.

Sichtlich konsterniert betrachte ich mir das helle Schußmal. Sauber hatte ich mich hier eingeführt.

Wenigstens bestand jetzt kein Zweifel mehr daran, daß es ein Fehlschuß war. Adolf zeigte eine Spanne zwischen Daumen und Zeigefinger: „Fünf Zentimeter rechts, Hirsch tot."

Beim Herumkauderwelschen hielten wir plötzlich inne. War so was möglich? War das „unser" Hirsch, der dort geschrien hatte? Wir machten uns auf die Beine, trotz der vorangeschrittenen Dämmerung. Noch einmal meldete der Hirsch, wenn „er" es denn war, was uns fast sicher schien. Aber die Entfernung vergrößerte sich, wir würden ihn vor der Dunkelheit nicht ein zweites Mal anpirschen können.

Wir waren im Begriff umzukehren, als ich doch noch eine Bewegung vor uns wahrnahm. Ich machte Adolf darauf aufmerksam. Ein Hirsch zog schräg auf uns zu, was uns veranlaßte, sofort auf die Knie runterzugehen.

Es war zwar mühsam in dem schwindenden Licht, aber wir konnten ihn noch genau ansprechen. Zuerst dachte ich, der elegante Zwölfer würde uns wieder beehren. Nach Figur und Geweih war dieser Hirsch auch sehr ähnlich, trug ebenfalls gerade zwölf Enden, davon drei in jeder Krone. Diese Kronenenden waren jedoch kurz, unzweifelhaft kürzer als bei dem zuerst gesehenen Beihirsch. Dann schien es mir auch, als hätte dieser eine stärkere Brunftmähne ausgebildet.

Nach meinen persönlichen Abschußrichtlinien könnte man ihn als unverhoffte Prise „mitnehmen".

Der Jägermeister nickte. Ich robbte zum nächsten Kiefernstamm, beeilte mich, jede Minute Licht war jetzt kostbar. Auch dieser Hirsch stand nicht ganz frei, wies aber, fast breitstehend, die vordere Blattpartie. Es waren weniger als 100 m, und diesmal war ich mir meines Schusses sicher, beobachtete auch das deutliche Zeichnen des Hirsches.

Weit konnten ihn seine Läufe in der wilden Abflucht nicht mehr getragen haben. Adolf kam langsam heran, aber diesmal konnte ich ihn überreden, seine eben angefangene Zigarette erst zu Ende zu rauchen, bevor wir zum Anschuß und dann zum Hirsch gingen, der unweit verendet lag. Die Blattkugel hatte ihre Wirkung getan (7×64, 11,5 g TIG).

„Gut Selektionshirsch", meinte Adolf, und ich freute mich natürlich immens über diesen Zwölfer, der für sein Alter (etwa 6. Kopf) zu wenig auf dem Haupte trug. Die starke Brunftmähne wirkte irgendwie deplaziert an dem geringen Wildkörper.

Immerhin, ein Zanderbrücker Hirsch, der die Bitternis des Fehlschusses auf den Starken etwas milderte.

Es war mittlerweile so dunkel im Bestand geworden, daß wir unverzüglich mit dem Aufbrechen begannen, das dann im wirklich allerletzten Licht stattfand.

Anschließend zogen wir den Hirsch noch zur nächsten Schneise, wo Adolf sein Taschentuch in die Schale eines Vorderlaufes und ich die leere Patronenhülse in die Schale eines Hinterlaufes klemmte. Das mußte zur Abschreckung von Raubwild und Sauen genügen, letzten Bissen und Inbesitznahmebruch hingegen würden sie wohl kaum respektieren.

Auf dem gemächlichen Heimweg zur Försterei klang die Erregung und Spannung langsam ab. Wir redeten nicht viel in der Dunkelheit, das konnten wir nachher am Kaminfeuer noch genügend nachholen. Wir lauschten lieber in die Nacht hinaus, aus der noch so mancher Schrei eines Hirsches unser Ohr erreichte.

Ich zog den bruchgeschmückten Fürst-Pleß-Hut tiefer in die Stirn und den Lodenmantel enger um mich. Kalt war es geworden, ein Frosthauch lag in der Luft.

War das mit ein Grund für das, was ich in den weiteren Nachtstunden erleben durfte?

Stunden der Hochbrunft in einem herrlichen Rotwildrevier, in die Angespanntheit des akustischen Dabeiseins mengte sich die Vorfreude auf den kommenden Tag. Als ich gegen 2.00 Uhr morgens zum wiederholten Male das Fenster meiner Kammer öffnete, strömte es eisigkalt herein. Aus den Wäldern, Schlägen und Brüchen ertönte ein Konzert der Hirschstimmen, wie das Jägerherz (und das Ohr) es sich kaum schöner und erregender vorstellen kann.

Ein halbes Dutzend Hirschhälse war leicht zu unterscheiden, die weiter und weit entfernten gar nicht mitgerechnet. Zwei besonders gute, d. h. gewaltig rasselnde, urtümlich tiefdröhnende Stimmen waren dabei. Hitziger Sprengruf aus rauher Kehle, daß man förmlich meint, den heißen Odem in der frostklaren Nachtluft stehen zu sehen. Diese „alten" Stimmen waren jedoch nicht ständig zu hören, aber wenn sie ertönten, dann verschwiegen die anderen für kurze Zeit, und man wußte, wer zornmütig sich dort meldete.

Welch Gegensatz zu dem langgezogenen, sehnsuchtsvollen Schrei der Beihirsche.

Der Morgen versprach interessant zu werden. Selbst als ich den nicht gerade stabilen Fensterflügel behutsam wieder schloß, drang das Murren der Hirschhälse noch zu mir in die Kammer hinein. Ein rechter Schlaf wollte sich nicht mehr einstellen.

Als ich um 4.30 Uhr, jagerisch gerüstet, vor die Tür ging, hatte das Konzert noch nichts an Intensität eingebüßt. Zehn Minuten lang konnte ich in Ruhe verhören, bis der Jagdführer eintraf. Nur eine der groben Stimmen, die es mir besonders angetan hatten, ließ sich noch vernehmen, und Adolf war bereit, diese mit mir anzugehen. Nach halbstündigem Marsch hatten wir den entsprechenden Revierteil erreicht bzw. so weit umrundet, daß wir für die beginnende Pirsch den Wind im Gesicht hatten. Immer wieder blieben wir stehen und lauschten in die Dunkelheit hinein. Bis auf geschätzte 300 Meter kamen wir so an den Hirsch heran, zuerst noch auf Wegen, dann ein Gatter durchquerend, wobei es Mühe machte, die Zäune lautlos zu überwinden, und schließlich ein Stück auf gewundenem Wildwechsel. Bei zwei dicht zusammenstehenden Altkiefern legten wir dann eine Pause ein, um das volle Büchsenlicht abzuwarten.

Lange dauerte das nicht, und an Adolfs schon wieder brennender Zigarette sah ich, daß wir den Wind für die bevorstehende Unternehmung nicht zu fürchten brauchten. Der Hirsch schrie sporadisch vom gleichen Platze im Bestand und hatte sicher Kahlwild bei sich stehen.

Mit äußerster Vorsicht schlichen wir auf dem Wechsel weiter voran. Meine Büchse war längst schußbereit, an den Pirschstock hatte ich diesmal auch gedacht, mich aber auch darauf eingestellt, freihändig zu schießen, falls die Situation das erfordern sollte. Das Unterholz wurde jedoch immer lichter und lichter, so daß ich nicht mehr damit rechnete, ganz nah an den Hirsch heranzukommen. Langsam wurde es aufregend und es galt jetzt, auf herumstehende Beihirsche und auf Kahlwild besonders achtzugeben. Der Platzhirsch, bestimmt war es einer, der sowieso nicht der eifrigste

Sänger war, hatte längere Zeit nicht mehr geröhrt. Das sprach für sein Alter, erschwerte uns aber die Orientierung. Doch wir hatten Glück. Weitab zu unserer Linken meldete plötzlich lauthals ein anderer Geweihter, und „unserer" fühlte sich wohl bemüßigt zu antworten. Mehr ein Brummer als ein Schrei war es. Aber, verflixt, das war doch viel weiter rechts als angenommen! Das Wild war ins Ziehen gekommen. Hatten wir bis dahin immer noch den relativ bequemen Wildwechsel verfolgen können, so mußten wir jetzt quer durch den Bestand. Es ging zwar nicht durch Karpatenurwald, aber erschwert wurde die Annäherung auf alle Fälle.

Dabei hatte ich das vertrackte Gefühl, nicht mehr viel Zeit zu haben, jetzt möglichst schnell an den Hirsch herankommen zu müssen. Adolf schienen die gleichen Gedanken zu bewegen, schneller pirschte er voran, seine Haltung verriet hohe Anspannung.

Einen ziehenden Hirsch kann man nicht einholen, aber ich ging mehr von einem langsam in den Einstand zurückbummelnden kleinen Rudel aus. Rein gefühlsmäßig, versteht sich.

Mit nunmehr halbem Wind trachteten wir, dem Rudel den Wechsel abzuschneiden. Aber wo war der Hirsch jetzt? Etwas ratlos verhielten wir kurz hinter einem niederen Erdhügel. Ja, so ist das, wenn die Hirsche nicht schreien, ist nichts zu wollen. Ich konnte mich lebhaft in die Situation jener Waidgenossen versetzen, die hier in der sonst besten Brunftzeit eine Woche gepirscht und angesessen hatten, ohne jemals einen Hirsch in „angreifbarer" Nähe zu hören.

Wieder hatten wir Glück, ohne das es auf der Jagd überhaupt nicht geht. Gerade hatte ich daran gedacht, meinen Hirschruf zu benutzen, zögerte aber, weil ich in dessen Gebrauch relativ ungeübt war, da ertönte plötzlich ein abgrundtiefer Sprengruf!

Uns traf fast der Schlag, denn das war erstens nicht weit und zweitens kam er aus einer Eberescheninsel, die voll in unserem Wind lag.

Ein junger Hirsch preschte dort heraus und mit angstgeweiteten Lichtern auf 10 Schritt an uns vorbei. Entgeistert starrten wir ihm nach, und dann kam es, wie es kommen mußte.

Ein Tier mahnte, direkt danach ein einziger Schrecklaut, wir hörten es brechen, ein Davonprasseln, aus damit. Der Hirsch war uns über, hatte uns gründlich an der Nase herumgeführt. Gesehen hatten wir ihn und sein Kahlwild nicht, aber bestimmt war es ein ganz Kapitaler, logisch! Na ja, ärgerlich, aber nicht zu ändern. In leicht gedrückter Stimmung kehrten wir um, hatten wir doch noch einen respektablen Heimmarsch zu bewältigen. Dabei spielten wir noch etwas Verstecken mit einem blutjungen Sechser, der längere Zeit parallel mit uns zog. Wenig später gingen wir noch einen eifrig schreienden Helden an, der wohl nur seine Stimme erprobte, die schon recht hübsch angerauht war für sein jugendliches Alter.

Sein viertes Geweih erst mochte dieser langstangige Kronenzehner tragen.

So war für Unterhaltung auf dem Rückweg gesorgt, es wurde niemals langweilig. Ich fand auch Saufährten und frisches Gebräch, die schwarzen Gesellen waren hier also auch vertreten, wenn auch in geringerer Anzahl als in den heimischen Revieren in der Heide und an der Elbe. Sogar ein Fuchs kreuzte unseren Weg, äugte uns hämisch an und schnürte unbeeindruckt weiter. Trotzdem sah ich ihm erfreut nach, der Meister der Ränke hat mir auf der Jagd oftmals als gutes Omen gedient.

Weniger gern sah ich die Gruppe von Pilzsammlerinnen, die am Wegesrand rastete. Hoffentlich vergrämen die mir nicht meine Hirsche!

Jägermeister Adolf setzte ein ausgesprochen böses Gesicht auf und blickte starr geradeaus. Nanu, hatten sie ihm als Jagdführer schon übel mitgespielt?

Dabei waren es sicher ganz arme Menschen, die mit ihrer Sammeltätigkeit Polen zu den dringend benötigten Devisen verhalfen und selbst nur einen geringen Verdienst dabei hatten. So ließ ich verbindlich ein polnisches „Guten Tag" von mir hören, was eine unerwartet freundliche Reaktion zur Folge hatte. Wie blitzten da die dunkelgelben, braunen und schwarzen Grandeln in den lächelnden Gesichtern der überwiegend alten Frauen!

Zu meiner Befriedigung sah ich dann im Vorbeigehen, daß doch auch eine Hübsche unter ihnen saß, die ebenso wie sämtliche Kolleginnen – eine Dose dänisches Bier in der Hand hielt. Na, waren es doch Besserverdienende, oder aus welcher Quelle kam der gute Gerstensaft?

Weiteres Nachdenken darüber ersparte ich mir jedoch, meine Gedanken richteten sich dann langsam auf das bevorstehende kräftige Frühstück, das die Wirtin hervorragend zu bereiten wußte. Einfühlsam hatte sie erkannt, daß das warme Pilzgericht als erste Mahlzeit am Tage meinem Magen doch zu ungewohnt war, so daß ich statt dessen Spiegeleier mit Speck als Vorspeise bekam, was mir sehr behagte. Danach konnte man dann richtig anfangen zu frühstücken. Niemals mundet es so gut wie nach einer ausgedehnten herbstlichen oder winterlichen Pirsch!

Danach schaltete ich gewöhnlich eine kurze Ruhepause ein, machte dann einen fernglasbewaffneten Gang durch die nähere Umgebung der Försterei, schmökerte nach dem Mittagessen, das ich immer zusammen mit der Dolmetscherin einnahm, in einem Stapel historischer Blätter, zu deren Lektüre ich zu Hause nicht gekommen war, und konnte mich dann – flugs war die Zeit vergangen – schon wieder für den nächsten Jagdgang rüsten.

Schnell noch einmal den Büchsenlauf durchgezogen, und schon ging es los. Diesmal fuhren wir ein Stück mit meinem Wagen, um die großen Bruchwiesen, von denen schon die Rede war, zur Hälfte zu umrunden. Dann hatten wir die Absicht, ihr ostwärtiges Drittel frühzeitig zu überqueren, um in einer einspringenden Waldzunge auf der anderen Seite mit gutem Wind die Pirsch zu beginnen, „den Hirschen entgegen" sozusagen.

Wer beschreibt unser Erstaunen, als dort bereits Rotwild draußen stand. Zwei Tiere hatten einen alten Hirsch, der durch seine eselgraue Decke auffiel, alle Vorsicht vergessen lassen und ihn auf die freie Fläche gelockt. Ein leer wirkendes Geweih mit kurzen Stangen war anzusprechen, viel mehr nicht.

An diesen Abschußhirsch mußten wir heran, und es gab eine sehr günstige Gelegenheit dazu. Nach einer kleinen Umgehung konn-

66

ten wir uns auf der abgewandten Seite der Waldzunge bequem annähern.

Die Stücke konnten zwar den schützenden Waldrand in wenigen Sekunden wieder erreichen, aber im Moment ästen sie so vertraut, daß wir es einfach anpacken mußten. Die Tiere zogen sogar langsam noch weiter in die Wiesen hinein, während der Hirsch zwischen ihnen hin und her trollte, zwischenzeitlich auch einmal kurz im Wald untertauchte, sich dann aber sofort wieder zu den Tieren gesellte. Er schien mit seinen zwiespältigen Gefühlen nicht fertig zu werden. Einesteils wollte er das Kahlwild nicht verlassen, andererseits war es ihm doch nicht ganz geheuer auf dem deckungslosen Ödland.

„Warum treibt er sein Wild nicht einfach rein?" dachte ich, hatte ich doch genug Brunfthirsche gesehen, die da überhaupt nicht lange fackelten und mit Geweihhieben durchaus nicht sparten.

Rund 400 m waren wir marschiert, gleich würde uns das kleine Rudel aus der Sicht geraten, als uns plötzlich ein grober Schrei in unserem Rücken aufhorchen ließ. Ja, gab's denn so was auch?!

Wir spekulierten zur ungefähr einen Kilometer zurückliegenden Stelle des Waldrands zurück, wo etwa der Hirsch gemeldet hatte. Aus dem Hochwaldstück, in dessen Innern ich gestern den Platzhirsch gefehlt, wenig später den Beihirsch erlegt hatte, „quoll", muß man schon sagen, ein großes Rudel Kahlwild auf die Wiesen hinaus. Wieder ein mächtiger Schrei, und der Beherrscher des Rudels folgte!

Erwischten wir heute gleich zwei alte Hirsche in ihrer „dummen Stunde"? Nur in diesen Hochbrunfttagen war es möglich, daß diese Recken sich verleiten ließen, bei bestem Licht mit auf die Freifläche zu ziehen.

Die Entfernung zu beiden Rudeln war in etwa gleich. Adolf und ich sahen uns an. Wir waren gleicher Meinung und kehrten um, nicht nur, weil der jetzt wieder tief röhrende, zuletzt aufgetauchte Hirsch ein zweifelsohne besseres Geweih trug. Ich hatte da so einen Gedanken im Hinterkopf. Trotz der großen Entfernung mußten wir so schnell wie möglich trachten, aus dem Wind zu kommen, um dann in einem Eil- und Umgehungsmarsch an das große Rudel heranzukommen.

Es würde ein Wettlauf mit der Zeit und mit der Dunkelheit werden, aber da es noch relativ früh war, hatten wir gute Aussichten, ihn zu gewinnen.

Mit weitausholenden Schritten eilten wir zu meinem Auto zurück. Die 1,5-km-Strecke, die wir auf den Waldwegen mit dem Fahrzeug zurücklegen konnten, erbrachte einen zusätzlichen Zeitgewinn, auch die Pulse konnten sich wieder etwas beruhigen.

Als wir den Wagen dann verließen, fühlte ich das Hirschfieber langsam in mir hochsteigen. Jetzt galt es! Zunächst einmal zum Waldrand hin, um zu schauen, ob das Rudel überhaupt noch draußen stand. Das war Gott sei Dank der Fall. Ein ungewöhnlich großes Rudel hatte dieser Hirsch um sich geschart. Er umkreiste es und hielt es zusammen, trollte immer wieder zu den Randbäumen hin und röhrte in den Bestand hinein. Von „drinnen" ward ihm Bescheid getan, wahrscheinlich folgten gleich mehrere Beihirsche der erregenden Fährte der vielen Tiere. Es traute sich aber keiner aus der Deckung heraus.

Welch herrliches Bild. Dieser Recke wußte seine Rivalen auf Abstand zu halten. Ein Jagdbarer, an diesem Eindruck gab es nichts herumzudeuteln. Eben meinte ich sogar gute Kronenenden in der rechten Stange ansprechen zu können. Wie herankommen?

Mit diesem Problem beschäftigte ich mich natürlich die ganze Zeit, es mußte jetzt angepackt werden.

Ich beriet mich kurz mit meinem Jägermeister, aber seinen ersten Vorschlag ließen wir dann einvernehmlich wieder fallen. Das Rudel von hinten anzugehen, ihm quasi auf dem Auswechsel zu folgen, war wegen der dort stehenden Beihirsche zu gefährlich, wenngleich man dort den besten Wind hatte.

Mein Plan war ein anderer. Halbkreisförmig in die Wiesen hinein war eine Anpflanzung von Edellaubhölzern gelegt worden, die mit hohen Stangenzäunen gegen das Rotwild gegattert war. Unter dem herbstfarbenen Laub der dünnen Bäumchen war das gelbdürre Gras bestimmt einen Meter hoch. Wenn ich den jenseitigen Rand des Gatters erreichen konnte, war ich auf Schußentfernung an dem Rudel dran. Adolf wollte mir das wohl nicht zumuten, war aber mit meinen Ausführungen einverstanden. Als ich ihn dann leicht stirnrunzelnd anblickte, wußte er gleich, was mir auf der Seele lag. „Ich bleiben hier, ich bleiben hier", sagte er. Es hatte auch wirklich keinen Zweck, dieses Unternehmen zu zweit zu starten.

Das Hineinklettern in die sich an den Waldsaum anschließende Kultur gelang ohne Schwierigkeiten. Ich fand dann sogar einen sich dahinschlängelnden Wildwechsel, dem ich einige Zeit folgen konnte.

Rehwild war hier gezogen. Konnte ich anfangs noch tiefgebückt dahinschleichen, war es bald aus damit. Auf Händen und Knien kroch ich weiter.

Wozu schleifte ich eigentlich den Pirschstock mit? Ich ließ ihn liegen. Dann störte mich das vor der Brust baumelnde Glas, ich legte es ab. Den Hut schob ich in die Stirn; wer längere Zeit meine Gangart angewandt hat, wird wissen warum.

Doch mit einem Schlag wurde mir noch heißer, als es ohnehin schon war. Plötzlich hörte ich aufstampfende Schalen vor mir. Zwei Rehe flüchteten mit wippenden Spiegeln in Richtung Waldrand. Ich danke ihnen noch heute, daß sie nicht geschreckt haben, war ich doch mittlerweile auf knappe 300 m an das Brunftrudel herangekommen. Ein einzelnes Tier hatte sich weit in das Bruchgelände um einen ausgetrockneten Entwässerungsgraben vorgewagt und sicherte aufmerksam zu mir herüber.

Na? Ich fuhr mir mit dem Ärmel über die nasse Stirn. Doch das Stück beruhigte sich wieder und äste weiter. Das war sowieso das Hauptanliegen aller dreizehn Tiere, während der Hirsch nicht einmal von dem Gras- und Krautbewuchs etwas aufgenommen hatte. Da war ja noch einer!

Nur 100 Gänge vom Platzhirsch entfernt war ein junger Geweihter am Waldrand aufgetaucht, schrie mit seiner Schneiderstimme und drosch mit seinen dünnen Stangen auf ein Randbäumchen los. Oh, oh, oh – da mußte ich aufpassen, daß ich dem nicht in den Wind geriet. Doch es kam Hilfe von einer nicht einkalkulierten

Seite. Der Starke, der nun endlich ein Objekt für seinen Zorn eräugt hatte, hielt mit bösem Sprengruf auf ihn zu, was den eben noch so mutigen Achter zu sofortiger Flucht veranlaßte. Weg war er, nur die Zweige des Randgebüsches schwankten noch, wo er überstürzt in die Deckung eingetaucht war.

Der Wind durfte sich auch nicht um wenige Grade drehen, sonst war ich verraten. Notfalls hätte ich schon schießen können, als der Beherrscher des Rudels den nicht ernstzunehmenden, aufmüpfigen Junghirsch vertrieb und dabei in den Wirkungsbereich meiner Büchse gelangte.

Ich wollte jedoch keinen unsicheren Schuß ohne vernünftige Anstreichmöglichkeit riskieren, zumal ich wohl noch genügend Zeit zur Verfügung hatte. Der Hirsch war zum Kahlwild zurückgekehrt, und ich kroch weiter.

Undurchdringliches Brombeergestrüpp hielt mich auf. Da gab es kein Durchkommen, ich mußte ausweichen. Dahinter endlich der Gatterzaun. Ich glitt unter der untersten Stange hindurch und sah mein Ziel vor Augen: Dreißig Meter vor mir der breite, trockene Graben mit einem Erdwall auf der anderen Seite.

Noch tiefer mußte ich herunter, um auch diese Distanz noch zu überwinden, aber dann war es geschafft. Keuchend rutschte ich in die Grabensohle und konnte dort relativ bequem, fast aufrecht gehend, meine Position noch einmal um wiederum etwa dreißig Meter in die Wiesen hinaus verschieben.

Eine kurze Atempause gönnte ich mir, ehe ich dann, höchst gespannt und vorsichtig, die Böschung hochkroch.

Vor mir das erwartete Bild auf der Bühne. Diana sei Dank, es war gutgegangen. Hundert Meter auf diesen Kasten von Hirsch, da konnte nichts mehr passieren.

Konzentriert brachte ich die Büchse in Anschlag.

Mensch noch einmal! Erst jetzt, beim Blick durch die Optik, erkannte ich diesen Hirsch mit dem grimmen Gesicht wieder. Er war es, den ich gestern gefehlt hatte. Figur, Bewegung und Gesicht hatten sich mir unauslöschlich eingeprägt, während ich mir über Einzelheiten des Geweihs auch jetzt noch nicht ganz klar war, als ich die Sicherung vorschob und den Stecher betätigte. Mir kam es auf ein Ende mehr oder weniger auch durchaus nicht an. Als der Kämpfer sich anschickte, wieder einmal einen tiefdröhnenden Schrei Richtung Waldrand und Beihirsche zu schicken, faßte ihn meine Kugel.

Es hebt ihn vorne hoch, und er stürmt davon.

Nur einen Sekundenbruchteil lasse ich ihn beim Repetiervorgang aus den Augen; als ich wieder aufschaue, ist er weg. Das Kahlwild formiert sich nur zögernd, ehe es dann doch flüchtig wird und im Wald verschwindet.

Ich liege wie erschlagen, nur langsam weicht die Anspannung der vergangenen Stunde.

Als Adolf erscheint, mir Stock und Glas nachbringt, klopft er mir gleich freudig auf die Schulter, aber ich will es noch nicht wahrhaben. Zwar war ich mir meines Abkommens sicher und sah den Hirsch auch deutlich zeichnen, aber darum haben wir ihn trotzdem noch nicht.

Adolf verschwindet auf dem Einwechsel des Rudels und ich folge ihm nach, obwohl ich eigentlich erst den Anschuß untersuchen wollte. Ich sehe an den zerfetzten Bäumchen, daß dies auch die Stelle ist, wo der Achter aus dem Bestand kam. Unabhängig voneinander suchen wir dort herum, völlig falsch natürlich. Ich gebe die Sache auf, um endlich zum Anschußbereich zu gehen. Diesen festzustellen ist in dem offenen Gelände gar nicht so einfach.

Während ich meine Kreise abschreite, sehe ich auch Adolf wieder erscheinen und Richtung zu mir hin nehmen. Plötzlich ruft er und winkt, zeigt mit beiden fuchtelnden Armen zur Seite hin.

Das kann nur eins bedeuten! Schnell nehme ich das Fernglas hoch und sehe auf Anhieb eine Geweihstange aus dem Krautbewuchs ragen. Nun hält mich nichts mehr, und mit Riesenschritten eile ich dorthin. Hier liegt er verendet, der Hirsch, den erst meine zweite Kugel fällte. Den Wald hat er nicht mehr erreicht, war mit seiner letzten Flucht in eine flanke Senke gestürzt, so daß er sich zunächst unseren suchenden Blicken entzogen hatte.

Ich war überwältigt. Welch starker Hirsch, welch massiger Wild-körper, welch unwahrscheinlich breiter Träger. Langsam kniete ich nieder und prüfte den Einschuß tiefblatt, aus dem nur spärlich einige glänzende Schweißtropfen gesickert waren.

Dabei sah ich die Striemen und Abschürfungen, die auf der Blatt-partie, aber auch auf dem Ziemer und am Haupt zu finden waren. Und jetzt das Geweih, die starken, dunklen Stangen! Ich hatte diesen Hirsch nicht unbegründet als Kämpfer tituliert. In der rechten Stange mit der prächtigen, pokalförmigen Viererkrone hatte er sich die Eis- und Mittelsprosse zur Hälfte abgekämpft, in der linken Stange, die keine Eissprosse aufwies, sogar die halbe Krone abgebrochen. Ein ungerader Vierzehnender also.

Schade, schade, aber nicht zu ändern. Die Bruchstellen wirkten alle frisch, was mußte dieser Hirsch gekämpft haben. Alle Ausein-andersetzungen hatte er siegreich bestanden, denn er war der König des großen Rudels, um das er so hart tjostieren mußte, das ihm so viele streitig machen wollten. Meine Altersschätzung, 10.–12. Kopf, brauchte ich auch am liegenden Hirsch nicht zu revidieren. Nach späterer Untersuchung des Unterkiefers war eher vom 10. Kopf auszugehen.

Interessehalber verfolgte ich die nicht einfach zu haltende Schweißfährte zurück, die mir dann den genauen Anschuß wies. Vierzig bis fünfzig Gänge hatte er mit dem Torpedo-Ideal-Ge-schoß im Leben noch zurückgelegt.

Adolf brach mir nach deutscher Jägersitte den Bruch, den ich mir mit Stolz hinter das grüne Band meines Pleß-Hutes steckte.

Bei der roten Arbeit wollte ich mir diesmal nicht helfen lassen, was mein Jagdführer überrascht, aber dann schmunzelnd zur Kenntnis nahm. Er steckte sich wieder seinen unvermeidlichen Sargnagel ins Gesicht und begann, auf der Fährte des Gefällten im Gras und in den Binsenhorsten herumzustochern. Was er dabei redete, ver-stand ich nicht. Schon vorher hatte er neben dem Hirsch überall herumgesucht.

Als ich die blanke Klinge wieder weggestreckt und mich zu kur-zem Ausruhen auf einer Bülte niedergesetzt hatte, kam er zu mir und konnte mir sein Anliegen verständlich machen. Kurzum, er war der Meinung, daß der Hirsch vor dem Schuß in beiden Stangen eine vollständige Krone getragen hätte! Ich fuhr ziemlich hoch, als mir klar wurde, was er meinte.

Zweifelnd überblickte ich die Fluchtrichtung des Hirsches bis zu seinem letzten Sturz. Kein einziger Stein war hier zu finden in der trockenen, unebenen Ödlandfläche. Wie und wo sollte sich hier ein Geweihter die Stangenenden abbrechen?

Ich konnte es einfach nicht glauben, wenngleich ich natürlich hocherfreut gewesen wäre, wenn wir das fehlende Kronenteil tatsächlich gefunden hätten.

Das wäre nicht die erste Trophäe, die wieder „gerichtet" werden mußte.

Krampfhaft versuchte ich, mir Einzelheiten ins Gedächtnis zurückzurufen. Die dunklen, langen Stangen, rechts die gute Krone; ja, die hatte er „jetzt auch noch", und links? Ich wußte es nicht, hatte ich mich doch mehr vom Gesamteindruck als von Einzelheiten leiten lassen.

Trotzdem wollte ich nichts versäumen, und so gingen wir dann zu zweit wieder auf die Suche.

Ausgehend von der rechten Krone und nach der Abbruchstelle in der linken zu urteilen, konnte es eine langstielige Gabel mit dickem Stiel sein, die die linke Stange wieder komplett machen würde. Ein doch immerhin kompaktes Gebilde, aber wir fanden es nicht.

Adolf mußte sich getäuscht haben, er war ja an dem Hirsch auch nicht so nah dran gewesen wie ich. Die fortschreitende Dämmerung zwang uns sowieso zum Aufgeben. Ich war dankbar, daß ich diese aufwühlende Jagd bei Tageslicht erleben durfte und nicht ein Schuß im letzten Licht notwendig gewesen war.

Taschentuch und Patronenhülse mußten wieder ihren Dienst tun, noch ein letzter Blick auf den Gestreckten, und dann gingen wir.

Eine knappe Unterhaltung gab es noch über das Geweihgewicht, das uns natürlich besonders interessierte. Unsere Einschätzungen deckten sich ziemlich. Mit allen fehlenden Teilen würde das Geweih frisch an die 7 kg herankommen, ob es jetzt überhaupt noch

6 kg hatte? Nicht egal, aber auch nicht so wichtig. Auf alle Fälle würde mich diese knorrige Trophäe an unvergeßliche Jagdtage erinnern, die – noch nicht zu Ende waren.

Schon dröhnte es wieder auf in den weiten Wäldern ringsumher. Während wir verstummten, übernahmen die Hirsche das Abschiedskonzert für den Kämpfer aus ihrer Mitte, immer mehr rauhe Hälse schalteten sich ein, so daß wir, am Wagen angekommen, noch nicht einsteigen mochten, sondern noch eine ganze Weile in die Nacht hinaus lauschten.

Zwei Tage, zwei Hirsche! Die Feier nach dem Abendessen trotzdem nicht überschäumend, eher beschaulich. Allerdings wurden etliche Flaschen meiner mitgebrachten trinkbaren Vorräte geleert, dazu waren sie schließlich da.

Um Mitternacht war Ruhe eingekehrt im Forsthaus, im Revier dagegen röhrten nach wie vor die Hirsche, so daß ich einfach nicht anders konnte, als noch lange Zeit am offenen Fenster zuzuhören. Auch danach wollte es mit dem Schlafen wiederum nicht recht gelingen. Zu viele Dinge gingen mir im Kopf herum, der Vierzehnender mit seinem Rudel, dieses prachtvolle Brunftbild, das Anpirschen, der Schuß, die Suche, das fehlende Kronenteil.

Szenen aus der ersten Pirsch auf Zanderbrücker Gebiet drängten sich dazwischen. Gedanken auch an eine Parallele aus dem Vorjahr mit einem Bock, den ich an einem Abend beschossen, am anderen Abend geschossen hatte. Sonst brauchte ich über Fehl- oder – noch schlimmer – Krankschüsse, Hubertus sei Dank, nicht nachzudenken.

Sicher war ich mir, daß der nun nur noch rechts Gekrönte der Hirsch vom ersten Tag war, dem ein Kiefernstamm noch eine Gnadenfrist gewährt hatte.

Für Hirsche, die ich einmal genau angeschaut – ich sage für Hirsche und nicht für Geweihe –, habe ich ein gutes Gedächtnis. Das Gesicht ist es, was sich mir einprägt. Das trifft selbst für Bilder, für Fotos zu.

Ein Beispiel: Als ich die Bibliothek eines Bekannten nach geeignetem Lesestoff für mich durchmusterte, fiel mir das Buch von Günther Schwab „O könnt' ich jagen in Ewigkeit" in die Hände.

Schon beim ersten Blick auf das Titelbild wußte ich, daß ich diese beiden starken Feisthirsche schon einmal gesehen hatte. Wieder zu Hause, brauchte ich in meiner eigenen Büchersammlung nicht lange zu suchen, bis ich den Band von Rüdiger Schwarz „Förster, Bauern, starke Hirsche" herausgefunden hatte. Auch hier zierte das gleiche Foto, wenn auch kleiner und seitenverkehrt abgebildet, die schwarze Einbanddecke des übrigens sehr lesenswerten Buches. Die Gesichter dieser Hirsche kann ich mir jederzeit ins Gedächtnis zurückrufen.

Es gibt aber nicht nur Bücher mit identischen Titelbildern, sondern sogar Bücher mit gleichlautendem Titel! Hat vielleicht Friedrich Vorreyer, seines Zeichens doch Rotwildexperte, nicht gewußt, daß schon Herbert Nadler, der „Punktevater", eines seiner drei Bücher „Blätter aus meinem Jagd-Tagebuch" genannt hatte?

So wirbelten meine Gedanken vom Hundertsten ins Tausendste, und erst gegen Morgen schlummerte ich ein. Die Frühpirsch hatte ich abgesagt, den Wecker daraufhin abgestellt, so daß ich noch nicht einmal unausgeschlafen war, als ich eine Stunde vor der Frühstückszeit erwachte.

Nach der morgendlichen Stärkung fuhr ich in Begleitung der Dolmetscherin ins Revier hinaus, um beim Bergen meines Hirsches mit Hand anzulegen. Adolf wartete schon an Ort und Stelle, schnarchend trafen wir ihn in seinem tschechischen Kleinwagen an. Ein paar Fotos wurden noch schnell geschossen, bevor wir das Haupt abschärften, das ich in meinem Wagen verstaute. Anschließend suchten wir noch einmal, diesmal zu dritt und bei hellstem Sonnenschein, die in Frage kommenden Stellen nach dem abgebrochenen Kronenteil ab. Vergeblich. Ich wurde dadurch in meiner Meinung bestärkt, obwohl ich mir natürlich alle Mühe gegeben hatte, etwas zu finden.

Dann, o Wunder, o Stillosigkeit, verluden wir den Wildkörper in das klapprige Blechgefährt. Halb auf den Rücksitzen und im Kofferraum, halb hinten heraushängend, wurde das Wildbret aus dem Wald gekarrt. Gut, daß ich das nicht die ganze Zeit mit ansehen mußte, sondern mit Haupt und Geweih zur Försterei zurückfahren konnte.

Nachmittags besichtigte ich eine Jagdhütte der „Ponowa", gleichzeitig war dies der mit Adolf vereinbarte Treffpunkt, von dem aus wir zur Abendpirsch aufbrechen wollten; diese sollte uns diesmal in einen ganz anderen Revierteil führen. Die idyllisch unweit eines Flüßchens gelegene Hütte war mit drei Jägern aus Warschau besetzt. Eine eigene Wasserversorgung existierte nicht, mehrere Bohrungen waren nicht fündig geworden. So schöpften Hirsche und Jäger gleichermaßen aus dem recht sauber aussehenden Fließ.

Oder war dieses den Jägern doch zu suspekt? Was ich an dem Bohlentisch in der Hütte vorgesetzt bekam, war zwar wasserklar, brannte aber so höllisch in der Kehle, daß ich nur mit Mühe einen Hustenanfall vermeiden konnte. Die Tränen, die mir in die Augen geschossen waren, schob ich schnell auf die dicke Luft in dem niedrigen Raum, dampften doch alle wie die Schlote.

Mein Gegenüber konnte ich nur ausmachen, wenn ich mit meinem Hut für L(D)uftbewegung sorgte.

Es war also richtig gemütlich und ich akklimatisierte mich schnell. Als Abwehrwaffe stecke ich mir flugs einen eigenen Zigarillo an, einen Knaster von der ganz billigen Sorte, die ich sonst nur zum Windprüfen mit mir führe.

Beim zweiten Glas Selbstgebrannten war ich vorgewarnt und verzog keine Miene mehr. Beim dritten fand ich ihn schon angenehm den Magen wärmend, so daß ich nach dem vierten nichts mehr gegen den fünften einzuwenden hatte.

Im Nu war ein sagenhaftes Esperanto mit den gastfreundlichen Polen im Gange. „Say, d'you speak English?" redete mich mein Banknachbar an, virtuos Glas und Zigarette in einer Hand führend, weil ihm der linke Arm zur Hälfte fehlte. Erfreut bejahte ich, worauf er mir zunächst zu meinem Hirsch gratulierte.

Er war beim Abkochen des Schädels dabeigewesen und wunderte sich über die vielen Schmisse an des Kämpfers Haupt: „He was heavily beaten."

Zwischendurch radebrechte ich auf französisch mit dem Mann im Tarnanzug, der nach meinen „Français-Kenntnissen" gefragt hatte. „Un peu seulement", sagte ich und erklärte, woher ich stamme.

Dem dritten rief ich „Nazdrowie!" zu, weil er gerade wieder einschenkte.

„Lauenburg", antwortete er und reichte mir mit einem polnischen Wortschwall die Hand. Das war das einzige deutsche Wort, das er kannte; ich glaube, er stammte von dort, aus der ehemaligen Kreisstadt im äußersten Nordosten Pommerns, am Rande des Lebatals gelegen.

Mit dem Einarmigen unterhielt ich mich am besten, er war Biologe an der Warschauer Universität und freute sich sehr, in mir einen Kollegen zu entdecken. Er war viel herumgekommen; wir fanden heraus, daß wir im gleichen Jahr Alberta und Britisch-Kolumbien bereist hatten, was er sofort seinen Hüttengenossen weitererzählte.

„Lauenburg", grinste der Kleine wieder und nahm dankend einen Zigarillo von mir.

„Maintenant faire la chasse", mahnte der Tarnfarbene, „ou sont les cerfs?" (= wo sind die Hirsche?). „Wo Hirsch schreit, ist auch Hirsch!" gab ich ihm den heißen Tip und übersetzte es schnell auf polnisch-französisch. „Dobrze", lachte er.

Plötzlich stand unser Lowczy, unser Jägermeister, in der Runde und wurde mit großem Hallo begrüßt. Er hatte die Dolmetscherin mitgebracht, aber wozu brauchten wir die noch? Jäger sprechen eine Sprache.

Mit Adolfs Erscheinen war uns eingefallen, daß wir alle noch auf die Pirsch wollten, und so verabschiedeten wir uns schnell. „Waidmannsheil!" wünschte ich. „Good luck, bon chance und Lauenburg", hörte ich von den polnischen Waidgenossen.

Nachdem Adolf auch noch schnell einen Becher gekippt hatte, fuhren wir ein kurzes Stück mit dem Wagen, um dann an einem weiten Bruchgelände, das vom Hüttenbach durchquert wurde, eine halbe Stunde anzustehen. Tatsächlich zogen in dieser Zeit, unabhängig voneinander, zwei Tiere mit ihren Kälbern auf die Fläche. Sie ästen jedoch unerreichbar weit auf der anderen Seite des Fließes.

Wir sahen eine Weile zu und pirschten dann zu einer Waldblöße, die im letzten Licht von einem jungen Hirsch überquert wurde.

Das war's für den Abend, wir waren viel zu spät aufgebrochen, um noch einen der in der Ferne schreienden Hirsche anpirschen zu können.

Rund um die Försterei war mehr los als hier, im Dunstkreis der doch viel einsamer liegenden Hütte.

Dabei wollte ich eigentlich keinen Hirsch mehr schießen, sondern einige Tage noch geruhsam auf Kahlwild und Sauen jagen. Wenn natürlich ein ganz geringer, ein Sechser vielleicht oder ein schwacher Spießer, uns „umlaufen" wollte, konnte ich mich immer noch anders entschließen.

So ungefähr erklärte ich's Adolf, als er mich am anderen Morgen noch einmal ganz konkret fragte. Daraufhin holte er seine eigene Büchse aus dem Kofferraum, es handelte sich um einen Repetierer im Kaliber 30.06, schraubte umständlich ein langes Zielfernrohr einer mir unbekannten Marke auf und sagte: „Vielleicht ich Hirsch schießen."

Vier hatte er in diesem Jahr bereits erlegt, wie ich aus seinen Erzählungen wußte.

Nun, ich hatte nichts dagegen, finde es eher amüsant, mal jemand anders beim Schießen zu beobachten, als ständig selbst „ranzumüssen".

Etwas verspätet zogen wir los, was diesmal aber keine so große Rolle spielte, denn in der Nacht hatte sich ein dichter Nebel über Bruch und Wiesen gelegt, der uns sicher noch Probleme bereiten würde. Dachte ich, doch das Gegenteil war dann der Fall. Die zunächst noch alles verhüllenden weißen Schwaden gereichten uns zum großen Vorteil. Nur unter ihrem Schutz war es uns an diesem Morgen möglich, den Wald zu verlassen und direkt über die riesige, von mir schon des öfteren angeführte Weidefläche zu pirschen. Zwei gute Stimmen waren von ihrem jenseitigen Rand zu vernehmen. Ein Hauptbrunftplatz hatte sich hier etabliert, im Gegensatz zum vorigen Jahr, als sich hier gar nichts rührte und – lt. Originalton Dolmetscherin – „die Hirsche sich im Wald versteckt hatten und Jäger mußten suchen, suchen, suchen...".

Über die Ursache braucht man nicht lange zu rätseln, im Vorjahr wurden über hundert Stück Rindvieh von einem Hirten mit Hunden auf der Fläche gehütet.

Suchen mußten wir das Wild auch, aber wir fanden es schnell. Nachdem die höhersteigende Sonne und ein leicht aufkommender Wind Lücken in das Nebelmeer gerissen hatten, entdeckten wir ein einzelnes Stück Rotwild vor uns, das wir bald als Hirsch identifizieren konnten. Nähere Einzelheiten waren nicht anzusprechen, da er im nächsten Moment schon wieder von dem ziehenden weißen Dunst verschluckt wurde. Gleichzeitig räumte dies uns die Möglichkeit ein, weiter heranzukommen und hinter dem Stamm eines Telegrafenmasten etwas Deckung zu finden. Auf den Nebel allein konnten wir uns nicht mehr verlassen, es wurde immer heller und lichter. Da war der Hirsch auch schon wieder. Hatte er etwas mitbekommen? Erhobenen Hauptes sicherte er zu uns herüber. Jüngerer Hirsch, ganz ordentliches Geweih, mehr konnte ich beim Hinüberspekulieren noch nicht herausbekommen.

Ich sah, wie Adolf sich fertigmachte. Die Anstreichmöglichkeit am Pfahl war günstig. Schon brach der Schuß, der Hirsch ruckte zusammen und pflügte mit mächtigen Fluchten durch den hohen Krautbewuchs davon, mitten in die nächste Nebelwand hinein. Weg war er. Ich hätte nach einer Wartezeit zunächst versucht, den Anschuß zu lokalisieren, doch Jagdführer in Polen und Ungarn sehen das wohl anders.

Mein Jägermeister marschierte direkt hinter dem verschwundenen Hirsch hinterher. Die Kugel mußte dieser haben, das Zeichnen im Schuß hatte ich deutlich beobachtet. Die Nebelwand hatten wir schnell hinter uns gelassen, Adolf suchte weit voraus, während ich gemächlicher, seitwärts versetzt, folgte.

Eingedenk der Erfahrungen bei der Suche nach meinem Vierzehnender blieb ich des öfteren stehen und suchte die Flächen mit dem Glas ab.

So konnte ich mich revanchieren, Adolf hatte meinen Hirsch gefunden, ich fand seinen.

Wieder war es die aus der Vegetation ragende Geweihstange, die den Gefällten verriet. Ich rief es zu Adolf hinüber, damit er als Schütze zuerst an seinen Hirsch herantreten konnte. Ein ungerader Zwölfer war es, altersmäßig und vom Geweihaufbau her mit meinem ersten Zanderbrücker zu vergleichen. Dieser hier hatte bessere Kronenenden, dafür fehlte ihm eine Eissprosse, wildbretmäßig wirkte er ebenfalls eher schwach.

Adolfs und meinen Zwölfer würde man bei uns zu Hause nur ungern auf einer Trophäenschau vorzeigen, aber hier waren es eben Durchforstungshirsche.

Als wir mit der frohen Botschaft zur Försterei zurückkehrten, wartete die ganze Belegschaft schon. Der Schuß war gehört worden. Adolf ließ sich nicht lumpen und spendierte eine Flasche Wodka, die noch vor dem Frühstück ihren Boden zeigen mußte. Gott sei Dank war das nicht so ein Feuerwasser wie der Hüttentrank, er bekam mir ausgezeichnet und wir frühstückten in aller Ausführlichkeit und bester Stimmung. Diese gute Stimmung fand – nur bei mir allerdings – ein jähes Ende, als Adolf am Nachmittag eine halbe Stunde nach dem verabredeten Zeitpunkt in den Hof einfuhr, wo ich, fertig gerüstet, auf ihn wartete.

Um Gottes willen! Mit kreischenden Bremsen kam sein Vehikel knapp vor dem Schweinestall zum Stehen, laut dröhnte Radiomusik durch die heruntergekurbelten Scheiben und heraus stieg ein Mensch, den man, nicht nur aufgrund des auf der Nase sitzenden Hutes, kaum wiedererkannte. Man brauchte kein Hellseher zu sein, um zu wissen, womit der Hirschtöter den Tag verbracht hatte. Er hatte auf der Jagdhütte, zusammen mit dem „Professor", dem „Getarnten" und „Lauenburg", seinen Hirsch total in Schnaps eingeweicht.

Ich setzte mich zu ihm nur in den Wagen, weil ich wußte, daß wir lediglich zwei Kilometer durch den Wald zu fahren hatten und dabei keine öffentliche Straße berühren würden.

Als wir dann einen „Ambona", einen Hochsitz, ansteuerten – aus begreiflichen Gründen –, konnte ich ob der Schlitzohrigkeit dieses Komikers schon wieder still in mich hineinlachen.

Zum ersten Mal sahen wir kein Wild, nur von ferne her hörte ich einige Hirschstimmen, und die wurden auch noch teilweise von Adolfs Geschnarche übertönt. Ich muß gestehen, daß ich die Sache nicht so leicht genommen hätte, wenn mir nicht schon zwei Geweihte zur Beute geworden wären. Aber dann hätte ja der Jagdführer auch noch keinen Hirsch geschossen, also Schwamm drüber! Am andern Morgen machte Adolf alles wieder gut, das sei zu seiner Ehre gesagt. Er besaß den Riecher für die richtige Örtlichkeit. Wir pirschten in einem Bruchgelände an der Pflastermühler Grenze. Wieder hatte sich über dem leicht gefrorenen Boden eine Nebeldecke gebildet, doch die Sicht war wesentlich besser als noch am Tag zuvor; 150–200 Meter, also Büchsenschußentfernung, konnte man immerhin überblicken. Einen jungen Hirsch mußten wir wegtreten, um eine gute Stimme, wahrscheinlich die eines Platzhirsches, angehen zu können. Dabei tauchte plötzlich aus dem Nebel links von uns ein Sechser auf, der ebenfalls Richtung auf das vermutete Brunftrudel nahm. Nicht einmal äugte er zur Seite, sonst hätte er uns unbedingt wahrnehmen müssen. Noch weiter hinten ließ sich ein zweiter geringer Hirsch kurz blicken, der aber schnell wieder von einer Nebelbank verschluckt wurde. Schon sahen wir zwei schemenhafte Wildkörper auftauchen, auf die der Sechser direkt zuzog. Damit tat er uns, die wir mittlerweile in die Knie gegangen waren, einen großen Gefallen. Er veranlaßte nämlich den Platzhirsch, in scharfem Troll und mit grobem Sprengruf aus dem weißen Dunst aufzutauchen.

Daraufhin flüchtete der Schneider in seiner Fährte zurück, während wir den Hirsch vor uns bequem ansprechen konnten. Es war, kurz gesagt, der stärkste, den ich bisher in Zanderbrück gesehen hatte und noch sehen sollte, und ich hatte eine sehr gute Chance zum Schuß. Doch erstens wollte ich keinen guten Hirsch mehr erlegen, und zweitens trug dieser enorm starkstangige Zwölfer mit der weiten Auslage meiner Meinung nach erst das 7. oder 8. Geweih, wobei dieses bereits um die acht Kilogramm wiegen mochte. Der schreiende Hirsch vor der Nebelwand – ein unvergeßliches Bild.

Adolf drängte zum Schuß, ich war der letzte Gast in der Brunft, aber ich dachte nicht daran. Auch das einzige Tier, das dieser Recke so vehement verteidigte, wollte ich nicht schießen.

So setzten wir uns ab, „umrundeten" einen weiteren Beihirsch und pirschten in den Wald hinein, wo wir leider das Pech hatten, auf einen im Bett sitzenden Hirsch aufzulaufen, der erst zwanzig Schritt vor uns flüchtig wurde. Als ich die dünnen, verbogenen Stangen sah, riß ich die Büchse von der Schulter.

Ich glaube, es war sogar ein ungerader Sechser, aber spitz von hinten schieße ich nicht auf gesundes Wild, und der Hirsch zeigte nicht eine Sekunde die Blattpartie. So ist es manchmal: An diesem Morgen hätte ich schon drei Hirsche schießen können, aber dieser eine, den ich wollte, ließ mir keine Chance.

Wir pirschten schon wieder zurück, als wir mit einem einziehenden Rudel zusammenstießen, dem ein eifrig schreiender Kronenzehner folgte, der seine Stimmbänder schon ganz ordentlich malträtiert hatte, dem aber die Jugend noch aus dem Gesicht schaute.

Als wir wieder beim abgestellten Wagen ankamen, röhrte immer noch die eine oder andere Stimme in der Ferne. Alles in allem, ein prachtvoller Brunftmorgen lag hinter uns. Auch am Abend hatten wir guten Anblick, gelangten in Tuchfühlung mit zwei Brunftrudeln. Bei dem einen stand wiederum ein Zukunftshirsch, während wir den Beherrscher des anderen Rudels im dichten Bestand nicht freibekommen konnten. Der tiefe Baß mußte aber wohl einem zumindest älteren Hirsch gehören.

Adolf wollte gern, daß ich noch etwas schieße.

Als wir im letzten Licht am Rande eines Schlages auf drei Stück Kahlwild stießen, klopfte er bedeutungsvoll an den Schaft meiner Büchse. Mir war es aber zu weit, und ich lehnte ab. Daraufhin baute er umständlich sein Zweibein auf, zielte lange und bewies dann, daß auch er vorbeischießen konnte. Die Stücke kümmerten sich kaum um den Schuß. Jede der weiteren Pirschen war interessant, die Hirsche schrien noch gut, und wir sahen viel Wild. Nur die Sauen glänzten durch Abwesenheit, in der ganzen Zeit bekamen wir nicht eine einzige Borste in Anblick. Nur Gebräch hier und da kündete von ihrem Vorhandensein.

Schließlich erlegte ich mit einem weiten Schuß noch ein Schmaltier aus einem Kleinrudel heraus. Dieses zeichnete zunächst gar nicht, erst nach schrotschußweitem Abspringen tat es eine plötzliche, haushohe Flucht, brach zusammen und verendete.

Danach befaßte ich mich gedanklich schon mit der Abreise, wollte etwas eher fahren, weil ich mir eine ganz derbe Bronchitis zugezogen hatte. Wahrscheinlich hatte ich des Nachts zu häufig am offenen Fenster gestanden, um die Hirsche zu verhören.

Am Abreisetag verstaute ich die beiden Geweihe ohne Probleme hinten in meinem Kombi, nahm dafür einige andere Gepäckstücke sowie das Büchsenfutteral mit nach vorn. Wir werden sehen, daß das noch seine Bedeutung haben wird.

Ich habe lange überlegt, ob ich das noch zu schildernde Negativerlebnis mit in meinen Bericht über die Jagd in Zanderbrück aufnehme, und kam zu dem Schluß, daß diese auf der Rückreise erlebte Episode dazugehört.

Deutsch-Krone hatte ich schon einige Kilometer hinter mir gelassen, als mich kurz hintereinander zwei westliche Nobelkarossen mit weit überhöhter Geschwindigkeit überholten. Die zwei bzw. drei Insassen sahen dabei intensiv zu mir herüber.

500 Meter weiter fuhr das erste Fahrzeug rechts, der zweite Wagen links an den Straßenrand, und zwar so, daß nur eine schmale Lücke blieb, die man mit dem Auto, wenn überhaupt, nur ganz langsam passieren könnte.

Die fünf Männer stiegen aus, es war offensichtlich, daß sie auf mich warteten. Ein weiterer Wagen war weit und breit nicht zu sehen.

Diese Angelegenheit kam mir nun so verdammt suspekt vor, daß ich den Kerlen den Gefallen nicht tat, in diese Mausefalle zu tapern. Man hatte da so einiges über Polens Straßen gehört.

200 Meter vor dem „Empfangskomitee" fuhr ich ebenfalls rechts ran und stoppte meinen blauen Kombi. Eigentlich wartete ich auf nachfolgende Verkehrsteilnehmer, aber es kam keiner.

Dafür kam mir eine Eingebung. Ich stieg aus, suchte das Magazin für meinen Repetierer heraus, nahm diesen betont auffällig in die Hände und lud geräuschvoll durch. So, jetzt fühlte ich mich wieder sicherer.

Kaum zu glauben, aber die Knaben da vorne hatten verstanden. Kurzes Palaver mit aufgeregten Gesten, und schon brausten sie wieder davon.

Bei meiner Weiterfahrt hielt ich die Augen besonders offen, kam auch nicht auf die Idee, Anhalter mitzunehmen, das kann wirklich lebensgefährlich sein.

Meine Darstellung ist nicht übertrieben. Im darauffolgenden Monat Dezember las ich es schwarz auf weiß. Ich zitiere nur den ersten Absatz eines Artikels aus der „Welt am Sonntag" vom 13. 12. 1992:

„Achtung: Mord auf Polens Straßen und Parkplätzen. Polens Regierungszeitung hat für die Autobahnen und Fernstraßen in Polen ein neues Verkehrszeichen vorgeschlagen. Motto: ‚Achtung, hier wird gemordet.' Das Schild soll in einem Dreieck einen Pkw-Fahrer hinter dem Steuer zeigen, auf den mit gezücktem Dolch in der rechten und gezückter Pistole in der linken Hand ein Ganove zueilt." Zitatende.

Im weiteren Text ist von Folterungen, kaltblütigen Morden und von der schlecht ausgerüsteten polnischen Polizei die Rede. Neben polnischen sollen auch zunehmend russische und ossetische Banden an diesen Verbrechen beteiligt sein. Verallgemeinerungen liegen mir fern. Die Leute, die ich kennengelernt habe, waren normale Menschen wie du und ich mit allen ihren Vorzügen und auch kleinen Schwächen. Besonders in Erinnerung geblieben sind mir natürlich der Jagdführer Adolf, daneben der einarmige Biologe sowie die Frau des nach einem Schlaganfall behinderten Försters, die von früh bis spät unermüdlich rackerte, um ihr riesiges Arbeitspensum in Haus, Hof und Stall, „daneben" die Versorgung der Jagdgäste, zu schaffen.

Jagdlich gesehen muß man sagen, daß der Rotwildbestand überhöht ist (wovon der Jagdgast profitiert), das Wild dabei hervorragende Anlagen in sich trägt, die bei den Hirschen, wenn man sie ausreifen läßt, zu guten und sehr guten und ausnahmsweise auch kapitalen Geweihen führen müßten. Das Rezept, Hirsche alt werden zu lassen, um zu starken Trophäen zu kommen, ist nicht neu. Es wird nur vernachlässigt.

Von einem Forstmann, der in der gleichen Brunftzeit eine Woche in Rominten verbrachte, hörte ich folgendes: 14 Hirsche kamen zur Strecke, der älteste davon war vom 8. Kopf, unter den anderen einer vom 5. oder 6. Kopf mit unglaublichen 12 kg Geweihgewicht!

Da macht man sich seine Gedanken.

Waren es bessere Zeiten, als der Forstmeister v. Kries (allgemein „Panje Kries" genannt) in Zanderbrück, Beninde in Pflastermühl und Frevert in Rominten „regierte"?

Mag sich jeder seine eigene Meinung bilden.

Was mir bleibt, ist – trotz allem – die kostbare Erinnerung an die weiten Wälder der Schlochauer Heide und ihre Hirsche.

Anton – der Unbesiegbare

Von Dr. Helmut Koch

Man fragt sich, wer ist der berühmte und berüchtigte Anton, von dem die Jäger in der ganzen Jagdgesellschaft sprechen. Es ist weder ein Jäger noch eine bekannte Persönlichkeit, sondern ein alter und starker Keiler mit diesem Spitznamen, der nun schon seit geraumer Zeit die Jäger narrt. Viele Jäger sind ihm schon bei den verschiedensten Gelegenheiten begegnet oder haben zumindest schon seine unverkennbare Fährte mit Achtung studiert. Keinem ist es bisher gelungen, auf ihn zu schießen geschweige ihn zu erlegen. Auch ich hatte schon drei Begegnungen mit Anton, die ich nachfolgend schildern möchte.

Vorausschicken möchte ich, daß nach den bisherigen Erfahrungen die Jagd auf Anton nur überhaupt die Hoffnung auf Erfolg haben konnte, wenn sie nachts bei Mond durchgeführt wurde. Es war noch nie einem Jäger vergönnt, ihn in der Dämmerung oder gar bei normalem Schußlicht anzutreffen. Was fast alle von ihm kannten, war seine unverwechselbare starke Fährte. Daraus war auch ersichtlich, daß er innerhalb der Jagdgesellschaft einen sehr großen Aktionsradius hatte und überall und nirgends auftauchte, nur nicht dort, wo man ihn erwartete.

Auch in dem von unserer Gruppe bejagten Gebiet war er schon wiederholt, aber unregelmäßig, gefährtet worden. Zuletzt fährtete er sich unregelmäßig an einem Kirrplatz, der sich auf einer Waldschneise zwischen zwei Dickungen befand. Am Ende der Schneise war ein Schirm aufgebaut, von wo aus die Schneise gut einzusehen war. Der Kirrplatz befand sich etwa auf der Mitte der Schneise, rund 100 Meter vom Schirm entfernt. Also bei Mondlicht noch eine gute Schußentfernung.

Es war September. Der Wetterbericht prophezeite eine klare Mondnacht. Der zunehmende Mond war fast voll und stand relativ zeitig hoch am Himmel. Da die Temperaturen schon relativ kühl waren, begab ich mich warm verpackt gegen 20.00 Uhr zum besagten Schirm. Ich war wieder einmal wild entschlossen, so lange zu warten, bis Anton auftauchte oder, realistischer gesagt, wie so oft nicht zu sehen war. Natürlich wäre auch eine Rotte Sauen willkommen gewesen. Wie sagt man doch so schön, was in diesem Falle galt: „Lieber den Spatz in der Hand als die Taube auf dem Dach!"

Nachdem ich mich, soweit das möglich war, bequem im Schirm niedergelassen hatte, hieß es, mit viel Geduld zu warten. In dem nach einer Seite offenen Schirm war in der Mitte vom Revierförster, der auch unserer Jagdgesellschaft angehörte, ein Sitz aus einem Stück dickem Eichenstamm hingestellt worden. Zur Erleichterung beim langen Sitzen und gleichzeitig als warme Unterlage in kalten Nächten hatte ich mir ein Sitzkissen mitgebracht. Das durchgeladene Gewehr stand griffbereit in der Ecke des Schirmes. Nun konnte Anton kommen!

Leider verging Stunde um Stunde, ohne daß etwas geschah. Kein Wild, noch nicht einmal ein Reh, Fuchs oder Hase ließen sich blicken. Der Mond stand inzwischen schon hoch am Himmel und neigte sich immer mehr nach dem Westen. Das hatte leider auch zur Folge, daß die Schatten der Dickung auf der Schneise und damit auch auf dem Kirrplatz immer länger wurden. Bei einer Zielprobe stellte ich mit Besorgnis fest, daß inzwischen das Zielen im Mondschatten der Dickung sehr schwer, wenn nicht unmöglich war. Doch es war zu hoffen, daß Anton oder auch andere Wildschweine auf der Kirrung auch einmal auf der Seite erscheinen würden, wo noch Mondlicht vorhanden war. Die Zielproben auf der vom Mond noch beschienenen Fläche zeigten, daß unter diesen Bedingungen noch einwandfreies Schußlicht vorhanden war. Deutlich hob sich jeder Zweig oder auch jede dunkle Stelle am Boden im Fernglas und damit auch im Zielfernrohr ab.

Es war mittlerweile schon 23.00 Uhr geworden. Schon beschlich mich der pessimistische Gedanke, daß die Jagd an diesem Abend auf Anton wohl wieder „ohne besondere Vorkommnisse" verlaufen würde. War da nicht ein leises Knacken in der Dickung? Nach einer kurzen Ruhepause war es erneut und schon deutlicher zu vernehmen. Ein Stück Wild näherte sich durch die Dickung der Schneise! Vielleicht war es der so lang erwartete Anton? Vielleicht war es auch nur ein Stück Rehwild, das durch die Dickung zur benachbarten Wiese zog? Ein lautes Knacken am Rande der Schneise ließ mich erneut aufhorchen. Das war offensichtlich kein Rehwild, sondern mußte ein stärkeres Stück sein. Da es in dieser Gegend kein Rotwild gab, konnte es sich nur um ein Wildschwein handeln. Den Geräuschen nach war es ein einzelnes Stück, denn eine Rotte hätte mehr und andere Geräusche verursacht.

Nach dem letzten starken Knacken unmittelbar am Rande der Schneise war wieder Stille. War das Stück an der Schneise vorbei, oder gar wieder zurückgezogen? Eine schnelle Prüfung mit dem angefeuchteten Finger nach der Windrichtung zeigte, daß das Stück keinen Wind von mir bekommen haben konnte. Schon wollte ich innerlich Entwarnung geben, da sah ich plötzlich im Fernglas einen großen schwarzen Fleck, der sich am Rande der Dickung langsam und vorsichtig bewegte. Sollte das etwa Anton sein? Das offensichtlich starke Schwein hatte sich jetzt vom Rand der Dickung gelöst und schien an dem ausgestreuten Mais großen Gefallen zu finden. Jedenfalls wurde das durch lautes Kauen und Schmatzen deutlich. Leider spielte sich das alles im Mondschatten ab. Man konnte durch das Fernglas und noch mehr durch das Zielfernrohr des Gewehres mehr vermuten und ahnen als wirklich sehen. Unter diesen Bedingungen war kein sicherer Schuß anzubringen, und ein verantwortungsbewußter Jäger läßt in solch einer Situation den Finger gerade. Es war schon fast Mitternacht geworden, meine Hoffnung war immer noch, daß das grobe Schwein noch einmal auf der vom Mond beschienenen Schneise auftauchte. Angespannt wartete ich im Anschlag auf diesen Augenblick. Leider vergebens. Das Wildschwein verließ nicht den schützenden

Mondschatten, und nach einer Viertelstunde höchster Nerven-
belastung war der Spuk vorüber und auch das Wildschwein verschwunden. Auch das anschließende Warten auf eine mögliche
Rückkehr war vergeblich. Enttäuscht über das Ausbleiben des
so greifbar nahen Jagderfolges, wahrscheinlich sogar über den
sogenannten Anton, trat ich schließlich den Rückzug an.

Aus Neugier beschloß ich, am kommenden Morgen bei Tageslicht
anhand der Fährte zu prüfen, um was für ein Schwein es sich
gehandelt hatte. War es wirklich Anton, den ich da vorgehabt
hatte? Manchmal kann es ja durchaus vorkommen, daß im Mondlicht und vor allem im Mondschatten ein Schwein größer erscheint,
als es wirklich ist. Vielleicht spielten in diesem Falle mir meine
Wünsche und die Phantasie einen Streich. Der kommende Tag
sollte es klären. Ich kann mich dazu kurz fassen. Das Morgenlicht
brachte unzweifelhaft an den Tag, es waren die unverkennbaren
Trittsiegel von Anton, der mich in dieser Nacht genarrt hatte. Der
alte Keiler hatte wahrscheinlich auf Grund seiner langjährigen
Erfahrungen den schützenden Mondschatten nicht verlassen.
Das war meine erste Begegnung mit Anton.

Monate waren vergangen, und alle Jäger sprachen zwar weiterhin
noch von Anton, doch keiner hatte ihn bisher erlegt. Seine unverkennbare Fährte lieferte aber den Beweis, daß er sich nach wie vor
im Jagdgebiet aufhielt. Aus diesem Grunde zog ich im Januar
erneut aus, um Jagd auf Anton zu machen. Es war eine klare
Mondnacht, und dazu lag noch Neuschnee. Es waren also günstige
Bedingungen und so hell, daß man im Mondschein bald die Zei-
tung lesen konnte. Diesmal hatte ich mir für den Ansitz einen
Waldrand ausgesucht. Ihm war ein Feld vorgelagert, auf dem im
Vorjahr Mais angebaut worden war. Also ideale Bedingungen für
die Schwarzkittel und natürlich auch für Anton, eine Nachlese auf
die liegengebliebenen Maiskolben und Reste durchzuführen. Es
war ein geräumiger und geschlossener Hochsitz. Die Schießscharten waren mit Schiebefenstern zu schließen, so daß die Kälte mit
dickem Pullover, Mantel und Filzstiefeln auch für längere Zeit zu
ertragen war. Vorsichtshalber hatte ich mir auch noch einen An-

sitzsack mitgebracht, in den man sich mit Hilfe eines großen Reißverschlusses völlig einpacken konnte. So gut gerüstet gegen die Kälte harrte ich der Dinge, die da kommen sollten, oder auch nicht. Die Zeit verging an diesem Abend im Gegensatz zum ersten Ansitz auf Anton etwas abwechslungsreicher. Schon bald erschien ein großer Sprung Rehwild, das sich für die Notzeit im Winter zusammengefunden hatte. In großer Entfernung zeigte sich auch bald ein Rudel Rotwild, das in dieser Gegend auch vorkam. Schließlich erschien zur Abwechslung auch Meister Reineke auf der vor mir liegenden Schneefläche.

Es war inzwischen 22.00 Uhr geworden, und trotz meiner „guten Verpackung" kroch doch allmählich die Kälte von den Füßen nach oben. Sollte ich bei diesen günstigen Äsungsbedingungen in der hellen Mondnacht kein Wildschwein zu Gesicht bekommen? Da ließen mich die charakteristischen Geräusche von Wild im verharschten Schnee aufhorchen. Kurz danach kam auch schon ein starkes Schwein zügig aus dem hinter mir liegenden Wald und wechselte fast unter dem Hochsitz hindurch auf das freie Feld, ohne auch nur einen Moment zu verhoffen. Es war ein starkes Schwein, und nach Größe und Figur zu urteilen, konnte es sich durchaus um Anton handeln. Das Gewehr im Anschlag verfolgte ich das grobe Schwein im Zielfernrohr, oder besser gesagt, dessen Hinterteil. Würde es nicht wenigstens einmal seitlich ausweichen, um einen Schuß anbringen zu können? Das Schwein von hinten zu beschießen, verbot mir die Jägermoral, obwohl besonders anfangs in unmittelbarer Nähe der große schwarze Körper fast das gesamte Zielfernrohr ausfüllte. Im hellen Mondlicht auf dem Neuschnee konnte man buchstäblich die Borsten sehen! Es tat mir nicht den Gefallen. Zielstrebig und schnell zog es zur Mitte des Feldes. Erst in einer Entfernung von etwa 250 bis 300 Metern verhoffte es und begann, wie zum Hohn für mich, im Neuschnee nach restlichen Maiskolben zu grubbern. Die alte Erfahrung hatte sich einmal wieder bewahrheitet, daß älteres und erfahrenes Wild bewußt, ohne zu verhoffen, die Mitte größerer Felder aufsucht, um durch einen guten Rundblick in gebührender Entfernung den Gefahren der Jagd zu begegnen. Eine ganze Zeit des Wartens verging, ohne daß die erhofften günstigeren Bedingungen eintraten. Als letzten Versuch beschloß ich deshalb, mit Gewehr und Fernglas bewaffnet den Hochsitz zu verlassen und das Wildschwein anzupirschen. Ich wollte versuchen, in der geringen Deckung eines Feldweges, wo wenige vereinzelte Büsche und Bäume ohne Blätter standen, an den vermeintlichen Anton doch noch auf Schußentfernung heranzukommen. Bei dem taghellen Mondlicht und dem verharschten Schnee ein fast aussichtsloses Unterfangen, aber es war einen Versuch wert. Vorsichtig von Deckung zu Deckung pirschend, kam ich allmählich näher und die Hoffnung auf einen Erfolg stieg mit jedem Meter, den ich zurückgelegt hatte.

Als ich schließlich in einer Entfernung von 200 Metern eine große freie Fläche bis zum nächsten Busch am Feldweg überqueren mußte, um von dort aus einen Schuß abzugeben, passierte leider, was passieren mußte. Das starke Schwein, das ich ständig beobachtete, unterbrach plötzlich sein Grubbern nach Maiskolben und äugte reglos in meine Richtung. Wahrscheinlich hatte er eine Bewegung wahrgenommen, denn der Wind stand so, daß es mich nicht wittern konnte. Nachdem wir uns gegenseitig vielleicht fünf Minuten regungslos angestarrt hatten, tat es, was erfahrene Schwarzkittel in einer solchen Situation fast immer tun: Er ergriff im Zweifelsfalle vorsichtshalber die Flucht. So endete meine zweite erfolglose Begegnung mit Anton, wie ich anschließend aus der Fährte im Schnee dank der hellen Mondnacht feststellen konnte. Die dritte Begegnung ergab sich noch im Monat Januar wenige Tage später. Ich hatte mich erneut am Rande des ehemaligen Maisfeldes angesetzt. Zu diesem Ansitz kann ich mich kurz fassen, weil vom Hochsitz aus gesehen nichts geschah. Als ich schließlich durchgefroren mit dem Auto in Richtung Heimat fuhr und mich schon auf ein warmes Zimmer freute, passierte etwas Außergewöhnliches. Die Rückfahrt erfolgte gegen 24.00 Uhr auf einem Weg durch den Hochwald, an dessen Rand der Hochsitz stand. Plötzlich stand wie ein Denkmal Anton mitten auf dem Waldweg. Im Licht der Scheinwerfer konnte man deutlich seine starken weiß leuchtenden Waffen erkennen. Ich war sogar gezwungen, mit dem gut verpackten Gewehr im Kofferraum anzuhalten und mir dieses Schauspiel einige Sekunden lang aus nächster Nähe anzusehen. Schließlich räumte er, wie zum Hohn für mich, langsam und widerwillig den Waldweg und verschwand.

Das waren meine drei unmittelbaren Begegnungen mit Anton. Wollen Sie das Ende seiner Geschichte wissen? Es war so ungewöhnlich wie Anton selbst. Er starb nicht von der Kugel eines Jägers, sondern wurde von der Eisenbahn überfahren, die quer durch das Jagdgebiet fuhr. Seine ansehnlichen Waffen gehören jetzt allen Jägern und sind in der Hütte der Jagdgesellschaft zu bewundern.

Hirschjagd in Wyoming

Von Dr. Werner Stoll

Mein Abenteuer Urlaub begann abenteuerlicher, als mir lieb war, denn in Washington platzte beim Start ein Reifen am Flugzeug, worauf der Pilot den Start abbrach und die Maschine abbremste, wie gewöhnlich Michael Schumacher, wenn er Daimon Hill ausbremst. Die Folge war, daß noch ein paar weitere Reifen ausgetauscht werden mußten. (Da der Wagenheber kaputt war, waren die Passagiere gezwungen, den lahmen Vogel an den Tragflächen anzuheben, um das Fahrwerk zu entlasten.) Alle Weiterflüge waren natürlich weg, ich mußte mir in Denver ein Hotel besorgen, und einen Tag später als geplant ging's weiter. Doch endlich kam ich dann doch in Buffalo an und der erste Jagdtag begann. Eigentlich begann er aber eher wie ein gewöhnlicher Praxisalltag. Ich inspizierte einen Menge häßlicher, gelber, ungepflegter Zähne, zwischen denen noch die Frühstücksreste hingen. Dies tat ich allerdings nicht, um alsbald den Bohrer schnurren zu lassen, sondern um herauszufinden, welches von den vielen Mietpferden ein wirklich gesetzter, alter Herr oder Wallach ist. Eigenartig fühlen sich diese gummiweichen, trockenfeuchten Pferdelippen ja an, wenn man sie so nach oben stülpt. Aber obwohl der von mir auserwählte Zosse nur noch abgekaffelte Grandeln im Maul hatte, hinter die man kaum noch eine Trense schieben konnte, stürmte er sofort nach dem Besteigen los wie der Master einer Foxhoundmeute, wenn endlich der gesuchte Fuchs in Anblick kommt.

Der größte Teil von Wyoming ist Staatsland (Wyoming ist so groß wie Deutschland und hat nur die Einwohnerzahl von Nürnberg, zur Erinnerung: 450 000). Diese leben fast alle in der Hauptstadt Cheyenne. Auf diesem öffentlichen Land genügt die Lizenz als alleinige Legitimation. Da aber auf den Farmen meist etwas besseres Land ist, weil Windmühlen Wasser an die Oberfläche pumpen, empfiehlt es sich wegen der dort etwas höheren Wilddichte bei einer Farm die Erlaubnis einzuholen, auf dem Land jagen zu dürfen. Dies kostet etwa zwischen 75 und 200 Dollar.

Wo ich nun jage, gehören einer Familie 60 000 ha Land, allerdings stehen nur ca. 1000 Rinder darauf. Fast alles ist Salbeisteppe, was aber die Pronghornantilopen lieben. Die Besitzerfamilie heißt Zazas, und der Großvater kam ca. 1900 aus Athen hierher. Hier wurden ja damals diese Parzellen verschenkt, und Auswanderer von Rußland, Griechenland etc. siedelten sich an. Den ansässigen Rinderbaronen paßte das nicht, und genau hier um Buffalo entbrannte der „Cattle war". Es gibt einen (sehr langen) Film mit Chris Christofferson named heavens gate about this. I saw it a few jears ago. Soll einer noch sagen, western movies dienten nicht der Bildung! – Inzwischen sind drei Söhne von Vater Zazas alle verheiratet und haben eigene Familien gegründet. Und jetzt wird's eng (natürlich nicht räumlich, bei so viel space), sondern finanziell. Die Frau von Jim, das ist der älteste Sohn, sagte mir, daß sie jetzt gezwungen sind, nach Kansas umzuziehen, wo Jim einen Job als Fernfahrer bekommen hat. Damit kann er 400 Dollar die Woche verdienen, während sie auf der Farm seit 10 Jahren unverändert 400 Dollar im Monat bekommen. Ungeachtet der Tatsache, daß sie inzwischen zwei Kinder haben und natürlich auch in Amerika Jahr für Jahr alles teurer wird, wie bei uns auch, gibt es also große Probleme in der Landwirtschaft. Doch im Unterschied zu uns jammert niemand oder sagt, der Staat sollte, müßte dies oder jenes tun. Die mit Stillegungsprämie, Landabgaberente, garantierten Ankaufspreisen für die meisten Produkte doch verhältnismäßig gut versorgten deutschen Landwirte würden Augen machen. – Dafür geht es den amerikanischen Zahnärzten viel, viel besser als ihren deutschen Kollegen!

Überall auf der Welt, wo der Staat die Landwirtschaft nicht intensiv mit Subventionen unterstützt, geht es den Bauern einkommensmäßig eher mäßig. Die USA, wo Stillegungsprämien und weit über den Weltmarktpreisen liegende, garantierte Abnahmepreise völlig unbekannt sind, bilden da keine Ausnahme.

Nicht umsonst stehen viele Ranches zum Verkauf, werden, da überschuldet, zwangsversteigert. Jim war deshalb hocherfreut, to have a real doc on his farm und fragte mich, ob ich beim Kuhsortieren und Impfen helfen würde. So kam es, daß der „Doc Holiday" ganz früh am Morgen auf einem Geländemotorrad über die Hügel preschte und half, das Vieh, das weitverstreut überall graste, zur Ranch und dort in einen großen Corral zu treiben. Pferde sind viel zu langsam und wären zu teuer, daher werden die Quarter horses eigentlich nur noch zum Jagen und Inspizieren der Herden gesattelt. Auch machte ich im Sattel einer Honda sicherlich eine bessere Figur, ganz wie Peter Fonda. Als alle Kühe eingefangen waren, aßen wir erst einmal zu Mittag. Ich verdrückte mein erstes T-bone-Steak = 800 Gramm Fleisch!

Zu dem Riesenbatzen Fleisch gab es Bier. Aus Kostengründen Selbstgebrautes, wie Jim stolz verkündete. Es schmeckte nicht einmal schlecht und spülte zumindest die Sanddünen, die sich in meiner Kehle angesammelt hatten, hinunter. Zum Glück bekam ich Jims Brauerei erst später zu sehen. Sie bestand aus einem mit der Flex halbierten blauen Plastikfaß. Eine undefinierbare, trübe, braune Flüssigkeit gärte drinnen. Auf ihrer Oberfläche trieben 3 große graue Schimmelteppiche, wie die Karavellen von Christopher Columbus, ungewissen Ufern entgegen. Das Ganze zischte wie ein Geheimlabor von Alexander Fleming, in dem er sich anschickte, nochmals eine Freikarte für eine Fahrt nach Stockholm herauszudestillieren.

Nachmittags kam dann der Tierarzt. Jede einzelne Kuh wurde in einen engen Gang getrieben. Der Tierarzt verschwand dann mit seinem linken Arm bis zum Ohr im Mastdarm der Kuh und machte einen Schwangerschaftstest per Digitalexploration. Werdende Mütter bekamen dann von mir zwei Spritzen sowie eine Kelle Anti-Läuse-, Anti-Zecken-, Anti-Alles-Lösung auf den Widerrist gegossen, um sodann in die Freiheit entlassen zu werden. Wer kein erfülltes Liebesleben hatte in diesem Sommer, der wurde auch noch bestraft. Den traf es nämlich weit härter. Ab zu McDonald's, lautete das Urteil.

Als ich den Tierarzt mit seinem goldglühenden Arm zum dreihundertsten Male aus der Unterwelt auftauchen sah, da war ich ganz froh, nicht Gynäkologe zu sein, wer weiß, welchen Job Jim sonst für mich gehabt hätte...

Der Veterinär bekommt für seine Arbeit 1 Dollar pro Kuh (nicht schlecht für einen Höhlenforscher). Vierhundert Dollar und den Rosendünger gratis dazu waren es diesen Nachmittag. Die Befruchtungsrate lag bei 94,8 % (hab' ich ohne Taschenrechner rausgekriegt!), was mich ziemlich hoch dünkte, denn die Kühe werden nicht künstlich befruchtet, sondern 10 Stiere leben wild auf dem Land. Diese werden nach 3 Jahren ebenfalls zu Hamburgern transformiert, somit ist man sicher gegen Inzucht gefeit. (Kühe, mit denen ich gesprochen habe, sagten übrigens, daß sie noch nie eine so gefühlvoll gesetzte Spritze erhalten hätten.)

Nur weil ich auf der Jagd so erfolgreich war, habe ich Zeit, mich als Freizeit-Cowboy zu betätigen. Gleich am ersten Tag konnte ich mich an einen guten Pronghornbock heranschleichen. Pronghorns sind übrigens die einzigen Hornträger, die gleich unseren Geweihträgern jedes Jahr ihr Horn abwerfen. Sie sind die Tiere der offenen Salbeisteppe und erreichen als die schnellsten Landtiere auf dem amerikanischen Kontinent ca. 100 km/h. Sie äugen ausgezeichnet, achtmal besser als der Mensch, haben einen sehr feinen Witterungssinn, und da in ihrem Lebensraum nur ganz spärliche, niedere Salbeibüsche wachsen, kommt man fast nicht in ihre Nähe. Doch nicht nur Salbei wächst dort, sondern auch ein ganz niederer, fast im Boden verborgener Kaktus mit brutalen Stacheln teilt noch den kargen Lebensraum. Es muß eine Sorte Weihnachtskaktus sein, denn ich bin sicher, so lange dauerte es mindestens, bis die Stacheln aus meinen Knien sowie dem linken Handballen rausgeeitert sind.

Nach einer guten Stunde hatte ich mich endlich bis auf 300 m schlangengleich herangearbeitet. Die heiße Luft flimmerte im Zielfernrohr. Weich betätigte ich den Abzug.

Bis das satte „Plopp" des auftreffenden Geschosses bei mir ankam, verging eine gute Sekunde, aber ich hatte die Pronghornantilope längst blitzartig zusammenbrechen sehen. Ja, es hatte sich gelohnt, daß ich die anderen beide Böcke, die ich zuvor angepirscht hatte, pardonnierte. Dieser Bock war wirklich alt, tiefschwarz der Nasenrücken, scharf abgesetzt das Braun und Weiß der Halspartie. Wieder mal Zähne anschauen. Diagnose: „Stark abradiertes Lükkengebiß".

Ähnlich war es bei der Erlegung der weiblichen Antilope. Auch da langes Suchen, etliche vergebliche Pirschgänge. Dann endlich auf ähnliche Entfernung das passende Stück Wild. Beim weiblichen Wild wollte ich natürlich kein besonders altes, sondern im Gegenteil ein besonders junges, vom Wildbret her noch zartes Tier erlegen.

Sehr schwierig sollte sich die Jagd auf Deer, Weißwedel- oder Maultierhirsch gestalten. Laut Lizenz war es mir freigestellt, welche Hirschart ich erlegen wollte. Der Farmer gab aber nur Weißwedelhirsch frei, da die Maultierhirsche wesentlich „dümmer" sind als die Whitetails, so daß seit Jahren fast immer nur „Mulis" erlegt wurden und jetzt kaum noch alte Hirsche dieser Gattung da waren. Daher eine ganz vernünftige 3jährige Schonzeit hier auf dieser Farm.

Während die Pronghorns Tiere der offenen Steppe sind, die sich ganz auf ihre scharfen Sinne und schnellen Läufe verlassen, leben die Deers in dem dichten, etwa brusthohen Greasewood-(= Fettholz-)Gestrüpp (seit John Travoltas Erfolgsfilm „Grease" ist dieses Wort ja in die deutsche Sprache eingegangen!), das überall, wo ein Wasserlauf ist, wächst. Weißwedelhirsche nennt man auch Virginiahirsche, weil das ihr ursprüngliches Hauptverbreitungsgebiet ist.

Diese Hirschart ist ein Kulturfolger und hat sich nach Besiedelung des Wilden Westens sogar bis in die nördlichen Provinzen von Kanada hinauf ausgebreitet. Durch das Anlegen von Bewässerungssystemen überall auf den Farmen vergrößerte sich ihr Lebensraum kolossal.

Ich habe riesiges Glück mit dem Wetter. Morgens, bevor die Sonne aufgeht, ist es bitterkalt und alles ist gefroren. Doch kaum schickt der Planet seine ersten feurigen Strahlen aus dem Weltall, beginnt das gelbe Laub der Cotton wood-Bäume (Baumwollbaum heißt diese Pappel, weil der Samen, wie auch bei unseren Pappeln, wie Baumwollflöckchen durch die Luft segelt), die die Flußläufe markieren, zu glühen. Der Himmel ist von einem solch intensiven Blau und von einer solchen Weite wie eben nur hier in Wyoming oder Montana. Der frischgefallene Schnee auf den Bergspitzen der Bighornmountains gleißt dashweiß zu mir herüber, als ich jetzt ein breites Flußtal durchstreife. Es ist wie bei einer Hasenstreife. Kein Anzeichen dafür, daß hier in dieser verfilzten Deckung wirklich Hirsche liegen. Doch plötzlich springt ein Rudel Tiere direkt vor mir auf. An ihren eleganten Bewegungen und an ihrer zierlichen Gestalt hat sich ja Walt Disney orientiert, als er sein „Bambi" schuf. Bei der Flucht wird der lange Wedel nach oben gereckt und wie eine Standarte oder Straußenfeder geschwenkt, so daß die schneeweiße Unterseite sichtbar wird und das Rudel bei der raschen Flucht durch die dichte Deckung zusammenbleibt. Da heißt es aber „schnell schießen", denke ich bei mir. Denn im Gegensatz zu den Maultierhirschen, die ähnlich wie die Gemsen nach kurzer Flucht ein „Haberl", einen kurzen Stopp einlegen und zurückäugen, flüchten die Weißwedel ohne anzuhalten weit bis zur nächsten Dickung. Die Brunft hat noch nicht begonnen, deshalb stehen die Hirsche noch nicht bei den Tieren. Immer wieder mache ich weitere Tiere hoch. Geweihte sind hier sehr dünn gesät!
Längst sind die Schuhe klitschnaß, da der Flußlauf die ganze Breite des Tales nutzt und von einer Seite zur anderen mäandert. Dadurch bin ich gezwungen, immer wieder das Gewässer zu durchqueren. Plötzlich springen aus einer besonders sumpfigen Senke drei Hirsche auf. Ein guter 4-Pointer = 8er Hirsch, sowie Gabler und Spießer. Bis ich das Gewehr an der Schulter habe, sind sie schon ewig weit weg. Noch sehe ich nur drei wippende, riesengroße Spiegel. Welches ist der Gute? „Ah, der Mittlere!" Wenn sie jetzt etwas nach links flüchten würden, bekäme ich das Blatt einen

Moment frei. Tatsächlich schwenkt das Trio nach links, um an dem mächtigen, umgestürzten Cotton wood, der quer in der Fluchtrichtung liegt, vorbeizukommen.

Für einen Moment wird das Blatt frei, dumpfer Kugelschlag kündet mir, daß ich getroffen habe. Um nicht des Jägerlateins oder einer Münchhauseniade geziehen zu werden, möchte ich die Anzahl der Schritte, die ich zurücklegen mußte, um bis zum Hirsch zu gelangen, für mich behalten!

Als ich nach diesem Erlebnis zurückfuhr, hatte ich nochmals Glück. Direkt vor mir auf der Interstate fiel ein ganzes Haus vom Sattelschlepper. Mit knapper Not konnte ich dem Dach ausweichen! Typisch Amerika, dachte ich, bei uns gibt es Essen auf Rädern, in den USA Häuser auf Rädern!

Enfin la fin

Nachsuche mit nassen Folgen

Von Prof. Dr. Dieter Birnbaum

Der Erlensitz auf der Großen Hühnerhorstwiese hatte es mir angetan. Ich hoffte noch einmal die Kolbenhirsche zu beobachten, die mir am Abend vorher soviel Freude bereitet hatten, und so hatte ich ihn auch heute wieder voller Erwartung bestiegen. Schon nach kurzer Zeit traten in der Nähe des Apfelbaumsitzes das mir bekannte Schmalreh und der junge Sechserbock aus. Am hinteren Waldrand äste eine Ricke, bei der man das pralle Gesäuge erkennen konnte. Sie war noch völlig grau. Schließlich erschien am Rande des Eichenbestandes auf der linken Wiesenhälfte ein starker, ebenfalls noch grauer Sechserbock mit hohem, gelblichschwarzem Gehörn, das eine sehr gute Perlung und Vereckung erkennen ließ. Es handelte sich um einen sechs- bis siebenjährigen Bock, den ich dort schon des öfteren auf der Frühpirsch gesehen hatte.

Plötzlich riß mich ein scharfes „Zitt, zittzitt, zitt…" aus meinen Beobachtungen. Ein Rotkehlchen hatte mich entdeckt und hüpfte aufgeregt im Geäst der benachbarten Erle herum, dabei immer wieder sein scharfes, in der abendlichen Stille durch Mark und Bein gehendes „Zitt, zittzitt…" wiederholend. Zu allem Überfluß fand sich kurz darauf noch ein zweites ein, und beide schimpften aus Leibeskräften. Ein Schwenken mit meinem Hut, mit dem ich sie verscheuchen wollte, machte sie nur noch aufgeregter, und ich war nahe daran abzubaumen, denn diese Geschimpfe geht einem nicht nur auf die Nerven, sondern macht auch in der Nähe stehendes Wild aufmerksam und vorsichtig.

Plötzlich entdeckte ich jedoch am linken Waldrand, dort, wo vorher der starke Sechserbock geäst hatte, ein Schwein, das ziemlich flott die Wiese zu überqueren begann. Es war, wie ich schnell mit dem Glas feststellen konnte, ein Überläufer. Die Entfernung betrug ungefähr 120 Schritt. Schnell stach und entsicherte ich den Drilling. Ich zog mit dem Schwein mit und pfiff dann kurz, um es zum Verhoffen zu bringen, hatte aber keinen Erfolg. Schließlich ließ ich die Kugel fliegen, nachdem ich mit dem Stachel des Zielfernrohres auf das Gebrech vorgezogen war.

Ohne zu zeichnen, änderte das Schwein seine Richtung und flüchtete in ziemlichem Tempo genau auf meinen Sitz zu. Ich stellte auf Brennecke um, konnte aber den Überläufer nicht so schnell wieder ins Glas bekommen, und polternd verschwand er direkt unter mir im Bruch. Ich hörte ihn an der Kante entlang flüchten, und zu meiner großen Überraschung tauchte er plötzlich hundert Schritt rechts von mir wieder auf, um nun schräg über die Wiese das rechts liegende Bruch anzunehmen, das er schon vorher angesteuert hatte. Ich hatte inzwischen eine Kugel nachgeladen und riskierte, als das Schwein einen Graben überfallen und ein Tempo etwas verlangsamt hatte, den zweiten Schuß. Diesmal hörte ich deutlichen Kugelschlag, und das Schwein zeichnete, indem es sich einmal um die eigene Achse drehte, um dann hochflüchtig im Bruch zu verschwinden. Das Rehwild war inzwischen abgesprungen und ich verließ schleunigst meinen Sitz, um mich zum Anschuß zu begeben. Schon nach kurzem Suchen entdeckte ich dunklen, etwas trüb aussehenden Schweiß mit grünlich-schwarzen Beimengungen. Zeichnen und Schweiß deuteten auf einen Waidwundschuß hin. Ich holte mir ein paar Erlenzweige, verbrach den Anschuß und machte mich auf zum Jagdleiter.

Nachdem ich Christian einen kurzen Bericht gegeben hatte, entschlossen wir uns, etwas Zeit verstreichen zu lassen, und schauten uns ein Fernsehspiel an. Nach einer Stunde kam Alfred, der Gärtner, den wir telefonisch verständigt hatten, und zu dritt zogen wir los, begleitet von meinem Deutsch-Drahthaar-Rüden Dux und bewaffnet mit zwei Flinten und zwei großen Taschenlampen. Ich legte Dux am Anschuß an und ließ ihn die 60 Meter bis zum Bruch am Riemen arbeiten. Dann schnallte ich ihn los, und er verschwand ziemlich flott in dem inzwischen völlig dunklen Bruch.

Schon nach kurzem, spannungsgeladenem Warten gab er kräftig Laut, aber ich hörte sofort am Ton, daß das Schwein noch lebte; denn ab und zu wurde der Laut von einem bösen Knurren unterbrochen und danach um so heftiger fortgesetzt.

Im Schein der Taschenlampen stolperten wir recht und schlecht in Richtung des Hundelautes. Stellenweise stand Wasser, und wir mußten vorsichtig hindurchwaten, um uns nicht die Stiefel vollzufüllen.

Uns war klar, daß das Unternehmen etwas gewagt war, aber der ständige Hundelaut trieb uns voran, und wir kamen langsam näher. Schließlich sahen wir den aufgeregt hin und her springenden Hund, aber die Lichtkegel der Taschenlampen fanden das Schwein nicht. Meine beiden Freunde leuchteten, und ich tastete mich voran. Endlich entdeckte ich die Sau etwas verdeckt von einem großen Erlenstubben. Mein Hund hielt einen respektablen Abstand und verbellte aus Leibeskräften. Ich konnte jetzt sehen, daß der Schuß tief waidwund saß und daß Teile des Gescheides herausgetreten waren. Ich versuchte, den Fangschuß anzutragen, doch mußte ich aufpassen, daß ich den Hund nicht gefährdete. Ich weiß nicht mehr, wie es passierte, jedenfalls ging der Schuß vorbei, und Christian schrie: „Paß auf, er kommt!", und beide Taschenlampen verschwanden hinter einem Baum. Ehe ich begriffen hatte, was los war, rannte das Schwein auf mich zu. Ob es mich nun annehmen wollte, weiß ich heute noch nicht; es streifte jedenfalls mein rechtes Bein, und ich fiel mit hochgehaltener Waffe hintenüber in das moorige, zehn Zentimeter hohe Wasser.

Als ich mich wieder aufgerappelt hatte – ein Stiefel war vollgefüllt und der Hosenboden völlig durchnäßt –, kam aus dem Dunkel die zaghafte Frage: „Ist dir etwas passiert?" – Als meine Freunde mitbekamen, daß ich nur einen nassen und modrigen Hosenboden hatte, erholten sie sich schnell von ihrem Schreck und begannen schadenfroh zu grinsen, denn sie hatten vorher immer wieder zu

Ruhe und Vorsicht gemahnt, während ich nicht schnell genug zu Hund und Schwein kommen konnte.

Inzwischen gab Dux ungefähr fünfzig Meter entfernt wieder Standlaut, und diesmal hörte ich auf die Ratschläge meiner Freunde. Behutsam näherten wir uns dem Gebell, und als Christian die Taschenlampe voll auf das breit stehende Schwein richtete, gab ich den Fangschuß, der diesmal genau auf dem Teller saß. Das Aufbrechen ging nach dem „Waidmannsheil!" meiner Freunde schnell vonstatten, aber der Transport des ungefähr 55 Kilogramm schweren Überläuferkeilers aus dem Bruch zu meinem Wagen brachte uns dermaßen ins Schwitzen, daß schließlich nicht nur der Hosenboden, sondern die gesamte Kleidung klitschnaß war.

Der „eiserne" Rothirsch

Von Dr. Helmut Koch

Es war Mitte Dezember. Der erste Schnee dieses Winters war in meinem Pirschbezirk am Rande der Schorfheide am Nachmittag gefallen. Es war windstill. Jeder Laut, wie das Bellen eines Hundes vom nahe gelegenen Dorf oder das Schrecken eines Rehbokkes in der benachbarten Dickung, war mit erstaunlicher Klarheit zu vernehmen.

Ein Wetter, geradezu für die Jagd auf den alten Zwölfender-Rothirsch geschaffen, dem ich schon seit Monaten nachstellte. Bei vielen spannenden und interessanten Ansitzen hatte ich ihn – allerdings immer außerhalb einer sicheren Schußentfernung – bereits kennengelernt. Würde diese erneute Jagd erfolgreich sein? Wir hatten ihn nach der Brunft wiederholt gefährtet und beobachtet. Er bevorzugte zur Zeit einen Einstand in einer großen und dichten Kieferndickung und zog am späten Nachmittag über eine Viehweide zur Äsung auf die angrenzenden Felder. Würde er auch an diesem Nachmittag diesen Wechsel benutzen? Nach einer nochmaligen Konsultation mit Waidgenossen, die sich in dieser Gegend genau auskannten, bezog ich gut getarnt durch Gebüsch und hohes Gras an einem Koppelpfahl der Weide meinen Posten. Ich war ausgefüllt mit der freudigen Erwartung eines Jägers, die sich einfach aus dem erhofften Erlebnis der Jagd auf einen starken Rothirsch herausbildet. Der Test mit dem angefeuchteten Finger zeigte, daß der schwache Ostwind für meine Position günstig war. Unter diesen Bedingungen konnte der Rothirsch nicht vorzeitig Wind bekommen. In regelmäßigen Abständen suchte ich den Rand der vor mir liegenden Kieferndickung mit dem Fernglas ab, ob sich etwas zeigte. Außer einigen „Beobachtungen", die dem Jäger zeitweilig das Herz höher schlagen lassen, bis zu der endgültigen Feststellung, daß es doch eine Täuschung war, ereignete sich vorerst nichts Besonderes. Trotzdem verging auch diese Zeit sehr rasch. Welcher passionierte Jäger möchte bei Neuschnee auch solche Stunden des Ansitzens und der Beobachtung missen?

Trotz Filzstiefel und warmer Winterkleidung kroch nun doch der Frost langsam an den Beinen hoch. Da schreckte ein Rehbock in der als Einstand für den Hirsch bekannten Kieferndickung. Sollte das ein erstes Anzeichen dafür sein, daß der Rothirsch vielleicht durch den Neuschnee etwas verspätet seine sichere Deckung verlassen wollte?

Nach Minuten des Wartens und der Beobachtung löste sich aus dem Schatten der Dickung ein kaum durch das Fernglas erkennbarer Punkt. In diesem Falle war es keine Einbildung. In den folgenden Augenblicken war immer deutlicher erkennbar, daß sich ein Stück Wild an der gegenüberliegenden Kieferndickung bewegte. War es der Gesuchte? Die nächsten Minuten der weiteren Beobachtung brachten die Gewißheit! Nicht der erwartete Rothirsch, sondern ein Wildschwein mittlerer Größe bewegte sich vorsichtig auf der gegenüberliegenden Seite der Weide entlang. Jetzt waren deutlich die Konturen des Schwarzen im Fernglas erkennbar. Es mochte wahrscheinlich ein Keiler mittleren Alters sein. Wahrscheinlich war er zur Rauschzeit auf Brautschau nach einer Bache. Langsam entschwand er entlang dem Waldrand und damit auch meiner Kontrolle.

Nach dieser aufmunternden Episode war auch ohne Heizung wieder etwas für die innere Erwärmung gesorgt. Da zog erneut eine Bewegung am Waldrand meine Aufmerksamkeit auf sich. Bewegte sich nicht in einer kleinen Einbuchtung ein etwas erhellter Punkt? Die nächsten Minuten ergaben keine weiteren Anhaltspunkte, und erste Zweifel über die Echtheit meiner Beobachtungen kamen auf. Doch da war erneut – und nun mit aller Deutlichkeit – ein sich abhebender Punkt schon vor der Dickung am Rande der Weide zu erkennen. War es diesmal der Gesuchte? Langsam, immer wieder verhaltend und scheinbar sichernd, löste sich das

Wild allmählich aus dem dunklen Hintergrund des Waldes heraus. Es hatte scheinbar die Absicht, die Weide in Richtung der nahe gelegenen Felder zu überqueren. Bei Einhaltung dieser Richtung würde es in günstiger Entfernung an mir vorüberziehen. Die nächste „Anpeilung" bringt die Gewißheit: Es ist nicht nur ein Stück Rotwild, sondern ein Geweihter! Deutlich zeichnen sich beim Erheben des Hauptes die dunklen Stangen gegen die Schneefläche ab. War dieser Rothirsch nun auch der Erwartete und Gesuchte? Wird sich auch der Wind nicht gedreht haben, den Hirsch vorzeitig warnen und zum Abdrehen veranlassen? Die Fingerprobe zeigte, alles war beim alten, der Wind stand weiterhin günstig. „Hast du eigentlich auch das Gewehr durchgeladen?" Die in der Manteltasche schnell abgetasteten vier Patronen bestätigten, eine war im Lauf und damit alles in Ordnung. Das waren die Gedanken, die den Jäger im herannahenden entscheidenden Augenblick noch einmal bewegten. Inzwischen war der Hirsch langsam näher gezogen. Bereits war zu erkennen, daß es sich in jedem Falle um einen starken Rothirsch handelte. Deutlich hoben sich inzwischen die Stangen aus nunmehr etwa 200 Metern Entfernung vom hellen Hintergrund in der Dämmerung ab. Aber noch bestand keine volle Gewißheit, daß es sich auch wirklich um den gesuchten alten Zwölfender handelte. Aus früheren Beobachtungen war bekannt, daß der Gesuchte ein etwa 10jähriger Abschußhirsch war. Er mußte lange starke Aug- und Mittelsprossen und eine weite Auslage haben. Dabei war charakteristisch, daß sich am Ende der linken Stange zwei kurze und ein übermäßig langes Ende befanden, während die rechte Stange eine Krone mit drei gleichmäßigen Enden aufwies. Doch diese bei vollem Tageslicht durchgeführten Beobachtungen waren unter diesen Bedingungen schwer zu vergleichen.

Der Rothirsch war inzwischen von halbrechts auf eine Entfernung von etwa 150 Metern herangekommen. Bei einem erneuten genauen Studium ergab sich die Gewißheit, es war der Gesuchte! Dafür sprachen nicht nur das inzwischen in den Grundzügen erkennbare Geweih mit den beschriebenen Merkmalen, sondern auch die für einen alten Hirsch typische Gestalt und sein Verhalten. Er war inzwischen auf eine Entfernung von fast 100 Metern herangezogen. Vorsichtig ergriff ich die neben mir am Koppelpfahl lehnende Bockbüchsflinte, die mich schon bei so manchen aufregenden Jagderlebnissen begleitet hatte. Ich bemühte mich, dabei keinerlei Geräusche zu verursachen und auch keine hastigen Bewegungen auszuführen, die den Hirsch an dem stillen und hellhörigen Winterabend gewarnt hätten. Langsam kniete ich neben dem Koppelpfahl nieder und zog den Mantelzipfel vorsichtig unter dem Knie hervor, der mich beinahe zu einer ungewollten Verbeugung vor dem Hirsch beim Niederknien veranlaßt hätte.

Vorsichtig legte ich die Waffe auf den Koppelpfahl auf, nachdem ich den Hut als zweckmäßige Unterlage verwandt hatte. Welcher Jäger verspürt außer dem heftigen Pochen des Herzens in einem solchen Augenblick die Minusgrade, auch wenn sich die Haare gelichtet haben. Leise schob ich die Sicherung nach vorn und spannte den Stecher am Abzug mit einem leichten Daumendruck. Dabei war ich sorgsam bemüht, durch keine falsche Bewegung den Schuß vorzeitig auszulösen. Wie viele Jäger kennen nicht das erschreckende und dann enttäuschende Erlebnis, wenn die Jagd im entscheidenden Moment durch eine solche Ungeschicklichkeit vorzeitig beendet wird? Das beruhigende leise Klicken des gespannten Stechers und die anschließende Stille gaben mir wieder die notwendige Ruhe und Zuversicht. Nun galt es, den Rothirsch gut in das Zielfernrohr hineinzubekommen. Ein erster Blick durch die Optik bestätigte, daß die Lichtverhältnisse noch gut waren und für einen sicheren Schuß ausreichten. Deutlich hoben sich der Waldrand und einzelne mit Gras und Gebüsch bewachsene dunkle Stellen auf der Weide im Zielfernrohr ab. Da erschien auch schon der Geweihte in der Optik. Gegenüber dem Blick durch das stärker vergrößernde Fernglas sah er zwar nicht mehr ganz so groß und wuchtig aus, aber dennoch gut erkennbar. Ruhig und unbeirrt zog er in die eingeschlagene Richtung. Langsam folgte ich mit dem Zielfernrohr seinen Bewegungen in der Absicht, beim nächsten Verhoffen den Schuß anzubringen. Es konnte sich nur noch um

Sekunden handeln! Wie so oft bei der Jagd sollten meine Nerven aber noch auf eine harte Probe gestellt werden. Auf der etwa 200 Meter hinter mir liegenden Straße war ein deutlich vernehmbares, immer näher kommendes Rattern und Brummen eines Traktors mit einem polternden Anhänger zu hören. „Auch das noch", war mein stummer Stoßseufzer. Der Hirsch war zwar stehengeblieben, wie ich mir das schon sehnlichst gewünscht hatte. Er lauschte und sicherte jedoch ebenfalls in Richtung der Straße und stand dabei spitz zu mir. Deutlich konnte ich im vorsichtig hochgenommenen Fernglas jetzt auch seine weite Auslage des Geweihs erkennen.

Doch unbarmherzig kamen die Geräusche des Traktors und seines krachenden Hängers näher. Nun konnte man an dem stillen Abend sogar deutlich vernehmen, daß der Traktorist am Beginn der hinter mir ansteigenden Straße einen neuen Gang einlegte. Danach knallten die Auspuffgase in kürzeren Abständen und mit noch größerer Lautstärke wie peitschende Schüsse in den Abendhimmel. Lautlos verfluchte ich den völlig unschuldigen Traktoristen.

Würde der Hirsch diesen Höllenlärm aushalten? Sollte ich auf den nach wie vor wie ein Denkmal vor mir stehenden Hirsch schießen? Das war mit dem Risiko verbunden, daß der spitz von vorn abzugebende Schuß vorbeiging. Sollte ich lieber abwarten, bis der Traktor entschwunden war? Aber in der Zwischenzeit vielleicht auch der Hirsch?

Ich entschloß mich zum Abwarten in der Hoffnung, daß dem in dieser Gegend beheimateten Rothirsch die von der Straße herkommenden Geräusche als ungefährlich bekannt waren. Nun standen wir beide regungslos wie die Denkmäler und lauschten auf den Traktor. Der hatte inzwischen den Berg erklommen, und der Traktorist schaltete, wieder auf der ebenen Straße angekommen, einen neuen Gang ein. Wenn auch nicht mehr so laut und aggressiv, aber immer noch deutlich vernehmbar lärmend, fuhr er jetzt etwa in meiner Höhe die Straße entlang. Langsam und wie erlösend ebbte der Lärm allmählich ab. Er ging in ein geradezu wohltuendes, immer leiser werdendes Brummen über und verlor sich allmählich auf der entfernten Straße.

Der Rothirsch hatte die nächtliche Ruhestörung ausgehalten. Aber noch stand er ohne Bewegung in unveränderter Stellung spitz von vorn und lauschte in Richtung der Straße. Oder war ihm gar etwas Verdächtiges im Zusammenhang mit meiner Anwesenheit aufgefallen? Vielleicht eine von mir in der Aufregung zu hastig ausgeführte Bewegung? Solche „Kleinigkeiten" bei der Jagd waren schon manchem Jäger zum Verhängnis geworden.

Nach weiteren Augenblicken des Abwartens löste sich die Spannung. Der vorsichtige alte Hirsch gab seine starre und beobachtende Haltung auf und schwenkte wieder in seine alte Marschrichtung ein. Erneut begann das unterbrochene Spiel des Mitgehens mit Gewehr und Zielfernrohr zu dem wieder langsam dahinziehenden Hirsch. Dann trat der langerwartete Augenblick ein. Er unterbrach einen Moment seinen Zug zu den Feldern, um noch einmal in Richtung der Straße sichernd das Haupt zu wenden. Langsam lasse ich den Stachel des Zielfernrohres zwischen den Seitenmarkierungen von der Helligkeit des Schnees von oben auf das Blatt des Rothirsches heruntergleiten. Ein leichter Druck auf den Stecher des Abzuges meiner Bockbüchsflinte, und ein peitschender Knall durchbrach die inzwischen wieder eingetretene Stille. Der deutlich hörbare dumpfe Kugelschlag ließ sofort die Gewißheit in mir aufkommen: Gut abgekommen und getroffen! Sofort riß ich das Glas zur Beobachtung hoch. Doch ich traute meinen Augen kaum: Der Hirsch lag nicht, sondern stand noch in gleicher Richtung an der gleichen Stelle! Warum ergriff er nach dem Schuß nicht die Flucht, wenn ihn die Kugel nicht zu Boden zwang? Schnell ergriff ich wieder meine Bockbüchsflinte, entleerte die Patronenhülse und hatte in der Aufregung Mühe, eine weitere Patrone aus der Manteltasche und in den Lauf zu bekommen. Ein schneller Blick durch das Fernglas zeigte, der Hirsch stand noch unverwandt und ohne jede Bewegung an der gleichen Stelle! Wie war so etwas möglich? Hatte ich doch vorbeigeschossen und war der vermeintliche Kugelschlag auf den Körper des Hirsches nur vielleicht eine moorige Stelle in der Weide? Warum sprang aber dann der Hirsch nicht von dieser freien Fläche in eine sichere

Deckung des nahen Waldes ab? Hatte ich ihn getroffen und war er schwer krank? Aber warum bewegte er sich in diesem Falle nicht von der Stelle?

Während mir diese Gedanken fieberhaft durch den Kopf gingen, hatte ich erneut das Gewehr auf dem Koppelpfahl in Stellung gebracht. Immer ruhig bleiben, versuchte ich mir innerlich einzureden. Aber welchem Jäger schlägt das Herz in einer solchen Situation nicht mit höherer Frequenz und die Hände beginnen unruhig zu werden?

Was half es, das Spiel begann von neuem. Entsichern, Stechen und schon zeigte der Stachel wieder auf das Blatt des Rothirsches. Ein erneuter Schuß durchbrach die nächtliche Stille und hallte von der gegenüberliegenden Waldkante zurück. Wieder das charakteristische „Pflupp" des Kugelschlages und im sofort erhobenen Fernglas wieder das gleiche unveränderte Bild: Wie ein Denkmal in Eisen gegossen stand weiterhin der Rothirsch auf der Schneefläche vor mir! „Bist du wirklich auf der Jagd oder träumst du?" Dieser Gedanke kam mir unvermittelt in den Sinn. Ein kräftiger Zwicker am Ohr bewies mir mit schmerzlicher Deutlichkeit meine tatsächliche Gegenwart.

Nachdem ich meine letzten zwei Patronen nicht in einer geradezu guten Verfassung verschossen hatte – eine ging mit Sicherheit durch eine vorzeitige Berührung des Stechers in Richtung Himmel – war ich sowohl mit meinen „Jägererfahrungen" als auch mit meiner Munition und meinen Nerven am Ende. Unverändert stand der Rothirsch an der gleichen Stelle. Was tun? Vielleicht sollte ich näher herangehen und mein „Dauerfeuer" mit den noch vorhandenen Brennecke-Patronen nun aus der Nahdistanz fortsetzen. Ich beschloß abzuwarten in der Hoffnung, daß sich nun doch irgend etwas ereignen müßte. Das geschah dann auch in dem nächsten Augenblick dadurch, daß der Rothirsch plötzlich umfiel und auch keinerlei Bewegungen mehr zeigte. Erleichtert atmete ich auf. Also doch nicht geträumt und der Hirsch lag. Langsam wurde die Spannung und Ungewißheit durch die Freude des erfolgreichen Jägers abgelöst.

Aber wie waren das Verhalten des Hirsches und vor allem die Begleitumstände zu erklären. Nachdem ich nun doch vorsichtshalber noch eine Brennecke in den Lauf geschoben hatte, ging ich auf den im Schnee deutlich erkennbaren Hirsch zu. Automatisch zählte ich dabei meine Schritte, um die Schußentfernung etwa festzustellen. Es waren etwa 150 Meter. Also hatte ich doch die Entfernung auf der weiten Schneefläche der Weide zu kurz eingeschätzt.

Nun lag mir im wahrsten Sinne des Wortes der Rothirsch zu Füßen. Die hochragende linke Stange bestätigte mir noch einmal: Es war der Richtige und der Gesuchte! Doch wo war der Hirsch nun eigentlich getroffen? Er lag mit der mir beim Schuß zugewandten Seite nach oben. In dem dichten, stark behaarten Winterfell waren keinerlei Einschüsse erkennbar. Vom Knall und Schreck allein konnte er aber auch nicht umgefallen sein, zumal aus dem Äser auf dem Schnee deutlich sichtbar ein wenig Schweiß floß. Mühsam wuchtete ich den schweren Körper des alten Hirsches auf die andere Seite, nachdem ich diese Operation durch das Aufstellen des Geweihs mit den Spitzen auf den Boden etwas erleichtert hatte. Beim anschließenden Aufbruch zeigte sich, daß der Hirsch drei deutlich erkennbare Schüsse im Bereich des Blattes hatte. Ein Schuß saß relativ hoch, etwa 15 Zentimeter unter der Wirbelsäule.

Als ich die für den Jäger und die Qualität des Wildbretes notwendige Tätigkeit des Aufbrechens fast beendet hatte, erhellten Scheinwerfer eines näher kommenden Autos meine Umgebung. Hellhörig hatten zwei Waidgenossen, die sich in der Nähe angesetzt hatten, meine wilde Schießerei vernommen und waren zur Besichtigung an den Tatort geeilt. Mit einem kräftigen „Waidmannsheil!" und der Bestätigung, daß es der Gesuchte war, wurde die Diskussion um den Ablauf des Jagdgeschehens begonnen. Nach kurzer Berichterstattung über das Erlebte drängte sich auch hier sofort die Frage auf: Warum stand der Hirsch sozusagen noch „eisern" nach dem ersten erfolgreichen Schuß und zwei weiteren Treffern im Bereich des Blattes auf der gleichen Stelle? Der anwesende erfahrene Waidmann, gleichzeitig Revierförster in diesem Gebiet, konnte dieses scheinbare Jägerlatein schnell anhand einer eigenen Erfahrung und der Kenntnis ähnlicher Fälle aufklären. Der erste Treffer hochblatt unter der Wirbelsäule hatte bei dem Hirsch einen Schock und zugleich starrkrampfähnliche Zustände ausgelöst. Das war auch die einfache Begründung dafür, daß er, längst mausetot, an der gleichen Stelle wie ein Denkmal stehen blieb. Die nachfolgend von mir abgegebenen drei Schüsse mit weiteren zwei Treffern galten einem bereits toten Hirsch! Erst nach einem bestimmten Zeitraum löste sich dann die eingetretene Starre und es trat eigentlich das ein, was sonst der Normalfall ist, daß ein toter Hirsch auch umfällt!

So löste sich auf erklärbare Weise das scheinbare Rätsel um den „eisernen" Hirsch. Sein Geweih unter meinen Trophäen erinnert mich immer wieder an dieses interessante Jagderlebnis.

Alt und stark

Von Gerhard Böttger

Die Jagd ist immer wieder neu. Mittlerweile eine Binsenweisheit für jeden Grünrock. Gleichzeitig ist es aber eine die Passion schürende Motivation, immer wieder hinauszugehen, das Naturerleben und den Reiz des neuen Jagderlebnisses zu suchen.

Ich vermag kaum zu sagen, ob ich die Hundstage des Hochsommers oder die Rauhreifmorgen des späten Ernteherbstes höher setze in der grünen Skala. Eins dagegen weiß ich gewiß: Es war für mich nicht alltäglich, binnen Vierundzwanzigstundenfrist zwei alte und starke Rehböcke erlegen zu können.

In der Blattzeit des Jahres 1991, in den ersten Augusttagen, ward mir dieses seltene Waidmannsheil geschenkt. Die heimatlich-niedersächsischen Jagdbanne ließ ich hinter mir, sagte der ruhig dahinfließenden Elbe bei Geesthacht ade, durchquerte ein idyllisches Stückchen Schleswig-Holstein und war dann schon bald in dem mecklenburgischen Revier, in dem ich meine Büchse führen durfte.

Der Auftakt war schon nicht schlecht. Nach einem längeren Orientierungsgang wollte ich mich am Abend an einer langgezogenen Wiesenschlenke ansetzen. Um die in einem Heckenstreifen stehende Leiter zu erreichen, mußte ich etwa einhundertfünfzig Meter Wiesenbreite überqueren. Gerade hatte ich die versteckt eingebaute Leiter vor Augen, da stockte ich plötzlich und sank sofort auf die Knie nieder. Dreißig Gänge vor mir bewegte sich etwas, zwei Rehlauscher ragten über das hohe Gras hinaus. Dazwischen nichts, aber wo in der Hochblattzeit eine Ricke ist, ist oftmals ein Bock nicht weit. Trotz eifrigen Spähens konnte ich aber einen solchen nicht ausmachen.

Etwas peinlich war diese Situation, denn der Weg zur Leiter war mir somit versperrt. Wurzeln schlagen wollte ich mitten auf der grünen Wiese aber auch nicht, also mußte ich alles auf eine Karte setzen. Die Büchse machte ich schußbereit, denn ein vielleicht abspringender Bock verhofft – wiederum vielleicht – auch einmal, so daß – zum dritten und letzten Mal vielleicht, da sieht man, wie voller Eventualitäten die Jagd steckt – ein Schuß anzubringen ist. Ich erhob mich also zu voller Größe, immerhin einhundertachtundachtzig Zentimeter, und stellte mich laut und deutlich vor, dabei weniger auf die Ricke als mehr auf deren Umgebung achtend. Junge, wie sie hochfuhr und in gestreckten Fluchten abging! Da war das zweite Stück! Ich riß die Büchse hoch und fuhr mit. Doch nein, schon senkte sich der Lauf wieder; kein Gehörn prahlte auf trutzigem Haupt, es war nur das Kitz. Wie seine Mama Sekunden vorher, verhoffte es auch vor dem nicht weit entfernten Waldrand, bis es ebenfalls in dem schattig-grünen Dunkel untertauchte.

Kein Schrecken verkündete die Störung, und Minuten später hatte ich meinen Posten auf der Leiter bezogen.

Eine ruhige halbe Stunde verging wie im Fluge, bevor ich mein Glas wieder an die Augen nahm. Ein weibliches Stück war auf die Wiese ausgetreten. Unruhig zog es hin und her, äste nur sporadisch, kam dabei immer näher an die Hecke heran, so daß ich es schließlich als Schmalreh ansprechen konnte. In Schrotschußentfernung passierte es die Leiter und nahm dann den gleichen Wechsel in den Wald hinein, in dem vorher schon die Ricke und das Kitz verschwunden waren.

Wieder Stille und Leere um mich herum. „Wo bleiben denn die Herren Böcke", dachte ich gerade, da stand schon einer brennend rot vor der in allen Grüntönen hochragenden Waldkulisse und sicherte in die Wiese hinaus. Hohe, schwarze Stangen zeigte der erste Blick durch das Fernglas. Schon ruckte der Bock an und zog mit nickendem Haupt in das Halmenmeer hinein. Das war kein junges Semester mehr! Nur einmal noch schaute ich mir das kaum Vereckungen zeigende Gehörn an, dann nahm ich die Büchse. In der typischen Manier des suchenden Bockes, jetzt war er wohl auf die Fährte des durchgewechselten Schmalrehes gestoßen, kam der Schwarzstangige näher und näher, in einer gewissen Unstetheit, ich möchte sagen Nervosität, jedoch keinmal verhoffend.

Erst rauhes Anschrecken meinerseits brachte ihn zum Stehen. Unbeweglich wie zwei Ausrufezeichen standen plötzlich die pechigen Stangen über der feurigen Decke. Mißtrauen zeigte das breite Haupt mit dem erhobenen Windfang.

Im Schuß rutschte der Bock ohne Zeichnen einfach zusammen und ward zur Gänze von den deckenden Gräsern verborgen. Lange stand ich bei dem begehrten Wild. Als ich ihm später genauer in den Äser schaute, bemerkte ich, daß im rechten Unterkieferast der P1 fehlte, wohingegen er im linken sogar auf alle Prämolaren „verzichtet" hatte. Eine abnorme Verdickung war dort festzustellen. Der Zahnverlust schien mir allerdings kein Alterszeichen zu sein, wenngleich der Bock sicherlich über sechs Jahre alt war.

Am anderen Morgen pirschte ich kurz vor Sonnenaufgang an die Wald-Feld-Kante. Der Ansitz auf einer Kanzel an der Grenze zwischen Getreideschlägen und einem lückigen Maisfeld brachte nur einen jungen, dünnstangigen Gabler in Anblick und erschien mir nicht weiter aussichtsreich. Deswegen war ich also abgebaumt. Langsam folgte ich dann einer fast schon wieder zugewachsenen Holzabfuhrschneise, als plötzlich ein Bock – mehr anzusprechen, als daß er gut aufhatte, war nicht möglich – auf etwa fünfzig bis sechzig Gänge vor mir absprang. Die Sinne des Wildes waren denen des Jägers mal wieder überlegen, wenngleich der Bock keinen Wind bekommen haben konnte; dieser Verräter blies mir sachte von vorn auf die heiße Stirn. Ohne lange nachzudenken eilte ich in tief geduckter Haltung hinterher.

Bevor mein Atem ganz heftig wurde, öffnete sich der Mischwaldbestand, und vor mir tat sich eine kleine Wiesenbucht auf, die auf die Feldmark hinausführte. Eine Bewegung in den Randbüschen zwang mich zu abruptem Halt und vollends auf die Knie. Eine Ricke – war es ein Schmalreh, ich sah nur das feingezeichnete Haupt? – sicherte in die Richtung, in die der Bock sich empfohlen hatte. Jetzt nur keinen Fehler machen. Wenn das Stück Lärm schlägt, konnte ich hier getrost einpacken. Starr und mit bewegungslos aufgestellten Lauschern äugte die Ricke immer noch in die gleiche Richtung.

Da hatte ich eine Idee. Hastig fingerte ich den Blatter aus der Hemdtasche und ließ wenig später zart, aber trotzdem durchdringend den Rehfiep ertönen. Meines Vabanquespieles war ich mir wohl bewußt, und da! Ein tiefes, weithallendes Schrecken war die Antwort. Noch mehr sank ich in mich zusammen und konnte kaum glauben, daß trotzdem geschah, was ich kaum noch zu hoffen gewagt hatte.

Ein blitzschneller Blick nach links – die Ricke war verschwunden. Dafür schob sich zu meiner Rechten der Bock in eine jetzt voll von der Sonne beschienene Lücke am Rand der winzigen Wiese hinaus. Herrisch und böse sah ich auf die nahe Entfernung die Lichter funkeln. Wie die Sprossen über den knorrigen Stangen blitzten! Das war ein anderes Gewächs als das spargelige Gablergehörn des Jünglings von heute früh.

Allerdings trug das nicht gerade zur Beruhigung meiner Pulse bei. Es würde ohnehin ein verteufelt schwerer Schuß bei akrobatischer Körperverrenkung werden. Unendlich langsam richtete ich den Oberkörper auf, nahm die Büchse ins Gesicht und verdrehte mich nach rechts. Mit gewaltiger Anspannung brachte ich das Absehen zum Verharren auf der düsterroten Decke des verhoffenden Bokkes. Und es gelang. Das 11,5-g-TI-Geschoß aus meiner 7×64 ließ auch diesen starken keine einzige Abflucht mehr machen.

Tief ausatmend ließ ich mich in eine bequemere Position zurückfallen und wartete, bis mein wild schlagendes Herz sich wieder etwas beruhigt hatte. Dann hielt ich es nicht mehr aus, ich wollte meine Beute in Besitz nehmen, das Mal der Kugel begutachten, das Gehörn mit den noch leicht zitternden Händen umspannen, beim gestreckten Wilde weilen – jeder Jäger kennt diese kostbaren Minuten der Vorfreude und der Erfüllung.

Ein ausgereifter Bock auf der Höhe seiner Kraft lag vor mir. Alles an ihm wirkte schwer und massig: Gehörn, Haupt und Wildkörper. Dicke, leicht geschweifte Stangen wuchsen aus breitausladenden Dachrosen hervor. Drei schaufelige Perlen an der rechten Stange gaben dem ganzen Sechsergehörn einen zusätzlichen Reiz; jede einzelne war ohne weiteres geeignet, sein Hifthorn dran aufzuhängen.

„Um sechs Jahre herum", traf ich im stillen meine Altersansprache, weiß doch heute hoffentlich jeder, daß wir selbst am (unbekannten, nicht markierten) erlegten Stück das Alter nur in etwa schätzen können.

Zu viele Faktoren, individueller und allgemeiner Natur, spielen hierbei eine Rolle. Aber keinesfalls will ich mich an dieser Stelle über das brisante Thema „Altersschätzung" auslassen; hierzu ist wahrlich schon genug Druckerschwärze verbraucht worden.

Den starken Bock bekam ich unmöglich in den Rucksack. Sonst habe ich immer genug Riemen und Schnüre einstecken, aus denen ich schnell ein „Rehtragerl" geknüpft hätte – nur diesmal fand ich keinen Faden in meinen diversen Taschen, so ist's ja immer.

Den Bock hier liegen lassen? Niemals! Kurzentschlossen schärfte ich das Haupt ab, verblendete den zum Ausschweißen schräg auf einen Baumstubben gestreckten Wildkörper, genauso also, wie es die Karpatenjäger mit ihren Hirschen machen, und nahm dann frohgemut den langen Rückweg in meine gastliche Unterkunft in Angriff.

Ich wanderte auf einem guten Pfad. Es war wirklich eine hohe Stunde, Sternstunde eines passionierten Bockjägers, und ich bedachte noch einmal die spannenden Umstände, die zur Erlegung eines meiner besten Böcke geführt hatten.

Der Bär

Von Robert Schneider

Saint John
Heute ist der 1. Oktober 1996.
Ein wunderschöner Tag bricht an. Der starke Wind vom Vortag hat
sich beruhigt. Die Nacht war sternenklar, so wie ich sie hier noch
nicht gesehen hatte. Viele tausend Sterne leuchteten vom Him-
melszelt. Gegen Morgen wird es kälter.
Punkt 6.45 Uhr werde ich geweckt. Ein Geballer und ein Schießen
aus allen Löchern kommt vom Fluß herauf. Es muß Karneval sein
oder Feuerwerk an Neujahr.
Der Dämmerschleier lichtet sich, das Schießen nimmt kein Ende.
Die Zeit des großen Entenflugs hat begonnen. Der neue Tag ist in
vollem Lichte. Ein leichter Nebel liegt über dem Fluß. Noch
immer nimmt das Schießen kein Ende. Die Entenjagd hat begonnen. Und auch für den Schwarzbären geht die Schonzeit heute zu
Ende.
Um die Mittagszeit fahre ich mit meiner Ehefrau Margot die Ufer-
straße entlang, um das nächste Dorf zu erreichen. Wir kommen mit
einigen Huntern ins Gespräch. Sie haben große Freude, wir werden als Ausländer herzlichst begrüßt. Dem Ballern nach müssen
die heute um die tausend Enten geschossen haben.
Aber – o weh – jeder hat nur zwei bis fünf Stück vor sich liegen.
Die Enten waren zu schnell, zu hoch. Doch ich glaube, daß es an
den Schützen lag. Ausgerüstet sind sie ja, als wollten sie in den
Krieg ziehen. Patronengurte um den Hals und die Schultern. Als
Gewehr führen viele eine vollautomatische Flinte mit Rückschlag-
dämpfer. Nur einige haben einen Wasserhund bei sich – Labrador
und Golden Retriever und Deutsch Kurzhaar. Ihre Enten sind

unterschiedlich groß, vom Wasserhuhn bis zur Stockente. Die Jäger sind jedoch voller Freude, begeistert schildern sie uns den Schuß, mit dem sie die Ente im Flug vom Himmel holten. Sie finden vor Reden und Begeisterung kein Ende. Heute ist ihr Tag, der Tag des ersten Entenflugs.

Ich sitze hier oben im Krähenhorst, tief im Buschwald. Der Wind schaukelt mich hin und her. Der Hochsitz ist klein, aber überdacht und gut verblendet.

Es ist die Zeit der Elchjagd. Vor mir liegt eine große weite Fläche, die vor zwei bis drei Jahren abgeholzt wurde. Die jungen Schöß-linge des Urwaldes treiben Büsche, die in allen Farben leuchten. Der Wind facht sie im Sonnenlicht an, so habe ich ein unbeschreib-liches Farbenspiel vor mir.

Wie komme ich eigentlich in den Wald hierher? Ich wollte doch einen Liebesurlaub mit meiner Frau Margot im Himmelbett in einem kleinen Häuschen in Kanada verbringen!

Angefangen hat ja die Geschichte an meinem sechzigsten Geburts-tag. Unsere langjährige Bekannte, Brigitte, schenkte mir einen Aufenthalt in ihrem schnuckelig eingerichteten Häuschen in Ka-nada. Wie es sich jedoch für einen Waidmann gehört, habe ich natürlich mein liebes angetrautes Eheweibchen Margot auf einen Liebesurlaub mit in die Einsamkeit genommen. Brigitte schloß sich unserer Reise an, um ihrem Anwesen in Kanada, in New Brunswick, das sie einige Monate nicht gesehen hatte, wieder einen Besuch abzustatten. Unser Liebesleben wollte sie aber in keinster Weise stören.

Wer allerdings nun unser Liebesleben erheblich störte, war dann schließlich Johann. Wir hatten ihn bei Brigitte kennengelernt, er ist ein guter Freund von ihr. Johann ist ein feiner Kerl, ich mochte ihn gleich von Anfang an. Er war mir sofort sympathisch und ist mir schnell ans Herz gewachsen.

Auf der Fahrt von Moncton nach Fredericton erzählte er uns, daß er auch Guide sei, die Prüfung habe und gerne Bären jage. Seine Frau Else, selbst passionierte Jägerin, begleite ihn des öfteren. Von Beruf ist er Ingenieur der Metallwissenschaften. Er ist selbständiger Ingenieur und inspiziert Metallbauten und Brennelemente bis hin zu Atombrennstäben.

Vor zwei Tagen waren wir mit einem Boot unterwegs. Mit seinem Motorboot fuhren wir den Oromocto River hinauf. Es war herrlich. Johanns Ruhe, seine Ausstrahlung, aber auch sein Temperament beim Fischen. Er ist nicht groß, und seine kräftigen Beine, die wuchtigen Arme und die untersetzte Figur verraten viel Kraft. Im Kopf ist er ein heller, liebenswerter Mensch.

Für mich und meine zwei Begleitdamen will er heute ein paar Hechte fangen. Jeder soll ein bis zwei Hechte zum Abendessen haben.

„Johann, wirf die Angel aus!"

Geschickt spult er die Blinker durch das dunkle Wasser. Das Wasser der vielen Flüsse und Seen hier ist klar, es erscheint jedoch dunkel durch die tiefbraune Erde und die Gesteinsmassen. Man sieht im Wasser nur wenige Meter und nur selten auf den Grund des Wassers, das sich ruhig und träge durch die herrliche Wald- und Wiesenlandschaft schiebt. Bei blauem Himmel und Sonnenschein spiegelt sich der Himmel im Fluß, und meine Begleiterinnen sind begeistert vom blauen Wasser des River.

Johann wirft die Angel aus, zum x-ten Male – nichts, kein Biß. Wir fahren weiter flußaufwärts. Jetzt wird alles klar: Die Indianer haben im River Netze ausgelegt und so die Hechte aus dem Wasser geholt. Ein kleiner Hecht geht noch an die Angel. Johann meint: „So sind wir wenigstens nicht Schneider geworden!"

Wir fahren nach Hause, die bewaldeten Ufer des River tauchen sich in unbeschreibliche Farben. Obwohl ohne Hechte, war die Bootsfahrt dennoch herrlich. Die Weiber flachsen und meinen, wir sollten die Hechte im Kaufhaus holen, zuvor aber den Preis entfernen.

„Johann, wirf die Angel aus!"

Und er macht es. Er führt uns in ein gutes Lokal, wo wir Fisch essen. Er und seine Frau Else sind unsere Gäste.

„Robert, morgen wirst du deinen Bären schießen."

Heimlich hatten Johann und ich vereinbart, zusammen einen Bären zu jagen. Die Frauen durften noch nichts wissen, denn Margot und ich waren ja auf Liebesurlaub. Aber eine Jägersfrau würde ihren Mann nicht kennen, wenn sie nicht wüßte, wann ihn die Unruhe, das Jagen hinauszieht. Die Frauen wußten Bescheid. Und so gingen wir am nächsten Tag gemeinsam Bären anfüttern.

Sollte es mir hier gelingen, einen Schwarzbären zu sehen, oder – wie Johann sagte – sogar zu schießen? Nächtelang schlief ich schlecht, immer wieder sah ich den Bären. Er ließ mir keine Ruhe, wie würden wir uns begegnen? Der Wald hier ist dicht, man sieht keine zehn Meter weit. Keine Fährten, keine Spuren, doch am Futterplatz war alles aufgefressen. Das große Ungewisse quälte mich.

Steht er plötzlich vor mir? Ist er groß, der König der Wälder Kanadas? Er hat hier keine Feinde, majestätisch wird er sein, kräftig, unerschrocken.

Er läßt mich in den Nächten nicht mehr zur Ruhe kommen. Es ist kein Herzklopfen in mir, keine Angst, aber eine gewisse Unruhe. Der Kampf mit ihm hat begonnen. Wie werde ich reagieren? Bricht das große Herzbibbern aus, wenn wir uns begegnen?

Wir gehen wieder den Bären kirren. Wir stellen fest, daß es mehrere Bären sein müssen. Die Hochsitzleiter ist zerkratzt.

Johann sagt: „Das sind Junge, Einjährige. Sie klettern die Bäume hoch. Ich hatte vor Tagen hier oben am Sitz Brot liegen, das haben sie sich geholt."

Es wird klappen auf den Bären. Es war also eine Alte mit Jungen. Die Alte wollte ich nicht, mit einem Kleinen würde ich schon zufrieden sein.

Else, Johanns getreues Weib, geht auch zur Jagd. Sie hat immer mal geschossen, ist daran jetzt aber nicht mehr interessiert.

Sie erzählt: „Weißt du, das war so: Es kam bei mir einmal ein Reh vorbei, das hat mich so herzig angeschaut. Es hat mir in die Augen gesehen und ich ihm. Es stand regungslos vor mir, und ich habe ihm auf den Hals gezielt. Auf den Schuß hin blieb es gerade stehen. Ich habe noch mal geschossen, und es hat mich immer noch angesehen. Ich bin nervös geworden und habe noch einmal geschossen. Es hat den Kopf geschüttelt, und ich habe gesagt: ‚Geh, du hast dein Leben verdient.' Seit diesem Erlebnis schieße ich nicht mehr."

Es war einfach nett, mit Johann und Else und auch Margot zusammen zu sein. Meine Gastgeberin, Brigitte, wollte von der Jagd nichts wissen, sie ist eine große Tierliebhaberin. Aber sie atmete tief durch, als sie erfuhr, daß die Bären hier auf dem Schulweg Kinder angefallen haben und daß die Forstverwaltung Gift auslegen muß, um die Menschen in den abgelegeneren Gebieten zu schützen.

Johann hat mir folgendes beigebracht: „Wenn dich einmal ein Bär angreift, und du kommst nicht mehr recht zum Schuß, dann wirf dich zu Boden, mach dich steif und stell dich tot. Der Bär wird dann an dir herumschnuppern, dich herumwälzen. Wenn du Pech hast, wird er dir allerdings deine Eingeweide herausnehmen."

Die Spannung in mir wächst ungemein. Habe ich noch die Nerven, die physische Kraft, diesen Bären zu strecken?

Noch nie war ich einem Bären in freier Wildbahn begegnet, und jetzt soll es plötzlich geschehen. Ich muß stark sein. Ich muß mich zusammenreißen. Es darf kein Zittern geben. Aber ich sehe den Bären nicht, und ich werde ihn im weichen Moos nicht kommen hören. Er wird plötzlich vor oder hinter mir sein. Vielleicht vor mir auf zwanzig Schritt oder hinter mir auf fünf Schritt. Wird er groß sein? Er wird mächtig sein. Ich werde ihn nicht hören, denn das Moos auf dem Waldboden ist weich und zart. So wird er daherschreiten ohne Laut. Auch das Knacken der Zweige wird mir sein Kommen nicht ankündigen. Außerdem weiß ich nicht, wie groß er ist, ich sehe keine Spuren, keine Abdrücke. Doch er ist da, es ist hier sein Reich.

Johann hatte mich eingewiesen auf diesem Hochsitz, den ich „Krähenhorst" nenne. „Wenn du ihn schießt, paß auf und geh nicht gleich zu ihm. Ein Prankenschlag von ihm, und deine Rippen sind gebrochen oder es fehlt dir ein Arm oder ein Bein. Er hat viel Kraft." So groß ist der Respekt meines Freundes Johann.

Es müssen mehrere Bären sein, die Hochsitzleiter ist zerkratzt. Also Junge, Einjährige, die auf die Bäume klettern. Ihre Mutter wird auch dasein, und wehe mir, wenn ich der in die Quere komme.

Vor Tagen haben sie die Tonne mit Futter eingerissen und in den Wald geworfen. „Es muß ein großer Bär gewesen sein", meinte Johann.

So sitze ich am Krähenhorst und warte. Johann hatte mir zuvor noch die gesetzlich vorgeschriebene rote Kleidung, eine Abschußlizenz und ein Gewehr besorgt. In die Handhabung der Waffe wurde ich sorgfältig von ihm eingewiesen. Einige Probeschüsse habe ich absolviert, und Johann war mit meiner Schießleistung zufrieden. Ein fremdes Gewehr, der Bär, der unbekannte Wald – dennoch ist es wunderschön hier, die Farben der Bäume und Sträucher im Licht des „Indian Summer". Dunkles Grün, leuchtendes Gelb, Blutrot, Orange – jeder Busch ist eine Freude.

Lautlos, urplötzlich taucht er aus dem Gestrüpp auf.

Da ist er – sein Kopf, schnell ein Happen und weg, so schnell, wie er gekommen war. Es ist auf die Minute genau vier Uhr. Ich mache mich fertig zum Schuß, ich bin bereit. Er wird gleich wiederkommen. Ja, da ist er schon. Er stellt sich hoch, nimmt einen riesigen Happen – jetzt – nein, noch nicht. Es ist noch zu früh am Tage. Er dürfte etwa zwei Jahre alt sein und hat ein Stockmaß von 80 bis 90 cm. Du bist ein schöner Kerl. Dein Gesicht hat einen leichten Stopp – was selten ist –, so daß deine braunen, glänzenden Bärenaugen lustig unter den dichten, schwarzen Brauen hervorleuchten. Deine kurzen Ohren schauen aus dem dichten Wollpelz hervor, doch dich scheint das nicht zu stören, daß sie so kurz sind.

„Nein, ich werde dich heute nicht töten, du machst mir so viel Freude."

Ich stelle das Gewehr beiseite, Fernglas und Fotoapparat werden hergerichtet. Der Bär wird gleich wieder aus dem Busch kommen. Doch er kommt nicht. Eine Stunde vergeht – nichts. Ist er satt? Kurz vor Dämmerung zieht er über meinen Pfad in die undurchsichtige Jungholzfläche. Es war herrlich, ihn zu sehen. Jetzt weiß ich, wie er aussieht. Bei mir wird es kein Nervenflattern geben. Ich bin stark, ich werde, ich kann es schaffen.

Als ich wenig später meinen Krähenhorst verlasse und seine Fährten kreuze, ist mir etwas mulmig im Magen. Er ist bestimmt nicht weit weg. Vielleicht 50 Schritte. Oder weniger? Ich weiß es nicht. Es pfeift so seltsam in der Dickung. Laute, die ich noch nie im Wald vernommen habe. Das müssen Bären sein. Die Alte mit den Jungen? Wenn ich nur einmal ihre Fußspuren oder Abdrücke finden würde, so könnte ich ihre Größe einschätzen.

Ich setze mit der Fähre über den Fluß. Man weiß hier nicht, ob einen die Strömung des Wassers bergauf oder bergab führt. Bei der Mündung des Flusses in den Atlantik bringen die Gezeiten 14 bis 16 Meter Höhenunterschied. Dieser Tidenhub macht sich noch 120 Kilometer von der Mündung entfernt im Landesinneren dadurch bemerkbar, daß das Wasser des Flusses entweder bei Ebbe zur Mündung hin oder bei Flut auch von ihr weg fließt.

Johann sagt mir in der Nacht am Telefon, ich solle mit dem Schuß auf den Bären nicht zögern. „Bären haben ein Revier von 10 km², ältere sogar von 40 km². Es kann leicht sein, daß die Bären morgen nicht mehr da sind, und dann beißt du dir in den Arsch. Unsere ganze Mühe wäre umsonst, und die Witterung könnte auch umschlagen – Wind, Regen. Und in drei Tage müßt ihr wieder zurückfliegen."

Der nächste Tag.

Schon um 5 Uhr bin ich auf den Läufen, um 6 Uhr setze ich mit der Fähre über den Fluß. Um 6.30 Uhr – noch ist es dunkel – bin ich am Waldpfad angekommen. Das Gewehr darf erst um 7 Uhr aus dem Futteral. Es darf nicht geladen sein. So schreibt es das Gesetz vor. Und Johann ist mein Freund, ich darf ihn nicht in Schwierigkeiten bringen, seine Lizenz als Guide wäre dann für immer weg. Also sind wir in Vertrauen aneinandergekettet. Ich muß in den Wald allein, ohne geladene Waffe, und auf dem schmalen, schwer auszumachenden Pfad 300 Meter bis zum Krähenhorst hinter mich bringen. „Ich gehe, ich bin ein Mann, ich werde meinen Freund nicht enttäuschen." Als alter Forstmann und erfahrener Jäger will ich dieser Herausforderung standhalten.

Die Beine werden schwer. Ich räuspere mich etwas, um die Bären auf mein Kommen aufmerksam zu machen. Sie werden nicht weglaufen, sie sind hier zu Hause. Aber gerade das ist das Gefährliche.

Das noch fahle Mondlicht zeigt mir den Weg zum Horst. Plötzlich spüre ich eine Gänsehaut im Rücken. Ich schaudere. Eiseskälte geht durch meinen Körper. „Weiter, nicht in die Hosen machen!" Ich habe Muffensausen. Endlich ist der Sitz erreicht. Hat Johann meine Passion erkannt und läßt mich deshalb allein auf den Bären? Wir jagen auf Privatgrund.

Ich sitze etwa eine halbe Stunde am Horst – regungslos. Da, ein Piepsen, wieder eins, noch eins – da – dort – Stille. Zehn Minuten Stille. In dieser Morgenstunde pfeift noch kein Vogel, auch nicht im tiefsten Busch Kanadas.

Das fahle Mondlicht weicht dem Grau des werdenden Tages. Wieder dieses Piepsen, 100 Schritte vor mir. Erst eine Stimme, dann zwei, drei. Jetzt eine 150 Meter weiter links im dichten, zwei bis drei Meter hohen Gestrüpp. Sollten das Bären sein? Kein Zweifel. Einer pfeift dem anderen, daß er noch hier ist. Doch keiner zeigt sich. Es ist vollkommen windstill. Die farbenfrohen Büsche des Ahorns leuchten jetzt im hellen Sonnenlicht in gelber, roter und grüner Farbe. Es muß sich doch irgendwo ein Petz zeigen?! Es muß sich doch irgendwann einer aufrichten, ein schwarzes Knäuel?! Nichts!

Oben, etwa 250 Meter halbrechts, zanken sich plötzlich Koyoten. Dort ist ein kleiner Birkenhain. Herrlich leuchten die Stämme der weißen Birken im Morgenlicht. Bestimmt haben die Koyoten eine Beute und raufen darum. Doch ich sehe keinen Petz, so sehr ich mich auch anstrenge. Da fällt ein Schuß, etwa 400 Meter hinter mir. Es war ein Kugelschuß, das habe ich deutlich am harten Knall der Kugel gehört. Hat jetzt jemand den Bären geschossen? Ich hätte gestern schießen sollen. Doch der Bär hat mir so viel Freude gemacht.

Es ist hier so: Sobald jemand 18 Jahre alt ist, kann er ein Gewehr erstehen. Und sobald die Schonzeit zu Ende ist, kann er zur Jagd gehen, und zwar in das Jagdgebiet und auf die Wildart, für die die Lizenz ausgestellt ist. Auf Grund- oder Waldflächen, die in Privatbesitz sind und auf denen der jeweilige Besitzer nicht jagen lassen will, ist dies durch ein rundes Schild mit dem Hinweis „No Hunting" gekennzeichnet. In den übrigen Gebieten wird alles geschossen, egal ob groß oder klein, ob männlich oder weiblich. Alles, was die Jagd freigibt.

So sitze ich mit meiner roten Jacke und roten Kapuze am Horst. Es wird auf alles Verdächtige im Busch geschossen. In jedem Jahr fallen einige Jäger der Kugel zum Opfer.

Wieder dieses Piepsen vor mir. Ich zähle die Stimmen, vier oder fünf könnten es sein. Wenn es Bären sind, dann ist meiner noch am Leben. Und es müssen Bären sein.

Längst ist volles Tageslicht, und die Sonne scheint. Das Piepsen habe ich schon lange nicht mehr vernommen. „Wenn er heute meine Fährte kreuzt, muß ich mit ihm abrechnen. Es muß sein. Aber bestimmt liegen die Kerle in der Sonne auf ihrer Bärenhaut!" Es sind ja so herrliche Tiere.

Immer wieder bestaune ich die Pracht der herbstlich gefärbten Blätter der regungslos dastehenden Büsche.

Da, am Rand zum höheren Holz, ein schwarzer Klumpen. Er kommt. Mit kräftigen, unerschrockenen Schritten geht er spitz auf mich zu. Das Herzklopfen geht los, der Puls geht hoch. Jetzt steht er vor mir. Vielleicht dreißig Gänge. Herrlich glänzt sein Pelz in der Morgensonne.

„Ich gebe dir noch eine Chance: Ich fotografiere dich jetzt, wenn du dann noch Lust hast, rechnen wir ab."

Mein Atem wird länger, ich hole tief Luft und werde ruhiger. Das Klicken des Fotoapparates stört ihn nicht. „Ich muß jetzt, ich bin bereit. Zeig deinen Schild."

Da wirft ihn die Kugel zu Boden, drei, vier Fluchten auf seinem Wechsel, und es ist still. Ich bin mir sicher, ganz sicher, daß er im Busch liegt und sein Leben ein Ende hat.

„Eine Viertelstunde werde ich warten, dann gehe ich zu dir." Ruhig verharre ich in meinem Horst. Ich denke an mein eigenes Sterben. Das Sterben des Bären hat nicht lange gedauert, vielleicht eine halbe Minute.

Könnte ich einst mein Leben in nur einer halben Minute aushauchen, ich wäre Gott schon jetzt dafür dankbar. Viele müssen kämpfen, bis der Tod sie erlöst, oft stundenlang, oft tagelang. Viele müssen über Jahre qualvolles Siechtum ertragen.

Es ist vorbei. Er ist etwa zwei bis drei Jahre alt, sicher noch etwas jung, aber auch junge Menschen müssen sterben, oft urplötzlich. Und jedes Sterben wird mit Schmerz verbunden sein. Ebenso wie das Hineintreten in das irdische Dasein. Ich glaube nicht, daß es dem Kaninchen angenehm ist, wenn es bei lebendigem Leibe von der Schlange verspeist wird, oder daß die Beute des Greifs erfreut ist, wenn der Vogel seine Fänge in ihren Körper krallt, oder daß die Maus gern von der Katze gefangen wird. Es wird immer ein Kampf zwischen den Stärken sein, die einen leben von der anderen Tod. Gott hat den Menschen über das Tier gestellt, der Mensch soll es nutzen und achten, jedoch nicht quälen oder unsachgemäß halten, was die Kreaturen in ihrer Art von ihrer natürlichen Lebensweise entfernen würde.

Jetzt gehe ich zu ihm. Doch zuerst zum Anschuß. Da ist Schweiß. Gut, das kann ja gar nicht anders sein. Mit entsicherter Waffe folge ich seinem Fluchtweg. Nach dreißig Schritten ein schwarzer Fleck im hellen Laub. Da liegt er unter rotgoldenen Ahornstauden – mausetot. Meine Hände gehen an seinen Kopf. Ich versuche, ihn etwas zur Seite zu zerren, aber es geht nicht, er ist zu schwer. Ich mache ein Foto. Immer wieder greifen meine Hände in seinen wolligen, flauschigen Pelz am Hals. „Du bist wunderbar, du bist ein wunderschöner Kerl."

Allmählich weicht die Spannung von mir. Ich setze mich auf einen abgebrochenen Baumstumpf. Ich kann nicht denken. Stumm und starr ist mein Blick auf die sich vor mir ausbreitenden Moose und Farne gerichtet. Ich weiß nicht mehr, wie lange ich dort gesessen habe.

Meine Gedanken schweifen ab:

Viele Kinder haben als Spielzeug ihren Teddy lieb. Und das ist auch richtig so, denn der Bär ist ein liebenswertes Tier. Nur dann, wenn der Mensch in seinen natürlichen Lebenskreis eingreift, wird er gefährlich. Dann steht er plötzlich vor der Haustür oder an der Mülltonne.

Wer Mülltonnen raussetzt, wo Bären leben, der muß sich darüber natürlich auch nicht wundern. In anderen Teilen der Erde kommt dem Bären eine besondere Bedeutung zu. Leider führt das zum Beispiel in China dazu, daß Bären in engen Metallkäfigen gehalten werden. Sie können sich in so engen Käfigen nicht einmal drehen oder auch nur den Kopf zur Seite bewegen. Sinn der Sache ist es, den Bären täglich mit einer langen Nadel die Gallenblase anzustechen, um damit Gallensaft zu gewinnen, der in China als Aphrodisiakum gilt. So werden diese Bären ihr Leben lang gequält. Wer so handelt oder so etwas kauft, ist eines Menschen nicht würdig.

Plötzlich werde ich aufgeschreckt. Hinter mir, in 30 Meter Entfernung im Busch, ein Piepsen. Dort muß ein weiterer Bär sein. Ich sehe ihn nicht, zu dicht ist das Gestrüpp. Ich sollte verschwinden, ehe es zum Kampf kommt, und ich möchte keinen weiteren Bären töten. Schnell befestige ich an seinem Ohr einen Teil meiner Lizenz als Zeichen unserer Zusammengehörigkeit und der Rechtmäßigkeit meines Anspruchs auf das Tier. Herrliche Ohren hat der Bär, einen wunderschönen Kopf und mächtige Pranken.

Als ich nach einer Stunde zu Hause ankomme, sitzen meine Damen beim Kaffeetisch. Sie wollen nicht so recht glauben, daß ich den Bären gestreckt habe. Schließlich bricht die Freude los. „Nun können wir endlich unser Festlein machen mit den kleinen Schweineschlegeln."

Behäbig schlürfe ich meinen Kaffee. Johann wird benachrichtigt. Die Spannung, die tagelang in mir war, fällt langsam von mir ab. Es ist ein frohes Bild, wie wir den Petz holen: Die Jäger und Frauen in roten Kleidern im bunten Wald, dabei sind die Männer wie Pferde vor den schwarzen Bären gespannt und ziehen aus Leibeskräften. Alle paar Meter wird haltgemacht, um neue Kraft zu schöpfen, damit der etwa drei Zentner schwere Petz weitergezogen werden kann.

Wir fahren zum zuständigen Forstamt. Dort wird das Tier genau registriert. Es wird gefragt, wie viele Bären noch da waren, ob an der

Kirrung geschossen wurde und wie weit weg der Ort des Geschehens von Obstanlagen und menschlichen Siedlungen war. Zur Altersbestimmung und Knochenuntersuchung wird dem Bären ein Zahn gezogen. Er wird auf Radioaktivität untersucht, und schließlich bekommt er eine Abschußnummer und wird freigegeben.

Später beschließen wir, daß wir den Bären zum Tierpräparator bringen und ihn in voller Größe in seiner natürlichen Lebensstellung aufstellen lassen. Und immer wieder greifen meine Finger in seinen wuscheligen Pelz.

Am Abend begehen wir das Festlein. Es ist ein Mahl zu Ehren unseres Bären.

Keine Siegesfeier. Wir stoßen mit kalifornischem Wein und italienischem Chianti auf ihn an. Es wird lustig gesungen, fast so wie in Deutschland, doch leider nicht ganz so.

Aber man ist sich immer bewußt und sollte sich auch immer bewußt sein, daß Jagen stets mit Töten zu tun hat und daß auch wir einmal an unser Ende kommen werden. Respekt, Ehrfurcht vor der Kreatur.

Unser Umtrunk war sehr innig und herzlich.

Nach drei weiteren Tagen müssen wir von unseren Freunden Abschied nehmen.

Wir denken, daß wir in Else und Johann gute Freunde gefunden haben, und hoffen, daß wir uns am Saint John River bald wiedersehen werden.

Nachwort

An dieser Stelle danke ich meiner Frau Margot, daß Sie so viel Verständnis für meine Jagdpassion hat. Ohne Margot wäre dieses Erlebnis gar nicht möglich gewesen.

Außerdem bin ich unserer Gastgeberin, Brigitte, zu großem Dank verpflichtet. Durch Brigitte sind wir nach Kanada gekommen, in Ihrem Haus durften wir uns heimisch fühlen, durch sie durften wir neue Freunde gewinnen. Vielen Dank für die Gastfreundschaft.

„Engen, Tengen, Blumenfeld sind die schönsten Städt' der Welt!"

Von Dr. Werner Stoll

Ja, so einfach war die Zeit noch bis anfangs der 60er Jahre, wo man in ganz Südbaden von fast jedem Schulkind diese Antwort erhalten hätte auf die Frage nach den drei prächtigsten Städten auf Erden.

Inzwischen sind die Kids ja größer und anspruchsvoller geworden, und da alle drei Kommunen weder Meer noch Palmen noch – last, but not least – McDonald's zu bieten haben, sind diese drei liebenswerten Hegau-Kleinstädte bei den Jugendlichen sicherlich längst mega-out. Dafür ist für jeden Jäger auf Sauen das ganz in der Nähe von Tengen liegende Dorf Bittelbrunn absolut mega-in. Denn was für den Opern- und Wagnerliebhaber Bayreuth und eine Karte für die Premiere des Rings, das ist für uns Jäger Bittelbrunn und eine Einladung zu der alljährlich Mitte Januar stattfindenden großen Jagd Seiner Durchlaucht des Fürsten zu Fürstenberg.

Mir war dieses Glück beschieden, und auch dieses Jahr war es wieder einmal so weit. Lange schon vor der für mich maßgeblichen Zeit treffe ich am Sammelplatz ein. Das Wetter ist außergewöhnlich mild für die Jahreszeit, und wegen der „Stimmung" bedauert man es natürlich ein wenig, daß nicht eine dichte, geschlossene Schneedecke das Land überzieht. Was die Streckenwertung anbelangt, glaube ich allerdings, daß das heutige Wetter von Vorteil ist, weil die Sauen so viel leichter zum Verlassen der Dichtungen zu bewegen sind, als wenn schwerer Schnee die Äste und Zweige bis auf den Boden drückt. Außerdem freue ich mich für die Treiber, denn unter diesen Bedingungen haben sie es doch etwas leichter.

Man genießt es immer, wenn man bei einer solchen Gelegenheit alte Waidgenossen wiedertrifft und mit ihnen an einem der wärmenden Feuer ein wenig die „Lateinkenntnisse" auffrischen kann. Der einzige, der bei dieser fröhlichen Gesellschaft etwas ernst dreinschaut, ist Herr Bier, der Förster, der das Revier Bittelbrunn betreut und das ganze Jahr über mit großem Einsatz „seine" Sauen hegt und pflegt. Ich kann es ihm nachfühlen, daß dies, abgesehen von der immensen Arbeitsbelastung, kein reiner Freudentag für ihn ist. Wie immer schaue ich ganz fasziniert seinen gepflegten, silbernen Rauschebart an und bin der festen Überzeugung, wenn man da ein wenig draufklopfen würde, käme sicherlich, wenn schon keine Rotte Sauen, so doch wenigstens ein Hase aus der sicheren Dickung.

Punkt 10 Uhr ertönt ein Hornsignal und ab jetzt haben sich alle Uhren, ob Rolex oder Swatch, ob mit schnellschwingendem Quarz oder noch mit gemütlich hin- und herzippelnder Unruhe versehen, dem heiligen Cartier sei's geklagt, bedingungslos der Armbanduhr des Jagdleiters zu unterwerfen. Denn nach seiner Uhr, mit der unglaublichen Präzision eines Schweizer Uhrwerks, läuft der ganze Jagdtag ab.

Zuerst werden jetzt die anstellenden Förster mit ihren Schützen auf die Außenstände gebracht.

Um 11 Uhr dann begrüßt Seine Durchlaucht der Erbprinz die zweite Schützengruppe. Nach der Erläuterung der allgemeinen Regeln und Sicherheitsbestimmungen gibt er die sehr großzügige Streckenfreigabe bekannt. Erlegt werden dürfen Sauen bis max. 60 kg – von dieser Regelung natürlich strikt ausgenommen sind führende Bachen – sowie pro Jäger ein einzeln anwechselndes Stück Schwarzwild ohne Gewichtslimit. Diese Ankündigung läßt bei den meisten Jägern Puls und Hoffnungsbarometer gewaltig nach oben schnellen, und wohl mancher sucht im Geiste schon einen Platz für das präparierte Haupt des Lebenskeilers. Vernünftigerweise ist die zulässige Schußdistanz auf max. 60 Meter begrenzt. Absolut bewundernswert, mit welcher Routine, ohne jegliche Verzögerung, die einzelnen Jäger aufgerufen werden, ihre

Standkarte sowie einen Revierplan mit den eingezeichneten Nach-barständen in Empfang nehmen und dann in den entsprechenden Revierteil gefahren werden.

Ich habe einen exzellenten Platz in einem raumen Buchenaltholz erwischt. Hinter mir ist eine Suhle, die in Größe und Aussehen der Feldhälfte eines Fußballclubs der Abstiegszone ähnelt, der an einem regnerischen Samstag den Tabellenführer zu Gast hat. Schon auf dem Weg hierher waren wir an Suhlen vorbeigekommen, deren Wasserflächen (nicht Beschaffenheit) fast an ein kleinstädtisches Schwimmbad erinnern. Sauen sind also überreichlich da.

Genaue Markierungen an den Bäumen zeigen mir, in welcher Richtung geschossen werden darf und welche Sektoren aus Sicher-heitsgründen tabu sind.

Wieder begeistert es mich, als Punkt 12 Uhr das Treiben angebla-sen wird. Fast im gleichen Moment fallen Dutzende von Schüssen. Auch vor mir in der Dickung werden die Hunde laut. Da brechen auch schon zwei schwarze Klumpen aus der Dickung, trollen auf mich zu, verhoffen in dem hüfthohen Buchenanflug. Wie zwei kohlschwarze, angenagelte Zombies stehen die beiden Sauen auf ca. 35 m vor mir. Ruhig steht das Korn auf dem Blatt der vorderen, das auf einer kleinen Lücke sichtbar ist. Natürlich schieße ich nicht, auch wenn das allgemein gültige Gewichtslimit sicherlich nicht wesentlich überschritten würde, und andererseits zwei ja auch nicht so viel mehr als eins ist. Doch eine solche Jagd kann nur durchgeführt werden, wenn sich wirklich jeder eingeladene Jäger ohne Wenn und Aber an die Bestimmungen hält, ohne ei-genen Interpretationsmöglichkeiten Raum zu geben. Erst als sich nach ca. 1 Minute das Hundegeläut wieder nähert, scheinen die Sauen aus ihrer Starre zu erwachen und trollen davon.

Immer wieder wechseln Sauen vorbei, aber für mich zu weit, außerhalb der erlaubten Schußdistanz. Gegen 13 Uhr scheint Schuß auf Schuß zu fallen. Das tiefe Grollen der schweren, groß-kalibrigen Doppelbüchsen mischt sich mit dem peitschenden Bel-len der kleineren, hochrasanten Kaliber. Hinter mir vernehme ich das typische Klacken, wenn der Rollenverschluß einer Heckler &

Koch verriegelt. Gedanken an meine Bundeswehrzeit und an meine damalige „Braut" namens G3 kommen auf.

Seltsamerweise verhalten sich die Rehe, von denen ich im Verlauf des Treibens immerhin 12 Stück sehe, trotz der belfernden Abschüsse, ungeachtet des Gekläffs der Terrier, ganz gelassen und fast diszipliniert. Rehe, die doch mitunter schon auf der kopflosen Flucht vor unvernünftigen Spaziergängern sich rettungslos in Kulturzäunen verfangen oder sich beim Anfliehen von irgendwelchen Hindernissen das Genick brechen, bewegen sich fast ruhig und gelassen.

Allmählich flaut der Gefechtslärm etwas ab. „Himmel, schon 14 Uhr", denke ich, als ich kurz auf die Armbanduhr sehe. „Jetzt wird es höchste Zeit für St. Hubertus, mir endlich die passende Sau vorbeizuschicken." Als hätte der Schutzpatron mein Flehen vernommen, kann ich kurz vor dem auf 14.30 Uhr terminierten Abblasen einen Keiler strecken.

Auf der Standkarte trägt jeder Jäger, nachdem die Jagd zu Ende ist, seine Schüsse und sonstigen wichtigen Beobachtungen ein. Sollte das Stück nicht im Feuer geblieben sein, wird natürlich auch das vermerkt, der Anschuß und die Fluchtrichtung sorgfältig verbrochen. Erfahrene Schweißhundführer mit ihren Hannoveranern stehen bereit, um nach dem Treiben oder am nächsten Tag die etwaig notwendig werdenden Nachsuchen vorzunehmen. Glücklicherweise brauchen der Förster und ich nur zum gestreckten Stück zu gehen, ihm eine Reepschnur um den Wurf zu legen und es zum Weg zu ziehen. Dort bekommt es eine numerierte Plastik-Ohrmarke in den linken Teller gezwickt, die Nummer und der Erleger werden in die Streckenliste eingetragen, so daß später jederzeit eine einwandfreie Zuordnung des erlegten Wildes möglich ist. Ich bin gerührt, als mir der Förster mit einem kräftigen „Waidmannsheil!" den Bruch überreicht, und stecke ihn voller Stolz an den Hut. Auf dem Weg zum Sammelplatz kommen wir immer wieder an größeren und kleineren Sauen vorbei, die schon zum Abtransport bereit am Wegesrand liegen. Extra eingeteilte Bringtrupps werden sie einsammeln und zu einem Zelt verfrachten, wo alles erlegte Schwarzwild von Fachkräften aufgebrochen und dann zur Strecke gelegt wird.

Wie erfolgreich der heutige Jagdtag verlaufen ist, sieht man an den wogenden Brüchen, die fast alle Hüte zieren. Gleich einem Habichtsterzel, der seinen Horst begrünt, konnten die meisten Jäger ihren Filz mit frischem Fichtengrün schmücken. Da es für jedes Stück einen Bruch gab, sehen manche besonders erfolgreichen Jäger wie wandelnde Christbäume aus. Drei, vier, fünf, ja beim heutigen Jagdkönig gar acht Brüche verdecken die eigentliche Kopfbedeckung vollständig. Gut, daß das Haus Fürstenberg über solch ausgedehnte Waldungen verfügt, allein für die Brüche mußte sicherlich eine mittlere Fichtenschonung geplündert werden.

Es ist interessant, die unterschiedliche Bewaffnung der die Strecke inspizierenden Jäger zu studieren. Vom noch einschließlich Bajonetthalter (allerdings ohne aufgepflanztes Seitengewehr) völlig originalgetreuem 98er Karabiner aus dem zweiten Weltkrieg über Halbautomaten und mehr an Postkutschenüberfälle und Wildwestfilme erinnernde Winchester, Unterhebel-Repetierbüchsen bis zu den kostbarsten Doppelbüchsen und Doppelbüchsdrillingen ist alles vertreten.

Inzwischen füllt sich das große, mit Tannenzweigen bedeckte Karree, wo die Strecke gelegt wird, mit dem geschossenen Wild. In der ersten Reihe liegen die kapitalen Bassen, Hauptschweine mit Hauern und Haderen, wie man sie sonst nur in Osteuropa kennt. Sehr schön finde ich, daß sich fast die ganze Bevölkerung von Bittelbrunn und Umgebung aufgemacht hat und, zusammen mit uns Jägern, die Schwarzkittel bewundert. 157 Sauen und 15 Füchse. Mit dem Nachsuchen sollte sich diese Zahl noch auf 175 erhöhen. Um diese in Mitteleuropa wohl einmalige Strecke richtig würdigen zu können, muß man wissen, daß das Revier Bittelbrunn nur 700 ha umfaßt und keinerlei Zäunung oder Gatterung aufweist!

Dann das Verblasen der Strecke und Halali – Jagd vorbei: Halt, noch nicht ganz, denn großzügigerweise hat uns der Jagdherr noch zum Schüsseltreiben in das Restaurant Talmühle eingeladen. Bevor ich mich auf den Weg dorthin mache, statte ich aber einem der beiden großen Zelte, in denen ein kleiner Imbiß in fester und flüssiger Form gereicht wird, nochmals einen kurzen Besuch ab. Während ich mir das wirklich köstlich mundende Bier schmecken lasse, denke ich in Abwandlung des auf diesen Hopfensaft gemünzten Werbespruches: „In der Tat, eine der besten Jagden der Welt!"

Rotwildjagd in Ungarn

Von Dr. Helmut Koch

Der Urlaub in Ungarn war diesmal im doppelten Sinne interessant und erwartungsvoll. Da war einmal die Freude auf 14 Urlaubstage am schönen Balaton und zum anderen freute ich mich auf die Rotwildjagd, zu der mich meine ungarischen Freunde eingeladen hatten.

Es war Mitte September, als wir die Autofahrt nach Ungarn antraten. Nach einer Zwischenübernachtung in der Slowakei trafen wir schließlich nach angenehmer Fahrt am Balaton ein. Es war ein sonniger Herbstabend, als mich meine ungarischen Freunde in ihrem Bungalow am Balaton begrüßten. Mein Freund arbeitete in Budapest und nutzte jede Gelegenheit, sich mit seiner Familie nach etwa zweistündiger Autofahrt bis zum Balaton am Wasser zu erholen und gleichzeitig seinem großen Hobby, der Jagd, nachzugehen. Er hatte auch im September Urlaub genommen und seine Frau, eine sympathische und temperamentvolle Ungarin, und die beiden Söhne im Alter von 14 und 16 Jahren waren auch anwesend. Der Abend verging in angeregter Unterhaltung über Arbeit, Familie und natürlich auch über die bevorstehende Rotwildjagd. Er war schon eine Woche im Urlaub und hatte im Jagdgebiet ein Rottier und zwei Wildschweine erlegt, wozu natürlich auch die damit verbundenen Jagderlebnisse ausführlich beschrieben und diskutiert wurden. Schließlich gingen wir von der Vergangenheit zu den Zukunftsplänen für die Jagd und den Urlaub über, und es wurde vorbehaltlich der Witterung ein erster Plan dafür entworfen. Er sah vor, daß wir nach zwei Tagen Ruhe, bei Baden und Angeln, mit der Jagd beginnen wollten. Er wollte dabei als Einheimischer die Führung übernehmen, da er sich in dem vorgesehenen Jagdrevier an der Donau gut auskannte. Es gab dort Rotwild, Wildschweine und Rehwild, wobei sich das Rotwild durch starke Hirsche auszeichnete.

Die Rotwildbrunft hatte schon begonnen und wir hofften, daß sie in den nächsten Tagen bei anhaltend gutem Wetter noch voll in Gang kommen würde. Somit bestand die Erwartung für spannende Erlebnisse.

Die lange Autofahrt war schließlich der Grund dafür, daß wir zeitig ins Bett gingen und daß ich schnell in einen tiefen Schlaf fiel. Die nächsten zwei Tage waren mit Baden, Angeln und reichlichem Essen und Trinken ausgefüllt. Da der Bungalow an der Südseite des Balatons lag, war das Baden durch die weit in den See hineinreichende flache Uferzone gleich mit einem Spaziergang verboten. Im seichten Wasser betätigte ich mich auch auf eine eigenartige Weise als Angler. Dazu waren im Wasser etwa in 100 Meter Entfernung vom Ufer hochbeinige Stühle aufgestellt, von wo aus geangelt wurde. Dabei hatte ich übrigens auch Erfolg. Ein Karpfen von etwa 2 kg erbrachte für uns eine frische Fischmahlzeit am zweiten Tag meines Ferienaufenthaltes.

Die zwei Vorbereitungstage wurden im übrigen auch dazu genutzt, mich mit der Waffe meines Freundes vertraut zu machen, die ich während der Jagd hoffentlich verwenden würde. Er hatte, und da kamen auch gleich heimatliche Gefühle auf, einen Drilling aus Suhl. Dadurch konnte die Erklärung sehr kurz ausfallen. Da die Waffe nach den Erfahrungen meines Jagdfreundes auch sehr treffsicher schoß, war eigentlich vor dem Beginn der Jagd klar, daß der „Steuermann" nur die Verantwortung dafür tragen konnte, wenn vorbei- oder schlecht geschossen oder getroffen wurde.

Erwartungsvoll ging der Vorabend für die Jagd am kommenden Tag zu Ende. Am darauffolgenden Morgen ging der erste Blick zum Himmel. Es war ein trockenes und klares Herbstwetter, wie geschaffen für die Brunft und die Jagd auf einen Rothirsch. Nachdem wir etwa zwei Autostunden bis in das Jagdgebiet zu fahren hatten, beschlossen wir, schon mittags aufzubrechen, um rechtzeitig dort einzutreffen. Pünktlich trafen wir in der einfach eingerichteten Hütte im Jagdgebiet ein. Sie hatte vom Standort her den Vorteil, daß sie nicht nur am Waldrand an einer großen Wiese lag, sondern auch im Zentrum des Jagdgebietes. Sie war mit einfachen Betten für die Übernachtung ausgestattet und direkt vor der Tür befand sich ein typisch ungarischer Brunnen. Er bestand aus einem langen Baumstamm, der drehbar an einem langen Pfahl angebracht war und es gestattete, durch eine Drehbewegung einen Eimer in den Brunnen einzulassen, um Wasser zu schöpfen.

Schnell war unser Übernachtungsgepäck in der Hütte abgelegt und es ging zu dem für die Jagd vorgesehenen Hochsitz, den wir nach kurzer Fahrt erreichten. Das Auto ließen wir verdeckt etwa 200 Meter vom Hochsitz stehen und legten den Rest des Weges zu Fuß auf einem Pirschsteig zurück. Wir fanden einen hohen und geräumigen Hochsitz vor. Er war überdacht, und nach allen Seiten sorgten Schießscharten für gutes Schußfeld.

Der Hochsitz war am Rand einer dichten Schonung aufgebaut. Vor uns lag eine große Wildwiese, die mit Büschen und teilweise Schilf bewachsen war. Etwa 200 Meter über die Wiese hinweg befand sich ein wunderbarer Eichen- und Buchenwald, der schon die ersten bunten Farben des Herbstes zeigte. Das Wetter war weiterhin ideal, wenn uns kein Abendnebel einen Strich durch unsere „Jagdrechnung" machen würde. Es war ein schönes und interessantes Jagdgebiet, das sich zu unseren Füßen ausbreitete. Mein Jagdfreund erklärte mir, daß das Rotwild in der Regel auf einem Hauptwechsel in etwa 100 Meter Entfernung vom Hochsitz auf der Wiese in die nahe gelegene Dickung zog. Nach den bisherigen jagdlichen Erfahrungen war diese Wiese ein gut besuchter Brunftplatz. Mein Freund hatte schon in dieser Gegend wiederholt einen alten und starken Rothirsch gesichtet, der mit einem Rudel Kahlwild diesen Brunftplatz beherrschte.

Gespannt auf die kommenden Stunden, machten wir es uns auf dem Hochsitz bequem. Der Suhler Drilling wurde geladen, die weitere Munition zum Nachladen griffbereit gelegt und das Fernglas auf die genaue Sehschärfe eingestellt. Es war für die Brunft noch verhältnismäßig früh, und alles war noch ruhig. Nach etwa einer Stunde hörten wir rechts hinter uns den ersten Brunftschrei eines Rothirsches. Er wiederholte sich in regelmäßigen Abständen, nachdem offensichtlich ein Rivale den Platzhirsch herausgefordert hatte. Unsere Spannung erhöhte sich in dem Maße, wie die Brunftschreie der rivalisierenden Hirsche immer näher kam. Das Rudel mußte sich bereits am Rande der Dickung zur Wiese befinden, wie wir nicht nur durch die kämpfenden Hirsche, sondern das immer lauter werdende Knacken vermuten konnten. Unsere Erwartungen wurden jedoch auf eine harte Probe gestellt. Wahrscheinlich war es noch etwas zu früh zum Auswechseln des Rudels auf die Wiese. In diesem Falle bestimmte nicht etwa der Platzhirsch, sondern das erfahrene Leittier des Rudels die weitere Verhaltensweise. In diesem Zusammenhang sei gesagt, daß die Gefahr für den Jäger, vom Wild bemerkt zu werden, weniger von dem mit der Brunft beschäftigten Rothirsch, sondern von dem aufmerksamen Leittier und dem Kahlwild ausgeht. Sie passen sozusagen als Ausgleich um so besser auf, je mehr der Platzhirsch mit dem Brunftgeschehen beschäftigt ist.

Die allmählich einfallende Dämmerung und erste kleine Nebelschwaden auf der Wiese ließen uns zunehmend unruhiger werden. Würden wir das Rotwild und vor allem den Hirsch noch rechtzeitig zu sehen bekommen? Dabei ging es nicht nur um gutes Schußlicht, sondern auch um die unverzichtbare Notwendigkeit, den Hirsch klar anzusprechen.

Nach einer weiteren Viertelstunde war am Hauptwechsel an der Wiese endlich das erste Stück Rotwild zu sehen. Es war wahrscheinlich das Leittier, dem ein Kalb folgte. Das war eigentlich der fast sichere Auftakt dafür, daß bald auch das Rudel und der Platzhirsch folgten. Letzterer ließ zwar immer noch auf sich warten, nachdem das Rudel von insgesamt zwölf Stück Kahlwild die Wiese betreten hatte. Nach den immer noch heftigen Brunftschreien zu urteilen, war der „Chef" noch damit beschäftigt, in der Dickung einen Rivalen auf Distanz zu halten.

Nicht nur die zunehmende Dämmerung, sondern auch der sich immer mehr ausbreitende Bodennebel machten die Lage zunehmend kritischer und unsere Aussichten geringer. Schon waren vom Rotwild durch den sich rasch ausbreitenden Bodennebel nur noch die Körper und die Häupter sichtbar. Das hätte uns für den Hirsch im Moment ja auch völlig ausgereicht.

Ein Krachen und Prasseln am Rande der Dickung zeigte uns schließlich an, daß sich der Platzhirsch scheinbar nach erfolgreicher Auseinandersetzung mit seinem Rivalen im Anmarsch auf sein Rudel befand. Leider kam es so, wie wir es nicht erwartet, oder besser gesagt, befürchtet hatten. Als der Rothirsch endlich auf der Wiese erschien, hoben sich nur noch sein Haupt und das imposante Geweih aus dem immer stärker werdenden Nebel heraus. Ein schneller Blick durch das Fernglas bestätigte uns, es war der Gesuchte. Ein stattliches Geweih eines ungeraden Vierzehnenders mit zwei mächtigen Kronen von vier bzw. drei Enden hob sich deutlich über den Nebelschwaden ab.

Unter solchen Bedingungen war es natürlich unmöglich und auch unwaidmännisch, einen Schuß auf Verdacht auf den im Nebel befindlichen Körper abzugeben. Die einzige Hoffnung war, daß vielleicht ein leicht aufkommender Wind den Nebel vertreibt und daß der „ganze Hirsch" sichtbar wird.

Die nächsten Minuten gingen buchstäblich im Nebel unter. Nun war nur noch eine milchige Wand unter uns zu sehen. Es blieb uns leider nichts anderes übrig, als still und heimlich den Hochsitz zu verlassen, um den Brunftbetrieb nicht zu stören und uns damit einen weiteren Versuch am kommenden Morgen zunichte zu machen. Obwohl kein Schuß gefallen war, ging für mich ein spannender und interessanter Jagdabend zu Ende. Es war für mich auch so ein schönes Jagderlebnis, zumal ich nicht zu den Jägern gehöre, bei denen eine erfolgreiche Jagd nur vom Schießen abhängt.

In die Jagdhütte zurückgekehrt, ließen wir uns frisches Brot mit ungarischer Salami und einem kräftigen Tee mit Rum zum Einschlafen gut munden. Bevor wir uns auf den Feldbetten niederließen, wurde der Plan für den kommenden Morgen beschlossen. Auf Anraten meines erfahrenen Waidgenossen wollten wir noch in der Dunkelheit den gleichen Hochsitz besteigen, zumal der Wind noch am Abend dafür günstig stand. Mit ziemlicher Sicherheit würden wir das Rotwild noch auf dem Brunftplatz antreffen, und es war nur zu hoffen, daß sich der Nebel bis dahin verzogen haben würde.

Sozusagen zum Einschlafen gab mein Jagdfreund noch zwei seiner bekannten und berüchtigten Jagdwitze zum besten. Er sprach ein einwandfreies Deutsch. Das stand im völligen Gegensatz zu meinem „Ungarisch", das sich auf wenige Trinksprüche und Begrüßungsworte beschränkte. Der erste Witz begann damit, daß sich zwei Jäger in der Wüste auf Löwenjagd befanden und zur Übernachtung ein Zelt aufgeschlagen hatten. Als der eines Morgens aufwachte und das Zelt verließ, sah er, wie sein Waidgenosse in wilder Jagd im Kreise um das Zelt rannte. Direkt hinter ihm war ein Löwe, der ihn verfolgte. Auf seinen Zuruf: „Lauf schneller, der Löwe hat dich gleich erreicht", antwortete er zwar außer Atem, aber beruhigend: „Rege dich nicht auf, ich habe eine Runde Vorsprung." Mein anerkennendes Gelächter bewog ihn sicher, auch gleich den zweiten Witz folgen zu lassen. Ein Jäger war schon lange Zeit einsam in der Wüste mit einem Kamel auf Jagd. Da er noch jung und kräftig war, überkamen ihn auch natürliche Gefühle eines Mannes, die er vergeblich versuchte, an seinem Kamel abzureagieren. Das gelang ihm natürlich auf Grund der Höhe des Kamels und dessen Bewegungen nicht. Da war plötzlich eine Staubwolke am Horizont sichtbar, die sich schnell näherte. Es war ein Jeep mit einer schönen blonden Frau, die von zwei wütenden Löwen verfolgt wurde. Geistesgegenwärtig schoß der Jäger beide Löwen tot. Die junge Frau entstieg dem Jeep mit den erleichterten Worten: „Sie haben mir das Leben gerettet und sie können sich alles von mir wünschen, was sie wollen." Etwas verlegen antwortete der Jäger: „Könnten Sie bitte einmal das Kamel festhalten?"

Kurz vor dem Einschlafen wurde die tiefe Stille in der Umgebung unserer Jagdhütte durch den Brunftschrei eines Rothirsches unterbrochen. Ein gutes Zeichen für den kommenden Tag?

Die Aufregungen und die frische Waldluft mochten zu meinem tiefen, gesunden Schlaf beigetragen haben. Schnell wurde nach dem Schrillen des Weckers eine „Katzenwäsche" mit kaltem Brunnenwasser durchgeführt, die Jagdkleidung übergezogen und zur Ermunterung ein kräftiger Kaffee getrunken und gefrühstückt.

Draußen war es windstill und sternenklar. In der Ferne waren die Brunftschreie der Rothirsche zu hören. Die Nebelschleier auf der vor uns liegenden Wiese ließen uns für die Sicht auf dem Brunftplatz nichts Gutes ahnen. Als wir uns nach kurzer Fahrt und Anmarsch auf dem Pirschsteig der Wiese näherten, hörten wir schon laut und vernehmlich, daß dort der Brunftbetrieb noch im vollen Gange war.

Mein ortskundiger Jagdfreund ging vor mir auf dem Pirschsteig. Dadurch hatte ich in der noch völligen Dunkelheit eine „Leitfigur", die es mir ersparte, gegen einen Baum zu laufen oder neben dem Pirschsteig auf dürre Äste zu treten. Das hätte das in der Nähe befindliche hellhörige Rotwild mit Sicherheit gewarnt. Bald war der Hochsitz erreicht, den wir vorsichtig und möglichst geräuschlos erklommen. Wie oft ist bei solchen Gelegenheiten ein Anstoßen mit dem Fernglas oder dem Gewehr dem Jäger zum Verhängnis geworden und die Jagd dadurch vorzeitig beendet worden.

Das Ergebnis unserer Feststellungen auf dem Hochsitz ließ sich kurz zusammenfassen. Es war viel zu hören, aber nichts zu sehen. Die Nebelschwaden über der Wiese hatten sich über Nacht noch verdichtet und es war eine merkliche Abkühlung eingetreten. Der Hirsch und das Rudel mußten sich unmittelbar vor uns befinden. Neben den Brunftschreien waren die Hetzlaute des Platzhirsches beim Treiben der weiblichen Tiere deutlich zu vernehmen. Alles war zum Greifen nahe und zugleich unerreichbar.

Da keine Aussicht bestand, daß sich der Nebel in absehbarer Zeit auflösen würde, schlug mein Jagdfreund eine neue Taktik vor. In der zurückliegenden Dickung, wo das Rotwildrudel bei Tagesanbruch mit ziemlicher Sicherheit einwechselte, befand sich in etwa 200 Meter Entfernung auf einer Schneise ein weiterer Hochsitz. Über diese Schneise führte ein Wechsel in das Innere der ausgedehnten Dickung, die von Schilf und Wasserlöchern durchzogen war. Dort war auch der Einstand des Rotwildes. Vielleicht konnten wir durch den Wechsel auf diesen Hochsitz zweierlei erreichen. Einmal war innerhalb der Dickungen im Gegensatz zu der feuchten und sumpfigen Wiese wenig oder kein Nebel zu erwarten. Andererseits würden wir zeitlich mit ziemlicher Wahrscheinlichkeit das Rotwild bei zunehmendem Schußlicht antreffen, wofür auf der Wiese keine Sicherheit bestand. Dort zog sich das Rotwild schon oft noch bei Dunkelheit oder in der Frühdämmerung in die schützende Dickung zurück.

Leise und vorsichtig verließen wir den Hochsitz an der Wiese. Es war noch dunkel und der Wind stand gut, so daß wir keine Störung des Brunftbetriebes verursachen konnten. Nach wenigen Minuten hatten wir in der Dunkelheit dank der örtlichen Kenntnisse meines ungarischen Jagdfreundes den gewünschten neuen Hochsitz erreicht. Als erstes konnten wir eine positive Entdeckung machen. Es war zwar noch dunkel, aber man konnte schon ausmachen, daß innerhalb der Dickung und auch auf der Schneise kaum Nebel vorhanden war.

Langsam war am östlichen Himmel ein erster Lichtschimmer auszumachen, der sich ständig in einen immer breiteren Silberstreif verwandelte. Auf der Schneise waren die ersten Büsche und Baumstümpfe in der Morgendämmerung auszumachen. Die ersten verschlafenen Vogelstimmen wurden hörbar, die sich mit zunehmender Helligkeit zu einem morgendlichen Konzert steigerten. Wie schön war doch die Natur und welch eindrucksvolles Erleben verschlafen eigentlich diejenigen, die um diese Zeit noch in den Betten lagen!

Doch für solche philosophischen Gedanken war jetzt kein Platz und keine Zeit mehr. Es schien, als ob sich die regelmäßigen Brunftschreie „unseres Hirsches" von der Wiese her unserem Hochsitz näherten. Sollte unsere Rechnung aufgehen? Nach wenigen Minuten bestätigte sich unsere Vermutung. Das Rudel war offensichtlich in der Morgendämmerung in die Dickung eingewechselt und bewegte sich auf die vor uns liegende Schneise zu, wo in etwa 100 Meter vom Hochsitz entfernt der Wechsel verlief. Nun war auch schon das Knacken des herannahenden Rotwildes zu vernehmen. Das Schußlicht war inzwischen ausreichend, als das Alttier des Rudels nach allen Seiten sichernd den Rand der Schneise betrat. Leise wurde das Gewehr in Anschlag gebracht. Die erste Zielprobe auf das Leittier bestätigte, das Licht reichte inzwischen für einen sicheren Schuß aus. Nun galt es, ruhig zu bleiben und abzuwarten, bis sich hoffentlich der Rothirsch zeigte.

Langsam betrat das gesamte Rudel die Lichtung und zog auf dem Hauptwechsel entlang in Richtung der gegenüberliegenden Dikkung. Mit entsichertem Gewehr überwachte ich den Waldrand, und es war eine nervliche Zerreißprobe, immer wieder festzustellen, daß als nächstes nicht der Hirsch, sondern wieder ein Stück Kahlwild hervorkam. Dann kam eine Pause. War der Hirsch nicht mehr beim Rudel und hatte vielleicht durch eine Auseinandersetzung mit dem Beihirsch einen anderen Weg genommen?

Bange Minuten vergingen. Dann erschien endlich der erwartete Abschußhirsch im Zielfernrohr. Offensichtlich müde von der nächtlichen Brunft, zog er langsam dem Rudel hinterher. Nachdem ich ihn in der Optik des Zielfernrohres ständig verfolgt hatte und er keine Anstalten machte zu verhoffen, endschied ich mich zum Schuß. Ein peitschender Knall durchbrach die morgendliche Stille. Noch im Zielfernrohr sah ich, wie ein Ruck durch den Körper des Hirsches ging, was als erstes positives Zeichen für einen Treffer zu werten war. Doch zugleich wurden auch wieder Zweifel bei mir laut, als der Hirsch mit dem durch den Schuß flüchtigen Rudel auf der gegenüberliegenden Seite der Schneise verschwand.

Auch mein ungarischer Jagdfreund hatte natürlich die Geschehnisse aufmerksam im Fernglas verfolgt. Seine Wahrnehmungen machten mir wieder Mut und verscheuchten meine Zweifel. Er bestätigte, daß der Rothirsch den Schuß deutlich quittiert hatte, und war der Meinung, daß die Kugel tiefblatt getroffen haben mußte.

Nach der üblichen Pause nach dem Schuß war es endlich so weit. Als erstes suchten wir den Anschuß auf. Außer tiefen Eindrücken von den Läufen war vorerst nichts zu entdecken. Doch das mochte nach den jagdlichen Erfahrungen noch nichts Negatives bedeuten.

Oft ist es der Fall, daß ein starkes Stück Rotwild erst nach einer bestimmten Entfernung auf der Fluchtfährte Schweiß hinterläßt. So war es auch in unserem Falle. Nach etwa 20 Metern fanden wir die ersten roten Tropfen, die sich nun zunehmend verstärkten. Die hellrote Farbe zeigte uns, daß wir mit einem Blattschuß die richtige Vermutung getroffen hatten. Am gegenüberliegenden Rand der Schneise konnten wir unsere angestrengten Blicke von der Fährte und vom Boden erheben. Wenige Meter am Rande der Dickung lag der Rothirsch regungslos auf der Seite. Wie wir später feststellten, hatte er durch einen Herzschuß ein schnelles Ende gefunden. Natürlich war die Freude über den Jagderfolg groß und von meinem ungarischen Jagdfreund klang ein kräftiges „Waidmannsheil!" in die wieder eingetretene morgendliche Stille. Er freute sich sicher genauso wie ich über unsere erfolgreiche Jagd.

Schnell wurde ein Tannenzweig abgebrochen und ein Bruch als Zeichen des erfolgreichen Jägers überreicht. Als erstes wurde natürlich die Trophäe besichtigt und begutachtet. Es war ein alter Hirsch von etwa zwölf bis vierzehn Jahren und, wie schon bei der Beobachtung festgestellt, ein ungerader Vierzehnender. Er hatte an einer Seite sieben und auf der anderen Seite des Geweihs sechs starke und lange Enden. Ein wahrhaft kapitaler Hirsch, der bei der Bewertung des Geweihs mit Sicherheit eine Silbermedaille erbringen würde, wie sich später auch bestätigte.

Nun ging es darum, den Hirsch aufzubrechen und alles das zu tun, was für die Qualitätserhaltung des Fleisches notwendig war. Nachdem das alles erledigt war, holten wir unser geländegängiges Auto, wo am hinteren Teil ein starkes Stahlgitter für den Wildtransport befestigt war. Zum Glück für uns konnten wir auf der Schneise direkt bis zu dem Hirsch heranfahren. Trotzdem war es noch schwer genug, den über drei Zentner schweren Burschen auf das Transportgitter zu ziehen und zu befestigen. Nach mehrmaligen Versuchen, mit der Gefahr eines Hexenschusses für die beteiligten Büromenschen, gelang dies schließlich doch noch.

Freudig gestimmt fuhren wir vorerst zur nächsten Wildsammelstelle in der benachbarten Ortschaft, um den Hirsch in die Kühlzelle zu bringen. Das Haupt mit dem stattlichen Geweih wurde natürlich als Beweis unseres Erfolges zum Balaton mitgenommen und nicht nur von der Familie meines Jagdfreundes, sondern auch von den Bewohnern der umliegenden Bungalows begutachtet und bewundert.

Der Anstand

Von Robert Schneider

Viele wissen gar nicht, was der Anstand eigentlich ist. Er ist für einen Jäger sehr wichtig und oft die einzige Möglichkeit, richtig zum Schuß zu kommen.

Der Anstand ist etwas Besonderes. Man geht anständig zur Jagd, konzentriert, äußerst motiviert, gut gekleidet, und voll ausgerüstet hofft der Jäger auf die Dinge, die da auf ihn zukommen.

Die Anstandsjagd wird von allen Jägern gleichermaßen gern ausgeübt; selbst Jägerinnen finden es sehr angenehm, vom Hochsitz aus Wild zu jagen. Es sind jedoch keine Frauenzimmer, auf die der Jäger zu zielen beabsichtigt, das sei hier klar gesagt, aber manchmal hört es sich, überhaupt im Volksmund, so an als ob.

Neulich ging ein Jäger auf den Anstand, so sagte er. Gemeint ist im jagdlichen Sprachgebrauch die Jagd vom Hochsitz aus oder der Jagdkanzel.

Hier kann er bequem ausharren und auf das Rehwild oder Schwarzwild, den Fuchs, den Hirsch beliebig Jagd machen, wenn diese ihm vor den Hochsitz laufen. Das Abknallen dieser Tiere ist dann nicht mehr so anstrengend, denn man macht dies ja auf dem Anstand.

So ging er des Abends wirklich auf seinen Hochsitz und konnte Anständiges und Unanständiges beobachten. Liebespaare hat er sehr anständig beobachtet. Diese Hochsitzjagd ist nicht schwer, sie erfordert lediglich Ausdauer. Stundenlang, ja oft ganze Nächte sitzen die Waidmänner bei grimmigem Frost auf dem Anstand und warten, bis letztlich etwas Wildes daherkommt.

Die Anstandsjagd hat natürlich große Vorteile. Das Zugelaufene läßt sich in aller Ruhe beobachten. Und das schwache Wild läßt sich vom anderen, insbesondere wenn man ein Fernrohr hat, gut unterscheiden.

Man kann vom Hochsitz aus stets einen guten Schuß anbringen. Sitzt der Waidmann noch in einer Jagdkanzel, so ist sein Äußeres von allen Umwelteinflüssen geschützt und zudem noch gut getarnt. Hat er dann noch rein zufällig einen kleinen Futterplatz vor der Kanzel eingerichtet, so läuft ihm das Wild abschußgerecht vor die Büchse. Es könnte nur kritisch mit dem Schießen werden, wenn er in weiblicher Begleitung ist und diese sein Vorhaben abzuwenden versucht.

In so einer Jagdkanzel läßt es sich auch gut ruhen. Für Notfälle sind sie manchmal auch zum Schlafen eingerichtet. In den ganz komfortablen sind sogar Matratzen und Fernseher vorhanden. Diese Kanzeln sind in der Regel sehr hoch angelegt. Und welche Jägerin fühlt sich hier oben nicht wohl? Oder wird des Jägers Ehefrau mißtrauisch, wenn der Nimrod nächtelang auf seine Sau wartet und er nicht zum Schuß kommt? Ein anständiger Jäger geht stets des Nachts, wenn das Mondlicht erloschen ist, nach Hause und nimmt sich seiner Geliebten an.

Anstand, Liebe und Jagd gehören so richtig in das Herz des Jägers. Anständig zu jagen erfordert Können, Disziplin und einen guten Schuß. Mancher Jäger nimmt sogar seinen Hund mit auf den Hochstand. Der Begriff Hochsitz kommt nicht daher, daß es auf diesem hoch hergeht, er besagt nur, daß der Waidmann bei der Ausübung des Jagens vom Boden aus etwas erhöht sitzt. Sitzt der Jäger auf dem Hochstand, so hat er fast nie sein Horn bei sich, dafür stets eine geladene Büchse. Übt der Waidmann die Jagd vom Anstand aus, so wird er kaum schmutzig, erst beim Aufbrechen des erlegten Wildes besudelt er sich gerne die Kleidung, was seinem Eheweib nicht immer so hold ist.

Es ist bei der Anstandsjagd leichter, auf weite Entfernung einen Blattschuß anzubringen, insbesondere wenn das Wild stillhält und nicht hin und herzieht wie bei einer Drückjagd.

Gerade so eine Ansitzkanzel steht am Rande einer entlegenen Waldwiese. Der sie umgebende Baumbestand ist sehr hoch und von stattlichem Alter. Die Gräser, die hier wachsen, sind meist sauer. Die Wiese ist naturbelassen, sie wird nur teilweise und nur einmal im Jahr gemäht. Das Gras bleibt liegen bis zum Herbst, dann lassen es die Naturschützer zu runden Ballen pressen und abfahren.

Die Leute im Dorf nennen diese Wiese den Orber. Es soll sich vor vielen Jahren hier ein Mann namens Urban aufgehalten haben, und von dem erzählen sich die Einheimischen gruselige Geschichten.

Es ist Mitte September. Eigentlich die Zeit, um einen Ernterehbock zu schießen. Ein solcher sollte schon im Revier gewachsen sein. Von Mai bis jetzt wurden nur schwaches Wild und Jährlinge, die auf schlechte Vererbung schließen lassen, geschossen. Nun sollte es zum Schluß der Bockzeit noch ein guter Ausgereifter werden.

Der alte Förster, auch er war schon reif an Jahren, er trug schon lange graues Haar, im Gesicht hatte er einen kleinen Oberlippenbart. Gerade er möchte hier am Orber seinen letzten Rehbock erlegen. Er weiß, daß hier nicht die besten Äsungsbedingungen für einen Bock sind, doch der Platz ist ruhig. Ein tiefes Schweigen liegt hier über der „verwahrlosten" Wiese. Es müßte ein guter Einstand für einen alten Rehbock sein, der sich nach der anstrengenden Brunft zu regenerieren sucht.

Im Sommer war diese weit abgelegene Wiese mitten im großen Wald eine wahre Spielwiese für das Rehwild. Nur einmal am frühen Morgen hatte der Förster hier einen alten Bock gesehen, als sich dieser an den ersten Sonnenstrahlen erwärmte.

Es war ein guter Bock, sein Wuchs war kräftig. Er hatte einen dicken Träger, sein Gehörn war vollendet, die dunklen Stangen zeigten leicht zurückgehende Enden, was auf ein hohes Alter des Bockes schließen ließ. Ausgeprägt kräftig waren seine Läufe.

Heute ging der alte Nimrod schon früh am Abend ins Revier. Er ging auf seine Orberkanzel, auf den Anstand. Jeder Hochsitz hatte hier seinen Namen; so wußte jeder sofort, wenn vom Namen des Sitzes die Rede war, wo dieser Stand war und was gemeint war.

Müde schlappte der alte Jäger den verwachsenen Hohlweg hinauf. Seine Büchse um die Schulter, den Hut schief im Genick, sein schweres Fernglas baumelte schlagend bei jeden Schritt ihm vor die Brust, so stapfte er mit den ausgelaufenen alten Schuhen hinauf. „Ich möchte bloß wissen, ob sich der Bock vom Frühjahr wieder hier eingestellt hat", dachte er.

Bestimmt, es gibt keinen besseren Platz für ihn als hier bei der Wiese. Dann stieg er auf den Hochsitz hinauf und machte es sich bequem. Die Büchse wurde geladen. Das Fernglas legte er neben sich auf das Sitzbrett, um es ja schnell zur Hand zu haben. Es muß äußerst gut griffbereit sein, wenn der Bock herbeizieht. Ein schnelles Ansprechen durch das Glas wäre unbedingt vonnöten. Dann lehnte sich Nimrod auf den Sitz zurück. „So, ich bin fertig, jetzt kann er kommen", sagte er sich. Wo würde er wohl sein? Bestimmt ist er stark abgebrunftet. Er wird müde sein, sehr müde. Er hat sich ganz bestimmt auch in diesem Jahr mehrmals vererbt. Hoffentlich kommt er bald, und ich muß nicht so lange warten. Eben kommt eine Ricke auf die rechte Seite der Wiese. Der Bock wird auch bald kommen. Ein Kitz tritt jetzt noch hinzu. Es ist stark im Wildbret, die Alte hat dagegen eine rotfahle Decke. Meistens haben die Ricken zwei Kitze, doch sie hat nur das eine. Es ist äußerst munter, es rennt auf der Wiese auf und ab, dann hat es genug und knabbert an dem alten Gras herum.

Vom großen Eichenbaum, der gegenüber der Orberkanzel steht, fallen die ersten, aber doch noch unreifen Eicheln. Laut schlagen sie zu Boden. Der Wind ist heute abend gut für die Jagd, er kreiselt nicht über die Wiese. Sollte er den menschlichen Geruch dem Wilde zutragen, dann meidet dieses das Austreten und es kommt äußerst ungern auf seinen Lieblingsplatz.

Ein Häher hüpft jetzt aufgeregt in der Eichenkrone herum. Bestimmt gefallen ihm die neuen frischen Eicheln. Mit einem „Rah, rah", warnt er. Ist der Bock im Anmarsch? Es könnte auch eine Wildsau sein, die am frühen Abend hier auf die Wiese kommt, um nach Mäusen oder Würmern zu brechen. Nein, es ist nichts. Der Häher hat sich wieder beruhigt.

Ein Milan zieht hoch über den Baumwipfeln seine Kreise. Ohne einen Flügelschlag windet sich der große Vogel in der Luft. Die Thermik trägt ihn hoch über die Wiese hinweg, nur mit der einen Seite seines gegabelten Stoßes wippt er ein wenig; so gibt er seinem Flug eine andere Richtung. In ein paar Tagen wird er fortfliegen und erst im Frühling wieder hier sein.

Noch lange saß der Alte auf seiner Anstandskanzel; er dachte nach, warum er wohl immer wieder dem Wilde nachstellt. Wieviel Zeit von seinem Leben er mit der Jagd verbracht hat. Hat das überhaupt einen Sinn? Die Gehörne, die Erinnerungen, die zu Hause an der Wand hängen, werden nach seinem Tode sowieso auf den Schuttplatz wandern. „Warum bin ich nur Förster und Jäger geworden? Ich bin einfach dafür geboren, das ist nun mein Leben. Der Wald, das Wachsen der Bäume, jeder Strauch, jeder Lufthauch, jede Wolke am Himmel, sie sagen ja so viel."

Er erinnerte sich an einen Tag, an dem der Sturm viele Bäume umgerissen hatte, und wie schnell der Wald neu aufgeforstet wurde und wie viele gute Hölzer jetzt heranwachsen.

Doch als dann die Dämmerung hereinbrach, war es dem Nimrod klar, daß der Bock heute nicht kommen würde. Wo würde er wohl sein, liegt er noch müde in den Büschen, oder hat er einen anderen Einstand? Er wird bestimmt kommen, vielleicht später, erst nach dem letzten Büchsenlicht. „Ich habe Zeit, ich kann warten. Irgendwie liegt dir der süße Klee, der oben am Wiesenrand steht, im Gedächtnis, dann wirst du kommen", sagte er vor sich hin.

Und wenn es heute nicht ist, so ist es morgen oder morgen abend oder übermorgen. Morgen früh werde ich wieder hier sein, irgendwann kreuzen sich unsere Wege. Kurze Zeit später ging der Nimrod nach Hause.

Wie alt mag wohl der Hochstand, auf dem der Jäger gesessen hatte, gewesen sein? Er hat bestimmt schon manchen Sturm erlebt. Vor zwei Jahren, so erinnerte sich der Alte, hatte er hier einmal etwas Seltenes beobachten können. Es kamen ein Männlein und ein Weiblein auf die Wiese, um Margariten zu zupfen. Nachdem sie einen vollen Strauß hatten, waren sie müde geworden und setzten sich ins Gras; danach wurde es ihnen warm.

Es war im Sommer am Spätnachmittag. Das Weiblein öffnete seine Bluse, dann zog das Männlein sein Hemd aus. Sie setzten sich nieder, um sich die Sonne auf den Bauch scheinen zu lassen. Etwas später umklammerten sich die beiden und er zog ihr den Büstenhalter aus. Dann lagen sie flach im Gras, man konnte sie nur noch mit dem Fernglas erkennen. Plötzlich waren sie splitternackt. Die Umarmerei machte ausdauernde und kräftige Züge, bis es dann wieder still auf der Wiese wurde.

Schade, heute abend zeigte sich hier kein Wild mehr.

Morgen früh, ganz früh, dachte der Nimrod, werde ich hier sein. Und er war es. Schon lange vor dem ersten Dämmerschein kletterte er die Hochsitzleiter hinauf. Auf der Wiese war es zunächst ruhig. Dann ein kräftiges „Bäh, bäh". Er wußte sofort, die alte Ricke war auf der Wiese gelegen, sie hatte von ihm Wind bekommen und ist schimpfend in den Wald geflüchtet.

Erst als die Sonne am Himmel war, schnürte ein Fuchs auf dem gegenüberliegenden Wege heran. Er bog auf die Wiese ein. „Mit einer Kugel könnte ich ihn erreichen." Der Jäger nimmt das Gewehr zur Hand. Der Fuchs ist vielleicht sechzig Gänge entfernt. Es ist bestimmt ein Rüde. „Ich wünschte, er würde sich etwas breit stellen. Nein, ich werde ihn nicht schießen", sagte er sich. Dann stellte er das Gewehr wieder auf die Seite. Der Fuchs ging weiter, doch da fährt plötzlich sein Gesicht ins Gras. Hat er eine Maus gesehen? Vorsichtig, aufrecht, stellt er seine Läufe ins tiefe Gras. Noch einen Schritt. Jetzt steht er, noch einen halben Schritt. Jetzt – wie angewurzelt steht er.

„Na spring schon."

Er steht immer noch, nicht einmal seine Hörer bewegen sich.

Was hat er wohl?

Ist es eine Schlange, die da vielleicht vor ihm ist?

Da, ein Satz.

Hoch in die Luft fliegt seine Standarte. Seine Nase fährt zuerst ins Gras.

Er hat sie.

Er hebt den Kopf, zwischen den Fangzähnen hat er das Mäuslein.

Jetzt schnürt er weiter, dem Wege zu, auf dem er gekommen war. Dabei würgt er seine Beute hinunter.

„Es wäre auch für mich Zeit, um ein Frühstück einzunehmen", dachte der Alte. Dann ging er abermals nach Hause.

Am Abend war der Jäger wieder auf dem Sitz. „Der Bock wird kommen; noch ehe die Sonne vollends untergeht, wird er hier sein. Ich spür' es. Er ist nicht weit", sagte er vor sich hin. Der Wind war gut, nur ein ganz laues Lüftchen zog leicht über die Wiese, es dauerte auch gar nicht lange, bis die Ricke kam. Heute brachte sie gleich ihr Kitz mit.

Sonst war Stille, nur das übliche Gezeter der Vögel.

Die Dämmerung kam heute früh, denn am Himmel zogen Wolken auf. Manchmal hörte man das Brummen der Autos, die sich auf der nahen Landstraße den langen Berg hinaufquälten.

„Am Morgen werde ich wieder dasein, und am Abend", dachte der Alte. Doch dieser Morgen brachte Regen und es fiel dem Alten schwer, aus dem warmen Bett zu steigen. Im hohen Alter sollte man liegen bleiben. Ich habe ja schon viele Böcke geschossen, warum muß es denn ausgerechnet dieser sein.

„Weiß Gott, ich hätte auch anderes zu tun." An diesem Morgen hatte er nichts gesehen, nur nasse und müde Füße hatte er bekommen. Doch am Abend, da wird der Bock schon kommen. Wenn die Rehe am Morgen nicht ziehen, so sind sie am Abend früher auf den Läufen. Sehr früh war der Alte dann am Abend auf dem Anstand. Das übliche Bild. Die Ricke mit ihrem Kitz, sie kamen bald. Sie waren hier wirklich zu Hause. Nur selten warf die Alte den Träger hoch und windete.

Nach einer Weile zog noch eine junge Ricke auf das andere Ende der Wiese. Sie hatte gleich zwei Kitze dabei. Wenn nicht der alte Bock da wäre, müßte jetzt ein jüngerer auftauchen. „Es ist ein Zeichen dafür, daß der Alte doch noch hier sein muß, aber warum zeigt sich dieser nicht", sagte er sich. Die Rehe werden unruhig. Sie springen ab. Fluchtartig verlassen sie die Wiese. „Was ist jetzt los?"

Menschenstimmen! Das hat noch gefehlt. Zwei Jogger kommen auf dem Weg dahergerannt.

„Hol euch der Teufel mit eurer verfluchten Rennerei. Die Schnürsenkel sollen euch abfaulen, und das am lebendigen Leib", so schimpfte der Alte. „Überall habt ihr Sportplätze, Sportpfade, und jetzt kommt ihr noch in der besten Jagdzeit in diesen entlegenen Waldwinkel und verscheucht das Wild. Muß das sein?"

Es wird wieder ruhiger auf der Wiese. Die Jogger sind fort, nur das monotone Brummen der Autos ist zu hören. Bald tritt die Ricke mit ihrem Kitz wieder aus. Die andere Ricke läßt sich nicht mehr sehen. Vorsichtig zieht die Alte an ihren Äsungsplatz. Jetzt springen sie wieder ab. In weiten Fluchten verlassen sie die Wiese. Die Jogger kommen wieder.

„Hol euch der Teufel, müßt ihr denn gerade bei der besten Dämmerung euren Sport machen. Ihr habt doch woanders genügend Platz. Das Wild braucht doch seine Ruhe. Begreift ihr denn das nicht, oder wollt ihr es nicht?" Verärgert geht der alte Nimrod nach Hause. „Wenn das kein Sport ist, jeden Morgen und Abend bin ich hier auf dem Hochsitz und mache mir meine Gedanken, und tagsüber übe ich voll meinen Beruf aus. Das hält doch von diesen Kanaken keiner aus. Doch übermorgen, wenn sich das Wild beruhigt hat, werde ich wieder hier sein."

Und der Alte war da. Nicht am Morgen, sondern erst am Abend. Am Morgen mußte er sehr früh Holzabfuhr-Fahrzeuge einweisen, so war es mit der Jagd nichts. Forstdienst geht bei ihm immer noch vor dem Jagen. „Aber heute abend wird es klappen. Heute abend kommt der Bock, bestimmt wird er kommen", sagte er sich. Schon rechtzeitig saß der Jäger auf der Orberkanzel. Der Wind war ruhig.

Nach einer Weile flog eine Hornisse ganz dicht an seinem Kopf vorbei. Die müssen da irgendwo in der Nähe ihr Nest haben. Und was für ein Brummer das war. Es war ein wunderschönes Insekt. Warum die Menschen nur so viel Respekt vor ihm haben? Dabei tun sie doch gar nichts. Man muß sie nur in Ruhe lassen.

Die Ricke kam bald. Auch die Jüngere brachte ihre beiden Kitze mit. Es ist ein guter Abend. Die Rehe ziehen. Der Bock wird auch bald austreten. Heute werde ich ihn schießen!

Ja, dort drüben ist er schon. Noch steht er verdeckt in den Büschen. Er ist's. Soll ich sofort mitten in die Stauden schießen? Nein, das hat der Bock nicht verdient. Ich will ihm einen angenehmen Schuß antragen. Nimrod hat das Gewehr an der Backe. „Zeig dich noch ein bißchen, du Alter." Die Ricke zuckt auf. Fluchtartig verlassen die Rehe die Wiese. „Was ist jetzt los? Bestimmt wieder so ein Sportler! Natürlich! Ein Mountainbiker."

„Hol dich der Teufel auf deinem Fahrrad. Deine Eier sollen dir auf dem Sattel kleben, und zwar dein Leben lang. Warum müßt ihr ausgerechnet in der Dämmerung euren Sport machen und euch abreagieren?"

Der Alte verläßt total verärgert seine Ansitzkanzel. Er muß wieder zwei oder drei Tage warten, bis sich das Wild beruhigt hat. Es ist Ende September. Die Tage sind kürzer. Das Wild tritt jetzt spät aus, meistens, wenn es schon tiefe Nacht ist, und am Morgen, noch ehe es hell wird, verlassen sie schon die Wiese.

Der Alte geht weiter zur Jagd auf den Rehbock. Er will ihn haben. Warum nur? Für ihn bedeutet es einfach unheimlich viel, diesen Bock zu überlisten.

„Warum muß ich mich so schinden?" sagt er sich. „Ich werde ihn bekommen, ich muß nur durchhalten", dachte er.

Immer noch ging der Nimrod morgens und abends, doch der Bock zeigte sich nicht mehr.

Manchmal sah der Alte fast etwas, beispielsweise einen roten Fleck hinter dem Strauch; doch er war es nicht. Es ist nur Einbildung in seinem Jägerhirn gewesen.

„Was ist mit dem Bock los? Irgend etwas stimmt nicht! Ist er gewildert?"

In ein paar Tagen muß die nahe gelegene Dickung durchgepflegt werden. Die jungen Bäumchen müssen auf ihren nötigen Stand-raum reduziert werden. Die Weidenbüsche, die dort die kleinen Eichen verdämmen, müssen entnommen werden. So ist der Einstand für den Bock stark verändert. „Morgen werde ich mit meinen Hunden die Dickung durchlaufen, da wird es sich zeigen, ob der Bock noch da ist."

Der Nimrod hatte seine Hunde sehr gern und ging mit ihnen schon am frühen Mittag in die Dickung. Auf allen Vieren mußte er teilweise kriechen, um weiterzukommen, so dicht war der Wuchs der Bäumchen geworden.

Da brach plötzlich ein starkes Wild vor ihnen los.

Die Hunde wurden laut. Sie verfolgten das Wild. Ein Pfiff des Alten und die Hunde ließen von der Spur. Es war bestimmt eine wilde Sau!

„Da kommt her", befahl er den Hunden, „riecht nur, hier ist der Kessel, hier unter diesem Dornenbusch hat sie gelegen." Und wie schön ausgepolstert hat sie ihr Lager. Sie kriechen weiter durch das Gestrüpp. Da bleibt plötzlich ein Hund zurück. Er weicht von den anderen ab.

„Was hast du nur?" Ich muß nach ihm sehen. Er hat bestimmt etwas. „Wo ist er nur? Dort, in der kleinen Vertiefung, ist er, schnell hin! – „O Gott, was hast du da gefunden? Meinen Bock."

Das Gehörn ist noch in Ordnung, das übrige Wildbret ist von Madenwürmern bedeckt. Es gruselt und krabbelt nur so an ihm. Am Skelett erkennt man den Bruch des Beckenknochens. Ein Fuchs hatte schon ein Stück von den Rippen abgerissen und mitgenommen. Ein Auto muß den Bock oben auf der Landstraße erfaßt haben, dann ist er noch mit letzter Kraft hier in seinen Einstand geflüchtet. „Ich hätte dir einen besseren Tod gewünscht. Nach deiner Verletzung kamen dann die Mücken an und legten die Eier der Madenwürmer an dir ab. Die Würmer haben dich dann am lebendigen Leib langsam aufgefressen. Warum bist du mir nicht vor die Büchse gelaufen? Warum ist bei dir nicht rechtzeitig ein Fuchs vorbeigekommen und hat dir die Kehle durchgebissen? Es wäre alles ein leichteres Sterben gewesen. Dein gutes Gehörn werde ich als Erinnerung an unseren großen Kampf mit nach Hause nehmen, und nachher werde ich kommen, um deinen Kadaver zu verlochen.

Der alte Nimrod ging an diesem Tag schwer aus dem Wald. Seine Gedanken sahen die Vögel, die froh in den Büschen herumhüpften, so als sei nichts gewesen.

Es ist einfach, auch bei den Tieren, ein ewiges Sterben und Leben; und irgendwann wird wieder ein Bock auf der Wiese sein, den er beobachten kann.

Doch es wird immer und für alle in einem unausweichlichen Nichts enden.

Die Auferstehung eines Wildschweines

Von Dr. Helmut Koch

Vollmond im Oktober und kaum ein Wölkchen am Himmel! Was liegt da näher, als daß bei diesen Bedingungen zwei Jäger unserer Jagdgesellschaft in Joachimsthal und ich gemeinsam zur Schweinejagd hinauszogen. Wir hatten uns ein Gebiet ausgewählt, das an die Sonderjagd von Erich Honecker angrenzte. Das war zwar mit hohen Zäunen abgegrenzt, diese hatten jedoch manchmal mit heimlicher Nachhilfe der Jäger zeitweilig beachtliche Löcher. Das im Sonderjagdgebiet in großer Zahl vorhandene Schwarzwild benutzte natürlich diese Möglichkeiten, um die angrenzenden Felder aufzusuchen. Übrigens zum Leidwesen der Genossenschaftsbauern, da die Schwarzkittel oft erhebliche Wildschäden verursachten.

Wir hatten vorgesehen, drei Hochsitze an der Grenze des Sonderjagdgebietes zu besetzen, die in etwa 200 Meter Entfernung voneinander lagen. Es waren alles stabile und geräumige Hochsitze, die allerdings nicht überdacht waren. Ich persönlich bevorzugte sie, vorausgesetzt, daß es nicht regnete. Diese offenen Hochsitze hatten insbesondere bei stillen Mondnächten den Vorteil, daß man das Wild im Schilf der Wiese oder im Laub des nahe gelegenen Hochwaldes rechtzeitig hören konnte.

Es war etwa gegen 20 Uhr, als ich meinen Hochsitz vorsichtig bestieg. Wir hatten ausgemacht, daß wir uns gegen 24.00 Uhr wieder treffen wollten. Diesen Zeitpunkt hatten wir nach den bisherigen Erfahrungen solcher „Mondscheinjagden" gewählt, weil ein längeres Ansitzen auf Wildschweine in der Regel keinen

Erfolg mehr brachte. Als erstes richtete ich mich für die etwa vierstündige Zeit des Ansitzens auf dem Hochsitz ein. Für das persönliche Wohlbefinden sorgten in diesen schon kühlen Nächten dicke Jägerkleidung und Filzstiefel. Schnell war das Gewehr geladen, der Rucksack mit den Jagdutensilien unter dem Sitz verstaut und das Fernglas umgehängt. Nun konnte ein erster Rundblick erfolgen. Direkt vor dem Hochsitz an einem Feldweg erstreckte sich eine große Wiese, die auf Grund des hohen Wasserstandes von Sumpflöchern durchzogen und mit Schilf und Büschen bewachsen war. Im Sommer wurde diese Wiese als Rinderweide genutzt. In diesem Zusammenhang erinnerte ich mich an ein nettes Jagderlebnis auf diesem Hochsitz im vergangenen Jahr. Als ich hier auch in einer Mondnacht ansaß, tauchte im leichten Nebel zwischen den Rindern eine Rotte Wildschweine auf. Diese Mischung gestattete es mir nicht, ein Schwein aus dem Wirrwarr zu beschießen. Zu groß war die Gefahr, eventuell auch durch einen Querschläger eine Färse zu treffen, was mir mit Sicherheit den Spott der gesamten Jagdgesellschaft eingebracht hätte. Am Ende der Wiese war die Grenze zum Staatsjagdgebiet. Nach meinem Wissen hatte auch hier der Zaun einige „Schlupflöcher" für die Schwarzkittel. Hinter mir befand sich ein großes Maisfeld, das noch nicht abgeerntet war. Hinter diesem Feld zog sich eine weitere Wiese hin, die durch einen Bach getrennt war. Unter diesen Bedingungen war es durchaus möglich, daß die erhofften Wildschweine nicht nur aus dem Staatsjagdgebiet, sondern auch aus dem Maisfeld kamen, um auf den feuchten Wiesen zu brechen.

Mein erster Rundblick ergab, daß außer einigen Stücken Rehwild weit und breit noch kein Schwarzkittel zu sehen war. Es war ja auch noch sehr früh. Besonders bei hellen Mondnächten verließen die Schwarzkittel erfahrungsgemäß die schützenden Dickungen relativ spät.

Trotzdem verging die Zeit verhältnismäßig schnell, nachdem ich regelmäßig die Gegend mit dem Fernglas abgesucht hatte. Gegen 22.00 Uhr fiel von meinem rechten Nachbarn ein Schuß. Durch die stille Mondnacht war deutlich der Kugelschlag zu hören, in der

Regel ein Zeichen für einen Treffer. Also die erste Hoffnung, daß unserer gemeinsamen Schweinejagd in der Mondnacht ein erster Erfolg beschieden war.

Eine weitere Stunde verging ohne besondere Vorkommnisse. Da ließ mich ein deutliches Knacken und Brechen im Maisfeld aufhorchen. Nicht weit hinter mir waren, den Geräuschen nach zu urteilen, Wildschweine damit beschäftigt, sich die saftigen Maiskolben schmecken zu lassen. Diese Tätigkeit freut im übrigen die Bauern nicht gerade, besonders wenn Rotten mit Frischlingen weit mehr Mais zertrampeln, als sie fressen. Das geschieht dadurch, wenn die Bachen für ihre Frischlinge, die nicht so weit nach oben langen können, die Maisstengel mit den Kolben umbrechen, damit ihr Nachwuchs sich auch bedienen kann.

Den Geräuschen im Maisfeld nach zu urteilen, schien es sich nur um ein oder zwei Schweine zu handeln, wie das zeitweilige Wakkeln der Maisstengel im Mondlicht bestätigte. Würden sich das oder die Schweine, die offensichtlich tagsüber im Mais gelegen hatten, im hellen Mondlicht auf die Wiese hinauswagen? Vorerst schien das nicht ihre Absicht zu sein.

Hin und her ging der Zug der „Maisplünderung", zeitweilig auch zum Greifen nah, unmittelbar bis an den Rand des Maisfeldes hinter dem Hochsitz. Man konnte am Schmatzen direkt hören, wie gut die Maiskolben schmeckten.

Es mochte vielleicht ein Zeitraum von einer Viertelstunde vergangen sein, da war am Rand des Maisfeldes das erste Wildschwein sichtbar, oder besser gesagt, nur ein Teil davon. Dunkel zeichnete sich das Haupt ab, das sichernd aus dem Maisfeld herausragte. Ein Blick durch das Fernglas zeigte ein langes und spitzes Haupt, das typisch für eine Bache war. Die Entfernung mochte vielleicht ca. 30 Meter betragen. Ein Schuß auf den Teller wäre im hellen Mondlicht ohne weiteres möglich gewesen. Aber vielleicht hatte sie doch Frischlinge dabei, und dann wäre es unwaidmännisch gewesen, die Bache zu erlegen und die Frischlinge sich selbst zu überlassen. Meine Bedenken ließen mich noch abwarten. Vielleicht kam das Wildschwein doch noch aus dem

Mais und zog in die Wiese, dann konnte ich mit mehr Sicherheit die Situation überblicken.

Doch zuerst gab es eine zeitweilige Enttäuschung. Das Haupt des Schweines verschwand wieder im Maisfeld, und das Schmatzen beim Verzehr der Maiskolben begann von neuem. Hätte ich vielleicht doch schießen sollen? Vielleicht kam die günstige Gelegenheit nicht wieder und die Schweine blieben im Mais? Meine Zurückhaltung sollte nach wenigen Minuten belohnt werden. Nachdem für kurze Zeit Stille eintrat, wo die Schweine am Rande des Maisfeldes wahrscheinlich sicherten und Wind nahmen, verließen plötzlich zwei starke Schweine den Mais und zogen über den Feldweg vor mir auf die Wiese. Sie standen westlich von mir, und der vorherrschende Westwind ließ keine Gefahr aufkommen, daß sie mich bemerkten. Nachdem die beiden auf der Wiese standen und sie dort zu grubbern begannen, konnte ich sie mir nun genau betrachten. Es waren zwei grobe Schweine von ansehnlicher Größe. Sie hoben sich gegen den Mond schwarz und deutlich von der Wiese ab. Dabei ergab sich eindeutig, daß es zwei Bachen ohne Frischlinge waren. Es handelte sich, wie sich später auch bestätigte, um Geltbachen. Das sind entweder ältere Tiere oder, was in der Nähe der Staatsjagd oft vorkommt, überfütterte Tiere, die wegen Verfettung keine Frischlinge bekommen.

Die Bachen waren nur noch etwa 30 Meter vom Hochsitz entfernt. Da ich eine Bockbüchsflinte mit einem Kugellauf und einem Lauf mit einer Brennecke hatte, entschied ich mich, auf die kurze Distanz zuerst die Brennecke-Patrone zu verwenden. Das erfolgte eigentlich aus zwei Gründen: Im Mondlicht konnten hohe Gras- oder Schilfhalme, die nicht sichtbar waren, die Kugel in eine andere Richtung ablenken. Zum anderen war es zweckmäßig, wie sich auch dann herausstellen sollte, die Kugel in Reserve zu halten, wenn das zweite Stück nach dem Schuß in einer größeren Entfernung nochmals beschossen werden sollte.

Leise wurde das Gewehr auf die Brüstung des Hochsitzes aufgelegt, nachdem ich als Unterlage einen Handschuh verwandt hatte. Der verhinderte einen zu harten Rückschlag, der oft dazu führt, daß der Schuß zu hoch geht. Obwohl noch heller Mondschein war und die Bachen sich deutlich abhoben, war das Zielen gar nicht so einfach. Die dunkle Decke im Mondschatten hob sich zwar gut von der hellen Umgebung ab, das traf jedoch nicht für den Stachel des Zielfernrohres zu. Als ich mich schließlich vom hellen Hintergrund von oben auf die Rückenkante und das Blatt des Schweines hineingetastet hatte, betätigte ich den Abzug. Noch im Zielfernrohr sah ich, wie im Knall die Bache auf der Stelle lag. Nun galt meine ganze Aufmerksamkeit dem zweiten Stück. Es hatte sofort nach dem Schuß die Flucht in Richtung eines mit Schilf bewachsenen Sumpfloches auf der Wiese ergriffen. Doch kurz vor dem Einwechseln verhoffte die Bache noch einmal. Vielleicht vermißte sie auch ihre Gefährtin und wartete deshalb kurze Zeit. Jedenfalls war es für mich Zeit genug, nun die Kugel auf die größere Entfernung zu verwenden. Die Entfernung mochte etwa 100 Meter sein, und auch das Zielen war diesmal einfacher. Der mir zugewandte Wildkörper war nicht wie vorher beim ersten Schuß im dunklen Mondschatten, sondern leuchtete grau im Mondlicht. Nach dem zweiten Schuß sah ich noch, wie die Bache im Schilf verschwand. Ein prüfender Blick zurück auf das zuerst beschossene Wildschwein zeigte, daß es noch friedlich und regungslos auf der Wiese lag. In dieser Beziehung hatte ich in meiner langjährigen Jagdzeit schon manche Überraschung erlebt. Es kam schon vor, daß ein scheinbar sicher erlegtes Stück plötzlich und unbemerkt verschwunden war und eine lange Nachsuche erforderlich wurde, die manchmal noch nicht einmal erfolgreich abgeschlossen werden konnte.

Vorsichtshalber wurde das Gewehr nachgeladen und abgewartet. Die einzigen Regungen, die anschließend zu verspüren waren, kamen nicht vom Wild, sondern von meinen Jagdkumpeln, die nach dem Schießen herbeigeeilt waren, um sich über die Ergebnisse zu informieren. Ich ging ihnen auf dem Feldweg entgegen und erzählte ihnen, daß ich zwei starke Wildschweine beschossen hatte, von denen eines auf der Wiese lag und das zweite im Schilf verschwunden war.

Die anschließende Besichtigung der zuerst beschossenen Geltbache löste bei ihnen den erstaunten Ausruf aus: „Ist das ein starkes Schwein!" Auch sie bestätigten meine Vermutung, daß es sich um eine Geltbache aus dem Staatsjagdgebiet handelte.

Doch wo war das zweite Stück geblieben? Gemeinsam machten wir uns auf die Nachsuche, nachdem auch meine beiden Begleiter vorsichtshalber ihre beiden Gewehre wieder geladen hatten. Begleitet von einem Jagdterrier meines Kumpels gingen wir schließlich in Richtung der Schilfpartie. Sie war nicht groß und bot im Mondlicht eine gute Einsicht. Das führte auch dazu, daß nach kurzer Suche einer meiner Begleiter ausrief: „Da liegt sie ja, und sie ist ja noch stärker als die andere!" Stolz standen wir um das stattliche Wildschwein. Als sich einer meiner Begleiter zum Schwein herabbeugte, um festzustellen, wo der Schuß saß, passierte etwas völlig Unerwartetes. Plötzlich erhob sich die Bache und griff uns an. Der Hund hatte zu unserem Glück die Situation schneller als die Jäger erfaßt. Wild kläffend faßte er das Schwein am Hinterteil, das sich dadurch von uns abwandte. Der sich vor unseren Augen abspielende Tanz zwischen Hund und Bache im Mondschein wurde von den lauten Rufen des Hundebesitzers unterbrochen: „Nicht schießen, mein Hund!" Bei dieser Gelegenheit sei gesagt, daß sein Terrier als mutiger Schweinejäger nicht nur manche Schramme, sondern auch schon ernste Verwundungen abbekommen hatte. Glücklicherweise war seine Frau Ärztin und hatte den Hund schon mehrmals wieder zusammengeflickt. Leider konnten wir auch zu dritt mit geladenen Gewehren nicht verhindern, daß sich die Geltbache, zusammen mit dem giftig kläffenden Hund, in Richtung Maisfeld bewegte. Ohne daß wir noch einen gezielten Fangschuß ohne Gefährdung des Hundes abgeben konnten, verlagerte sich die wilde Jagd in das Maisfeld. Mit großer Sorge hörten wir von dort die Fortsetzung des Kampfes, da unter diesen Bedingungen der Hund durch eine behinderte Beweglichkeit von der Bache verletzt werden konnte. Nach kurzer Zeit deutete der Hundebesitzer die Laute seines Hundes als Totverbellen. Wahrscheinlich war das Schwein inzwischen wirklich verendet. Mit Hilfe des Hundes fanden wir schließlich in dem übermannshohen Mais die schon einmal totgeglaubte Bache.

Das Aufbrechen der beiden starken Geltbachen artete anschließend für den Schützen in Arbeit aus. Ein Schwein wog übrigens 82 kg und das zweite brachte stattliche 87 kg auf die Waage.

Mit vereinten Kräften wurden die beiden Geltbachen vom Mais bzw. aus der Wiese zum Feldweg geschleift und auf das Fahrzeug verladen. Da einer meiner beiden Waidgenossen einen Überläufer erlegt hatte, wurde dieser anschließend abgeholt.

Eine erfolgreiche Schweinejagd in der Mondnacht war damit beendet. Die Auferstehung der Bache war noch lange Zeit ein Gesprächsthema in unserer Runde.

Der Wasserbock

Von Prof. Dr. Dieter Birnbaum

Meine Frau hatte mir „Waidmannsheil!" gewünscht, als ich mich am Donnerstag nachmittag mit dem Motorroller ins Revier aufmachte. Eine Waffe hatte ich mir morgens schon vom Waffenstützpunkt geholt, aber ich mußte mich noch beim Jagdleiter anmelden, einem älteren Rentner, der uns junge Burschen in die Praxis der Jagd einführte. Ich traf ihn in der Pförtnerloge der MTS (Maschinen-Traktoren-Station) an, wo er noch Dienst tat, und er empfahl mir, zum Peenholz, einem kleinen Gehölz entlang der Peenewiesen bei Kunzow, zu fahren, um meinen zweiten Bock in diesem Jahr zu schießen.

Es war Juni und ein feuchtwarmer Abend. Einen Hochsitz hatten wir in dem Revierteil noch nicht, und so sah ich mich nach einer gedeckten Stelle um. Ein ganz leichter Wind strich von Südwest am Waldrand entlang, und ich steuerte auf ein Weidengebüsch zu, das mir für mein Vorhaben geeignet erschien, weil es von der Wiese her unter Wind lag. Bei jedem Schritt erhoben sich aus den hohen, meist sauren Wiesengräsern riesige Schwärme von Mücken und anderen größeren und kleineren Insekten. An den Stengeln der rot blühenden Kuckuckslichtnelken sah man überall die Schaumkleckse der Zikaden. Plötzlich stutzte ich. Was waren das für große gelbe Blüten zwischen den länglichen rosa Blütenständen des Wiesenknöterichs? Fast sahen sie wie die Blüten der Sumpfdotterblume aus.

Bei näherer Betrachtung stellte ich überrascht fest, daß ich einen ansehnlichen Bestand von Trollblumen entdeckt hatte. An dieser Stelle des Peenetales waren sie mir bisher nicht bekannt, und ich notierte den Fund.

Jetzt hatte ich zwei Kiebitze in Aufregung gebracht. Sie kobolzten mit lauten, durchdringenden Rufen durch die Luft und kamen mehrfach im Sturzflug bis auf einen halben Meter an mich heran. Als ich schließlich das Weidengebüsch erreicht und mich recht und schlecht in Deckung begeben hatte, beruhigten sie sich langsam und ließen von mir ab; irgendwo in der Nähe mußte ihr Nest sein. Ich betrachtete mir durch mein 10×50-Zeiss-Glas erst einmal das Höckerschwanpaar, das sechzig Meter links auf einem über und über von Seerosen bedeckten, alten Torfloch brütete. Ein Schwan saß auf dem Nest, das in der hinteren Ecke auf einer aus dem Wasser herausragenden Erhebung erbaut war, der andere, offenbar das Männchen, schwamm mit seinen leicht aufgestellten schnee-weißen Schwingen auf einer kleinen, freien Wasserfläche hin und her.

Nachdem ich den Waldrand und die Wiese vergeblich mit dem Glas nach Rehwild abgeleuchtet hatte, widmete ich mich noch etwas dem vielstimmigen Vogelkonzert. Deutlich konnte man die weichen flötenreichen Strophen zweier Singdrosseln von dem durch harte Schläge und schnalzende Laute unterbrochenen Gesang des Sprossers, der Nachtigall des Ostens, unterscheiden. Dann ertönte ein aus Richtung Peene kommendes und langsam lauter werdendes „Tüüt, tüüt". Parallel zum Fluß zogen ständig rufend sieben Große Brachvögel. Der Frühsommerzug, der für sie ähnlich typisch ist wie für die Kiebitze, hatte also schon begonnen. Ich verfolgte sie mit dem Glas, bis sie am Horizont verschwunden waren, und schwenkte dann wieder zum Waldrand hinüber. Da! Ein roter Fleck. Ein Bock war ausgetreten, und die Abendsonne ließ das kräftige Rot seiner Decke besonders stark leuchten.

Ich sah ihn mir an; er stand achtzig bis neunzig Schritt entfernt und sicherte. Ich war erst ein einziges Mal in diesem Revierteil gewesen und kannte den Bock nicht. Genaues Ansprechen war also not-wendig. Es war ein Sechser, die Stangen überragten die Lauscher nur sehr wenig und waren kaum geperlt. Der Bock zog langsam äsend in die Wiese. Der Träger deutete auf einen nicht mehr ganz jungen Bock, und auch sein ruhiges Benehmen stützte diese Feststellung. Die Gesichtszeichnung war im Gegenlicht schwer zu erkennen und die Körperform im hohen Gras nicht zu beurteilen. Langsam zog der Bock halbschräg auf mich zu, nur hier und da naschte er ein wenig. Ich glaubte ihn richtig angesprochen zu haben und bereitete mich auf den Schuß vor. Es mußte ein drei- bis fünfjähriger Bock sein, und dafür reichte die Gehörnentwicklung nicht aus. Jetzt war er nur noch reichlich fünfzig Schritt entfernt. Ich versuchte mich zu beruhigen und ließ ihn noch näher heran. Er hatte viel Zeit, die Aufregung wurde größer. Schließlich backte ich an und ließ nach kurzem Zielen auf den Trägeransatz – außer dem Haupt ragten nur Träger und Ziemer aus dem hohen Gras hervor – die Brenneke aus dem genauer schießenden linken Lauf der Doppelflinte fliegen. Hochflüchtig ging der Bock zum Waldrand ab und verschwand. Einmal hörte ich es noch prasseln und dann war Ruhe. Schnell ging ich zum Anschuß. Hier mußte es sein; auf den Knien suchte ich nach Schußzeichen. Die Mücken, gegen die ich eigentlich recht unempfindlich bin, wurden heute sogar mir lästig. Die beiden Kiebitze schimpften schon wieder aus Leibeskräften über das in der Wiese herumkriechende Etwas.

Ich brauchte zu meiner Freude nicht lange zu suchen; ich fand kurzes und langes Schnitthaar und große Tropfen dunkelroten Schweißes. Vorsichtig folgte ich der Schweißfährte bis zum Waldrand; es war relativ leicht. Dann verbrach ich die Stelle, an der der Bock in den Bestand gewechselt war, und begab mich zum Motorroller. Schnell ging es zum Jagdleiter, der als einziger von uns einen Hund, eine DD-Hündin ohne Papiere, führte.

Nach kurzem Bericht besorgte er sich eine Vertretung für die Pförtnerloge und wir fuhren mit dem Motorroller zurück, die Hündin zwischen uns auf dem Schoß des Jagdleiters. Es war inzwischen fast dunkel geworden, aber wir fanden schnell die verbrochene Stelle, und die Nachsuche konnte beginnen. Die Hündin legte sich mächtig in den Riemen. Im Bestand ging es anfangs durch dichtes Gestrüpp und dann zweihundert Meter durch ein Fichtenstangenholz. Ich hatte den Eindruck, daß die Hündin immer unsicherer wurde. Zwanzig Meter zurück hatte ich im Schein der Taschenlampe noch einen Tropfen Schweiß entdeckt, jetzt fand ich nichts mehr. Nach einigem Hin und Her nahmen wir die Hündin zum letzten Schweiß zurück, aber ohne Erfolg, sie nahm die Fährte nicht wieder auf. Das Schweißen hatte anscheinend sehr schnell nachgelassen und wir einigten uns, daß alle Zeichen auf einen leichten Wildbretschuß hindeuteten.

Enttäuscht brachen wir die Nachsuche ab. Ein besserer Hund oder gar ein Schweißhund war in der näheren Umgebung – wir schrieben das Jahr 1959 – nicht aufzutreiben, und so mußten wir kapitulieren. Am darauffolgenden Sonntag war ich wieder im Revier. Es war früh am Morgen und die Dunkelheit begann langsam der Dämmerung zu weichen. Zusammen mit meinem Bruder, der mich oft zur Jagd begleitete, gingen wir bis zur Peene vor. Nachdem wir Zeuge geworden waren, wie ein Jünger Petris, der schon vor uns aufgestanden war, eine ansehnliche Plötze aus dem Wasser gezogen hatte, pirschten wir den Peenedeich entlang, weil man von da aus, gewissermaßen „von oben herab", die Wiese gut übersehen konnte. Überall begannen die Vögel ihr Morgenkonzert anzustimmen: es wurde Tag, aber Rehwild hatten wir noch nicht entdecken können. Zwei Trauerseeschwalben flogen in elegantem, aber etwas unruhig wirkendem Flug über uns hinweg die Peene entlang.

Wir waren etwa einen halben Kilometer gepirscht, als plötzlich aus einem kleinen Weidenbusch direkt neben dem Deich ein Stück Rehwild aufsprang, ein Bock, wie wir sofort erkannten. Aber was war das? Stark keuchend und offenbar vorderlaufkrank flüchtete er. Sollte das mein Bock vom Donnerstag sein? Ich hatte doch keinen Laufschuß angebracht, das hätte ich Donnerstag abend schon erkennen müssen. Der Bock nahm ein größeres Weidengestrüpp auf halbem Wege zum Wald an und kam nicht wieder heraus. Ich gab meinem Bruder einige Instruktionen und ging zu der zum Waldrand gerichteten Spitze des Weidengebüsches. Zweimal erschreckten mich Bekassinen, die mit einem „Ätsch, ätsch" an sumpfigen Stellen vor mir aufflogen und im hastigen Zickzack-Flug davonsausten.

Nun hatte ich meinen Standort erreicht und mein Bruder ging ohne große Geräusche in den Weidenkuschel hinein. Kaum hatte er ein paar Schritte getan, da tauchte rechts von ihm der Bock auf, ging aber nicht in Richtung Wald, wie ich vermutet hatte, sondern schwer keuchend wieder in Richtung Peene über den Deich hinweg. Ich beeilte mich, hinterherzukommen. Vor dem Deich wurde ich vorsichtig und kroch langsam die Böschung hinauf. Mit gesenktem Haupt stand der Bock vor der Peene, er mußte jetzt eigentlich Wind haben. Beim Anblick des schwer kranken, leidenden Bockes schlug das Gewissen: offenbar hatten wir Donnerstag doch nicht gründlich genug nachgesucht.

Ich backte an, und gerade als ich ins Ziel ging, machte der Bock drei Fluchten und sprang ins Wasser. Ich rannte die fünfundzwanzig Schritte zum Ufer; der Bock schwamm inzwischen – wie es schien unter großen Anstrengungen – in der Mitte des Flusses mit seltsamen, ruckartigen Bewegungen in Richtung des gegenüberliegenden Peeneufers, dabei tauchte sein Haupt immer wieder unter. Sollte ich auf den schwimmenden Bock schießen? In mir sträubte sich alles und ich war ratlos. Plötzlich streckte sich der Bock noch einmal und jede Bewegung hörte auf. Es bestand kein Zweifel, der Bock war verendet. Aber ich hatte doch gar nicht geschossen?

Was tun? Mein Bruder war inzwischen hinzugekommen. „Wir müssen schnell das Boot von dem Angler holen!" empfing ich ihn. „Wieso?" meinte er. „Ist das Wasser so kalt?" Ich hatte in diesem Jahr noch nicht gebadet und war in meiner Aufregung gar nicht auf diese Idee gekommen. Eine Minute später stieg ich in dem sonst nur am FKK-Strand üblichen Badekostüm ins Wasser, schwamm zum Bock und zog ihn ohne Schwierigkeiten an Land.

Jetzt konnten wir uns die Sache in Ruhe betrachten. Mein Schuß vom Donnerstag hatte die Muskelpartie vom Trägeransatz zum rechten Vorderlauf durchschlagen. Die offene Wunde war eitrig, und durch die Entzündung war anscheinend auch die Luftröhre schon in Mitleidenschaft gezogen. Die großen Anstrengungen und die Unfähigkeit, mit dieser Verletzung richtig zu schwimmen, hatten das schnelle Verenden des Bockes im Fluß herbeigeführt.

Nach der roten Arbeit traten wir den Heimweg an, mit dem festen Vorsatz, in Zukunft noch gründlicher nachzusuchen, um dem Wild solche Qualen zu ersparen, wie sie dieser etwa fünfjährige Bock, der als „Wasserbock" an meiner Trophäenwand hängt, zu erleiden hatte.

Wen(n) der Urhahn ruft…

Von Dr. Werner Stoll

Was dem einen sin Uhl, ist dem anderen sin Nachtigall! Und was für den einen Jäger der Herbst mit seinen sich bunt färbenden Wäldern, mit Hirschbrunft und großen Gesellschaftsjagden ist, das bedeutet dem anderen Jäger der Frühling mit seinem ersten Grün, mit Hahnenbalz und Schnepfenstrich.

Allerdings besteht ein gravierender Unterschied: Während wir die Hirschbrunft und die Niederwildjagd (noch?) in dem so dicht besiedelten Deutschland erleben können, ist die Jagd auf Auerhahn und Birkhahn, und seit einigen Jahren leider auch der Schnepfenstrich, bei uns nicht mehr möglich.

Wer also, wie unsere Vorfahren, lange vor Tag und Tau hinausziehen möchte, um dem großen oder kleinen Hahn nachzustellen, oder am Abend unter dem milden Blinken des Schnepfensterns den Vogel mit dem „Langen Gesicht" zu erjagen, der ist gezwungen, ins Ausland auszuweichen.

Erschwerend kommt dazu, daß in den nordischen Ländern, wo aufgrund des sehr großen Bestandes an Rauhfußhühnern eine Bejagung bedenkenlos möglich ist, die Frühjahrsjagd unbekannt oder gar verpönt ist. So wird z. B. in Schottland der Auerhahn im Herbst auf der Streife vor dem Hund recht kunstlos, wie ein aufstehender Fasanengockel heruntergeschossen, während man in Schweden vor allem im Winter die Wipfeljagd praktiziert.

Bleibt also Österreich. Dort jedoch sind die Bestände leider immer mehr im Schwinden begriffen, und auch wenn die Jagd sicherlich nicht schuld an dieser traurigen Entwicklung ist, so ist es doch nicht jedermanns Sache, auf die wenigen noch verbleibenden Hahnen „Dampf" zu machen.

Diese trüben Aussichten haben sich jetzt plötzlich durch die überraschende Öffnung des Ostblocks aufgehellt.

Da ich schon als kleiner Bub abends mit dem Großvater hinausgegangen bin auf den Schnepfenstrich oder zum Verhören des großen Hahnes und mich der geheimnisvolle Zauber dieser Jagdarten nie mehr losgelassen hat, beschloß ich, die neueröffneten Möglichkeiten zu nutzen und dieses Frühjahr eine Reise nach Rußland zu unternehmen.

So kommt es, daß ich jetzt in diesem spartanisch ausgestatteten russischen Geländewagen sitze und wüst durcheinandergeschüttelt werde. Michail, der mich begleitende Jäger, kurbelt wie wild am Lenkrad, um das bockende Fahrzeug in der matschigen Spur zu halten.

Unvorstellbar die Straßenverhältnisse in Rußland! Umgestürzte Baumstämme werden einfach überfahren, und wenn gar kein Fortkommen mehr möglich ist, sucht man sich einfach rechts oder links des „Weges" eine neue Spur.

Endlich gelangen wir zu einer eingestürzten Holzbrücke, die einen mächtigen Fluß überspannt. Selbst ein Russenjeep kommt hier nicht mehr weiter, obwohl er außer Fliegen und Tauchen alles kann. Zum Glück sind die Längsträger zwischen den Pfeilern noch intakt. Vorsichtig balancieren wir zu Fuß auf die andere Uferseite. Unter mir gurgelt und rauscht das eiskalte Wasser. Besser nicht nach unten sehen! Uff – geschafft! Die Leuchtziffern meiner Armbanduhr zeigen schon 3.30 Uhr. Wir sind spät dran, denn um zu den Balzplätzen zu gelangen, müssen wir erst noch einen ca. 8 km langen Fußmarsch bewältigen. Michail ist wohl auf der Suche nach der verlorenen Zeit, denn er legt ein wahrhaft atemberaubendes Tempo vor. Nach einer guten Stunde Marschzeit bin ich naßgeschwitzt. Die Taschenlampe, den vom Regen schwer gewordenen Lodenmantel und sogar das Fernglas lasse ich jetzt zurück, als wir beginnen, uns tiefer in den Urwald vorzuarbeiten. Obwohl es stockdunkle Nacht ist, bewegt sich mein Führer sicher wie eine Katze in diesem Gewirr von umgestürzten Bäumen. Ich jedoch wünsche mir des öfteren die vom Fußball her bekannten Schienbeinschoner zu tragen, wenn ich besonders schmerzhaft mit einem Stamm kollidiere. Immer wieder verhoffen wir und lauschen angestrengt in alle Richtungen. Heute ist dies besonders schwierig, denn die schwer von den Bäumen fallenden Regentropfen gaukeln uns des öfteren das „Knappen" oder „Zählen" eines Hahnes vor. Da, wieder höre ich das leise Plöp – Plöp – Plöp, das jeden Hahnenjäger elektrisiert. Ich stoße Michail an. Wir haben die Hände hinter die Ohrmuscheln gelegt und lauschen mit unseren Richtmikrophonen angestrengt dorthin, wo ich vermute, den Balzgesang zu vernehmen. Eine atemlose Spannung hat uns erfaßt, die nur der nachempfinden kann, der selbst schon einmal einen Urhahn angesprungen hat. Tatsächlich, nach einer Weile klingt wieder leises Knappen an unser Ohr. Immer schneller, wirbelnder wird das Plöp-Plöp-Plöp, dann hören wir den Hauptschlag: „Klikop" und machen zwei, drei schnelle Sprünge in die Richtung, in der wir den Hahn vermuten. Der Hahn läßt jetzt eine Balzarie nach der anderen ertönen, und jedes „Gesätzel" bringt uns einige Schritte näher, wenn wir während dem drei bis vier Sekunden dauernden „Schiki-Schiki-Schiki" des Schleifens vorwärtsspringen. Ausgerechnet hier muß jedoch eine mächtige Kiefer am Boden liegen. Michail bleibt zurück. Beim nächsten Schleifen überwinde ich den borkigen Stamm. Einige Äste brechen dabei vernehmlich. Der Hahn verschweigt augenblicklich. Bange Minuten des Wartens folgen. Immer noch absolute Stille. Ich fürchte jeden Moment das prasselnde Abreiten des Hahnes zu hören. So wie gestern, als wir einen gewitzten Hahn „versprungen" haben, der schlau, wie ein alter Rehbock beim Scheinäsen, dem Hauptschlag nicht, wie üblich, das Schleifen folgen ließ, sondern danach verschwieg. Aber Gott sei Dank, mein Hahn spielt sich wieder ein. Also weiter. Da vorne im Geäst einer dieser mächtigen Kiefern muß er wohl sitzen. „Plöp-plöp-plöp-plöp-klikop-schiki-schiki-schiki" klingt es von oben herab. Doch so sehr ich mich auch anstrenge, ich kann den Hahn im dunklen Nadelwerk nicht ausmachen. Ganz passend zu Rußland und wie es Lenin einst prophezeite, wird der Osten rot, und wenn schon nicht auf Erden, so doch wenigstens am

Himmel. Jedenfalls springe ich beim nächsten Schleifen so seitwärts, daß sich jetzt der Baumwipfel scharf wie ein Scherenschnitt vom Morgenhimmel abhebt.

Und da entdecke ich den Hahn!

Ziemlich dicht am Stamm sitzt er auf einem Ast. Ich kann mich an dem Bild, das sich mir bietet, nicht sattsehen. Vor dem vom nächtlichen Regen frischgewaschenen Morgenhimmel hebt sich schwarz die Silhouette des Urhahnes ab. Fast senkrecht ist sein Stingel nach oben gereckt, wie mittelalterliche Ritterschilde wirken die nach unten geklappten Schwingen, während der zu einem Halbkreis gefächerte Stoß bei jedem Schlag ein wenig wippt. Ich weiß nicht, wie lange ich dieses Bild in mich hineingetrunken habe. Ich werde erst wieder wach, als der Hahn plötzlich verschweigt, den Fächer zusammenfaltet, auf dem Ast ein paar Schritte nach vorne trippelt und mit waagerecht gehaltenem Stingel mißtrauisch in die Richtung sichert, wo ich Michail zurückgelassen habe. Jetzt darf ich keine Sekunde mehr verlieren. Vorsichtig bringe ich den Drilling in Anschlag. Als der mächtige Vogel ruhig im Zielfernrohr steht, rollt der laute Donner meines Schrotschusses über die unendlichen Wälder hinweg.

Ein, zwei Sekunden später schlägt der schwere „Waldpfau", dürre Äste mit sich reißend, direkt neben mir auf den nadeligen Boden. Der wie aus dem bläßlichen Wachs einer Altarkerze geschnitzt wirkende Schnabel klappt noch einige Male auf und zu, der Kehlbart sträubt sich, dann ist die allerletzte Strophe dieses urigen Minnesängers verklungen.

Zum Glück bleibt mir gar keine Zeit, um traurig zu werden, denn Michail kommt angestürmt, schlägt mir ungestüm auf die Schultern und beglückwünscht mich. Mit Händen und Füßen macht er mir klar, was ich ohnehin bereits vermutete. Als so lange Zeit kein Schuß fiel, entschloß er sich, mir nachzuspringen, wurde aber schon bei den ersten Schritten vom Hahn bemerkt, worauf dieser sofort verschwieg und wohl in den nächsten Sekunden abgeritten wäre.

Trotz der zusätzlichen Last schreite ich auf dem Heimweg leicht wie auf Wolken voran. Im Forsthaus angekommen, ermitteln wir ein Gewicht von knapp 7 kg! Dann mache ich mich daran, das Hochwild sorgfältig aufzubrechen und aus der „Federdecke" zu schlagen, um den Balg für eine Präparation zu Hause vorzubereiten.

Als Lohn gewinne ich zum Schluß aus dem muskulösen „Waidsack" eine ganze Handvoll herrlich polierter Waidkörner. Wie Edelsteine strahlen und leuchten diese mit dem Gesicht von Michails Frau um die Wette, als sie kommt, um den Braten für das Abendessen bei mir abzuholen.

Nun, aus dem Abendessen wird ein Nachtessen, denn es dauert schlußendlich bis 22 Uhr, um den uralten Kämpen einigermaßen gar zu bekommen. Dann aber heißt es, ähnlich wie in Kindertagen nach erfolgreichem Schuhkauf:

„Lange klingt's im Walde noch, die edle Jagd, sie lebe hoch!"

Der verschwundene Keiler

Von Dr. Helmut Koch

In unserem Jagdgebiet war in jüngster Zeit wiederholt ein starker Keiler gesehen und gefährtet worden. Er tauchte in der Regel in einer Gegend auf, die schwer zu bejagen war. Auf einer Fläche von etwa einem Quadratkilometer erstreckte sich ein ausgedehntes Erlenbruch, das von einem Kanal durchquert wurde. Ein ideales Gebiet für den Einstand von Rotwild und auch Wildschweinen. Der genannte Keiler verließ in der Regel erst in der Dämmerung oder auch spät in der Nacht seinen Einstand, um auf den umliegenden Wiesen und Feldern zu äsen. Die dem Bruch vorgelagerten Wiesen waren von einigen Entwässerungsgräben durchzogen, deren Rand mit Büschen und Schilf bewachsen waren. Diese Gegend bot also gute Deckungsmöglichkeiten für das Wild und damit verbunden eine schwierige Übersicht für den Jäger. Aber darin liegt ja auch gerade der Reiz der Jagd.

Erleichtert wurde jedoch die Jagd dadurch, daß am Rande dieses Gebiets mehrere geräumige offene Kanzeln errichtet worden waren, von denen aus schon so manches Stück Rot- oder Schwarzwild erlegt wurde. Ich hatte deshalb Ende Oktober ein Wochenende dafür ausgewählt, um Jagd auf den besagten Keiler zu machen. Als ich mich bei Sonnenuntergang auf dem Hochsitz häuslich einrichtete, stand schon der zunehmende Halbmond blaß am Himmel. Da nur wenige leichte Wölkchen vorhanden waren, würde sicher das Licht des Mondes ausreichen, Wildschweine auf der Wiese zu beschießen, wenn sie das Bruch verlassen hatten. Obwohl mein Hauptziel der Keiler war, hatte ich mir vorgenommen, natürlich auch günstige Möglichkeiten für den Abschuß von Rotwild oder auch anderen Schwarzkitteln zu nutzen. Das war auch deshalb dringend geboten, nachdem die Erfüllung des Abschußplanes in der Jagdgesellschaft noch große Lücken aufwies.

Nachdem die Sonne am westlichen Himmel glutrot untergegangen war, kam allmählich Bewegung in das abendliche Geschehen. Zuerst wechselte eine Ricke mit Kitz aus dem Bruch und zog zielstrebig zur Wiese. Dabei nutzte sie geschickt das am Rande des Grabens verlaufende Gebüsch zur Deckung und kam nur zeitweilig am Wiesenrand zum Vorschein, um an den saftigen Kräutern zu äsen. Die beiden hatten an diesem Abend nichts zu befürchten, da ich nicht die Absicht hatte, Rehwild zu erlegen.

Langsam brach die Dämmerung herein, der leichte Westwind ließ hoffen, daß sich kein Nebel auf den Wiesen ausbreitete. Da wurde meine Aufmerksamkeit auf Geräusche hinter mir im Bruch gelenkt. Offensichtlich war Wild im Anmarsch auf die Wiese. Jedoch alle meine Bemühungen in den kommenden Minuten, in dem hinter mir liegenden undurchdringlichen Bruch etwas zu entdekken, blieben vorerst erfolglos. Das näher kommende Knacken ließ jedoch darauf schließen, daß es sich um Rot- oder Schwarzwild handelte. Was es nun wirklich war, zeigte sich erst, als ein Stück Rotwild, wahrscheinlich das Leittier eines Rudels, am Rande der Wiese sichtbar wurde. Die Brunft war ja schon vorüber, und auch die in der ersten Oktoberhälfte noch vernehmbaren Schreie der Rothirsche in der Nachbrunft waren inzwischen verstummt. Also ließ ich mich überraschen, was da noch ca. 60 Meter vom Hochsitz entfernt zum Vorschein kommen sollte. Noch war verstärkt durch den immer heller leuchtenden Mond ein gutes Licht, um das Rotwild anzusprechen und erforderlichenfalls auch zu beschießen. Nachdem das Leittier vom Wiesenrand auf die Wiese herausgezogen war, folgten weitere sieben Stück Kahlwild. Es waren Alttiere mit Kälbern bzw. Schmaltiere bis auf einen Spießer, der sich als Zeichen der abgeschlossenen Brunft wieder beim Rudel aufhielt. Die gute Schußentfernung und auch der noch relativ frühe Abend einer bevorstehenden Mondnacht ließen mich den Entschluß fassen, ein Stück Rotwild aus dem Rudel zu erlegen. Ein Schuß zu diesem frühen Zeitpunkt ließ durchaus die Möglichkeit offen, daß zu späterer Stunde noch Wildschweine und vielleicht sogar der Keiler über die Wiese zu dem nahe gelegenen Maisfeld zogen. Schnell war das schwächste Kalb im Rudel ausgemacht. Als es schließlich breit und frei von Schilf auf der Wiese stand, hielt ich hochblatt an, damit das Kalb möglichst im Feuer lag. In diesem Falle wollte ich den Hochsitz nicht verlassen und das Aufbrechen aufschieben, um durch Geräusche und vor allem meine frische Fährte das nachfolgende Wild nicht zu vergrämen. Mein Vorhaben gelang. Noch im Feuer lag das schwache weibliche Rotkalb, während sich das Rudel in hohen Fluchten in die Wiese hineinbewegte, um schließlich in der guten Deckung des angrenzenden Maisfeldes zu verschwinden.

Nach diesem erfolgreichen Auftakt war jagdlich in der nächsten halben Stunde nicht viel zu erwarten, zumindest was das vorsichtige Rotwild oder auch die Schwarzkittel anging, die sich hoffentlich noch im Bruch aufhielten. Bis auf einen vereinzelten Rehbock, übrigens ein gut veranlagter junger Sechser, und einen Fuchs, der am Rande des Grabens im Schilf Jagd auf Mäuse machte, war nichts zu erblicken.

Inzwischen war es fast dunkel geworden und nur am westlichen Horizont verabschiedete sich der Tag mit einem hellen Silberstreif. Mit dem entschwindenden Tageslicht strahlte der höher steigende Mond um so heller. Nun begann die Zeit für den Jäger, wo schon manchmal alleinstehende Büsche mit ihrem dunklen Mondschatten oder auch harmlose schwarze Moorhaufen auf der Wiese das Herz irrtümlicherweise höher schlagen ließen, bis ein Blick durch das Fernglas Entwarnung brachte. Doch was war das für ein schwarzer Fleck in einer Entfernung von etwa 200 Metern am Rande des Bruchs? Der schien doch vorher nicht dagewesen zu sein! Ein Blick durch das Fernglas brachte Gewißheit: Es war ein starkes Wildschwein, das scheinbar noch unschlüssig am Rande des Bruchs stand, ob es schon auf die Wiese austreten und vielleicht in Richtung des Maisfeldes ziehen sollte. Vielleicht war das sogar der erwartete Keiler? Ein erneutes Ansprechen durch das Fernglas ließ jedoch diese Erwartungen sinken. Das spitze und lange Haupt, das sich deutlich im Mondlicht von der Wiese abhob, ließ wohl eher auf eine Bache schließen. Diese Vermutung bestätigte sich dann auch nach wenigen Minuten, nachdem sechs kräftige Frischlinge und wahrscheinlich ein Überläufer auf die Wiese herausgezogen waren. Nachdem die ersten „Sicherungsmaßnahmen" der Bache in der Umgebung scheinbar nichts Verdächtiges ergeben hatten, begann die Rotte eifrig auf der feuchten Wiese zu grubbern und zu brechen. Als sie dieser Beschäftigung einige Zeit nachgegangen waren, war trotz des heller werdenden Mondlichtes nur noch ein großer schwarzer Fleck zu erkennen, wo die Wildschweine und der schwarze Moorboden der Wiese kaum noch zu unterscheiden waren. Die Entfernung und vor allen Dingen diese Bedingungen ließen natürlich keinen Schuß zu. So beschränkte ich mich, durch kein Jagdfieber gestört, auf die Beobachtung. Langsam, aber zielstrebig, zog die Rotte in Richtung des Maisfeldes, wo sie schließlich meinen Blicken entschwand. Wahrscheinlich ließen sie sich zum Leidwesen der Bauern die saftigen Maiskolben gut schmecken, um für den bevorstehenden Winter kräftig Speck anzusetzen.

Rasch war die Zeit vergangen. Es war inzwischen 22.00 Uhr, also eine Zeit, wo alte und erfahrene Keiler durchaus noch auftauchen konnten. Leider tat er mir nicht den Gefallen. Außer einem Rothirsch, der kurz vor Mitternacht noch vorsichtig aus dem Bruch zur Wiese wechselte, war nichts mehr zu sehen und zu hören. Nach dem Geweih und der Statur zu urteilen, schien es sich um einen mittelalten Rothirsch zu handeln. Auch er entschwand schließlich meinen „Fernglasblicken".

Nunmehr war es 24.00 Uhr geworden, der Mond stand hoch am Himmel und erhellte mit gutem Schußlicht die Wiese. Aber diese guten Jagdbedingungen halfen mir wenig, da kein Wild mehr zu sehen war. Nach der obligatorischen Verlängerung zwischen Warten und Aufbruch in der Hoffnung, daß doch noch etwas kommen würde, verließ ich schließlich den Hochsitz. Schnell war der Aufbruch des Rotkalbes erledigt und der Rückzug nach Hause angetreten. Auf der Rückfahrt ergab sich für mich die Frage: „Wo war der erwartete Keiler geblieben?" Vielleicht hatte er sich tagsüber in das Maisfeld eingeschoben und war überhaupt nicht im Bruch. Vielleicht war es günstig, sich am kommenden Morgen anzusetzen, wenn er eventuell sich vom Mais in das Bruch zurückzog. Ich nahm mir deshalb vor, mich am kommenden Morgen noch einmal an der gleichen Stelle anzusetzen, zumal der Wetterbericht gute Bedingungen vorausgesagt hatte. Vielleicht würde ich den Keiler doch noch zu Gesicht bekommen. Ich beschloß, mich am kommenden Morgen noch im Dunkeln anzusetzen, um schon in der Dämmerung vor Ort zu sein.

Es war empfindlich kühl, als ich mich am kommenden Morgen auf dem gleichen Hochsitz erwartungsvoll einnistete. Der zunehmende Mond war schon untergegangen und es war noch stockdunkel. Trotzdem mußte mich auf der Wiese stehendes Rotwild bemerkt haben, das mit ärgerlichen Schrecklauten flüchtete. Kein gutes Vorzeichen für mich, da es damit in der morgendlichen Stille in der Nähe stehendem Wild Gefahr signalisierte. Also blieb mir nur die Hoffnung, daß das im Mais noch befindliche Rot- oder Schwarzwild dadurch nicht vergrämt wurde.

Nach diesem „lautstarken" Jagdauftakt trat wieder morgendliche Stille ein. Die aufkommende Helligkeit im Osten kündete den neuen Tag an und eine Amsel im Bruch begann zaghaft mit dem ersten Morgenlied. Es war wolkenlos und ein schöner Herbsttag kündete sich an. Schon konnte man die ersten Umrisse von Schilf und Büschen erkennen – besser gesagt – erahnen. Das erste Wild, das schon zeitig von der Wiese in Richtung des Bruchs zog, war ein Rudel Rotwild. Der Zahl und Zusammensetzung nach zu urteilen, war es das Rudel vom vergangenen Abend, das nun etwa 200 Meter von mir entfernt ins Bruch einwechselte. Allmählich wurde es hell, eigentlich schon etwas zu hell für Wildschweine, und insbesondere solche, die mit den Jägern schon ihre Erfahrungen gesammelt hatten. Diese geheime Befürchtung wurde glücklicherweise in den nächsten Minuten durch die Praxis widerlegt. Aus dem Maisfeld wechselte ein starkes Schwein auf die Wiese in Richtung des Bruchs. Es schien auf Grund der schon einbrechenden Helligkeit auch nicht die Absicht zu haben, sich noch lange auf der Wiese aufzuhalten. Noch waren es vielleicht gute 300 Meter Entfernung. Ein Blick durch das Fernglas ließ mein Herz höher schlagen. Es schien der gesuchte Keiler zu sein, der nun in der Deckung des Schilfes am Rande des Wassergrabens in Richtung des Erlenbruches geradewegs auf meine Kanzel zog. Das gedrungene Haupt, die kräftige Statur und auch der schon zeitweilig sichtbare Pinsel ließen schließlich keine Zweifel. Er zog an einem Graben entlang, der etwa 30 Meter von meinem Hochsitz entfernt im Bruch endete. Wenn er diese Richtung beibehielt, war es eine ideale Schußentfernung. Es zeichnete sich nur ein Problem ab. Es war schon fast hell geworden. Das veranlaßte ihn auch wahrscheinlich, sich nicht auf der freien Wiese, sondern in der Deckung des Schilfes am Graben zu bewegen. Der Wildkörper war dadurch zeitweilig durch das Schilf verdeckt, und bei einem Schuß bestand die Gefahr, daß die Kugel abgelenkt wurde. Ich beschloß deshalb abzuwarten und – wenn er die Richtung beibehielt – auf kurze Entfernung mit der Brennecke zu schießen. Er hatte sich inzwischen auf etwa 150 Meter genähert und machte auch keine Anzeichen, selbst in der Deckung des Schilfes einmal zu verhoffen.

Das Gewehr schußbereit auf der Brüstung des Hochsitzes aufgelegt, verfolgte ich ihn im Zielfernrohr. Als er sich auf 30 bis 40 Meter genähert hatte, ließ ich an einer Stelle, wo das Schilf nicht ganz so dicht war, die Brennecke fliegen. Im Schuß machte der Keiler eine volle Drehung und zog eigentlich entgegen allen Erfahrungen langsam im Schilfgürtel in die Richtung, wo er hergekommen war. Wahrscheinlich war er schwer getroffen. Schnell wurde das Gewehr erneut in Anschlag gebracht, um die Kugel als zweiten Schuß abzugeben. Damit hatte ich den Vorteil, auch auf eine größere Entfernung einen zweiten Schuß abzugeben. Nachdem der Keiler langsam am Graben entlangzog, ließ ich in etwa 80 Meter Entfernung die Kugel fliegen. Dabei hatte ich den Eindruck, etwas spitz auf den vorderen Teil des Blattes abgekommen zu sein.

Die sofortige Nachsuche mit dem Fernglas ergab erst einmal gar nichts. Der Keiler war zunächst, vom Hochsitz aus gesehen, spurlos im Schilf verschwunden. In etwa 150 Meter Entfernung überquerte ein Feldweg den Wassergraben. Diese Stelle war frei von Schilf und gut einzusehen. In den folgenden Minuten beobachtete ich deshalb diese Stelle, ob der Keiler dort weiterziehen würde. Es gab eigentlich nur drei Möglichkeiten: Entweder der schwerkranke Keiler zog in Richtung des Bruches, dann hätte ich ihn beim Einwechseln von der Kanzel aus bemerken müssen. Oder er zog weiter in Richtung des Maisfeldes, dann wäre er auf dem schilflosen Übergang des Feldweges über dem Graben zu sehen gewesen. Da keines von beiden in den nächsten Minuten geschah, konnte er sich als dritte Möglichkeit nur noch in dem Schilfgürtel zwischen Bruch und Feldweg versteckt halten oder bereits verendet sein. Da in den nächsten 10 Minuten nichts geschah, begab ich mich mit nachgeladenem Gewehr zum ersten Anschuß. Das war auch notwendig, da mit einem Keiler dieser Größe nicht zu spaßen war, wenn er zwar schwer getroffen war, aber sich noch gut auf den Läufen befand.

Am ersten Anschuß mit der Brennecke war neben den tiefen Eindrücken der Schalen bei seiner Kehrtwende nichts festzustellen. Vorsichtig ging ich schußbereit Schritt für Schritt in Richtung des zweiten Anschusses. Noch war auf dieser Strecke weder Schweiß noch etwas vom Keiler zu sehen, obwohl das Schilf relativ gut einzusehen war. Schließlich verlor ich die Fährte auf dem vom Schilf bewachsenen festen Damm des Wassergrabens. Immer unsicherer schritt ich voran, bis ich schließlich den Feldweg über dem Graben erreicht hatte. Der offensichtlich schwer getroffene Keiler blieb aus rätselhaften Gründen verschwunden. Als ich schließlich etwas dichter am Graben zurückgehend versuchte, die verlorene Fährte des Keilers wiederzufinden, machte ich eine interessante Entdeckung. Sie bezog sich nicht auf den Grabenrand, sondern auf den Wassergraben. Der Graben war ziemlich dicht mit grünen Algen bedeckt. An einer Stelle in der Nähe des zweiten Anschusses war ein etwa zwei Meter breites Loch in den grünen Algen, was im Vergleich zum allgemeinen Zustand des Grabens abwich. Als ich schließlich am Rande dieses Algenloches auch die Fährte des Keilers wiederfand, bestätigte sich mein Verdacht, daß der Keiler nicht im Schilf, sondern im Wasser verschwunden war. Der Wassergraben mochte etwa einen reichlichen Meter tief und etwa zwei Meter breit sein. Als ich schließlich bei der genaueren Beobachtung feststellte, daß sich an der algenfreien Stelle kleine Luftblasen an der Wasseroberfläche zeigten, wurde es mir zur Gewißheit, der Keiler war ins Wasser gefallen und untergegangen. Was war zu tun? Gefährlich konnte er mir bei dieser Situation ja wohl nicht mehr werden. So konnte ich in Ruhe das Gewehr entladen, das Fernglas ablegen und vom nahen Bruch einen kräftigen Stock mit der notwendigen Länge für die „Nachsuche" im Wasser herbeiholen. Zum Tatort zurückgekehrt, stocherte ich nunmehr an der algenfreien Stelle im Wasser in der Hoffnung, auf den Keiler zu stoßen. Nach einigem Hin und Her und vergeblichen Versuchen glaubte ich, meinen Keiler „geortet" zu haben. Schnell war diese Stelle am Rande des Wassergrabens markiert. Nun wußte ich zwar, wo der Keiler lag, aber es drängte sich die naheliegende Frage auf: Wie sollte ich ihn da herausbekommen?

Das war gar nicht so einfach, zumal an dieser Stelle der Graben in einen tiefschwarzen Morast überging, wo mit Sicherheit schon am Anfang der Bergungsaktion die Stiefel stecken blieben. Was blieb mir bei dieser Lage anderes übrig, als Stiefel und Strümpfe auszuziehen, die Hosen aufzukrempeln, das Jackett auszuziehen und die Hemdsärmel hochzustreifen, wobei ich in der Aufregung fast vergaß, die Armbanduhr abzunehmen. In dieser halbentkleideten Verfassung begab ich mich schließlich in das unerwartete Moorbad, um meinen Keiler zu „fischen". Wie ich schnell feststellen konnte, befand er sich nur wenige Zentimeter unter der Wasseroberfläche am Grabenrand. Das Problem bestand nun darin, ihn da herauszubekommen. Das ging am Anfang wider Erwarten gut, als er sich noch im Wasser befand und dadurch leicht zu bewegen war. Die Schwere nahm aber in dem Umfang zu, wie ich versuchte, ihn aus dem Wasser zu ziehen. Das mit Moor vermischte Wasser am Ufer, das einem schwarzen Leimbrei glich, der alles aufsog, tat ein übriges. Als ich mit großer Mühe etwa die Hälfte „meiner Beute" aus dem Moorwasser gezogen hatte, machte ich eine Pause. Schade, oder vielleicht auch gut, daß kein Fotograf in der Nähe war. Er hätte eine interessante und erheiternde Aufnahme von einem Jäger und einem Keiler machen können, die zumindest eines gemeinsam hatten, sie waren beide mit schwarzem Moorschlamm besudelt und hatten beide gleichzeitig einen Geruch angenommen, der sich nicht viel von Jauche unterschied.

Schließlich gelang es mir, mit Hilfe eines vom Auto geholten Abschleppseiles, das ich um das Haupt des Keilers schlang, ihn vom Wassergraben abzuschleppen und auf die Wiese zu ziehen. Nun war auch endlich Gelegenheit, den Keiler näher zu betrachten, nachdem ich ihn mit mehreren Eimern Wasser vom gröbsten Morast befreit hatte. Der Einschuß der Brennecke lag auf dem Stich, und die nachfolgende Kugel hatte, wie vermutet, schräg von hinten das Blatt getroffen. In beiden Fällen war kein Ausschuß vorhanden, so daß sich auch kein Schweiß auf der Fluchtfährte finden konnte, nachdem sich wahrscheinlich die dicke Speckschicht des Keilers über den Einschuß gezogen hatte.

Nach dem Aufbruch kam ich schließlich ohne fremde Hilfe doch nicht aus. Der Versuch, den Keiler allein in den Kofferraum zu bugsieren, scheiterte mehrmals an dessen Gewicht. Später stellte sich nämlich heraus, daß er aufgebrochen und ohne Wasser in den Borsten fast 90 Kilogramm wog und sieben bis acht Jahre alt war. Glücklicherweise bekam ich noch unerwartete Hilfe von einem Bauern, der auf dem Feldweg mit seinem Traktor vorbei kam. Er half mir, den „Wasserkeiler" im Kofferraum unterzubringen. Eine erfolgreiche Jagd war, wenn auch unter etwas abenteuerlichen Umständen, beendet.

Urhaftes Wild – der Elchschaufler vom Moorsee

Von Gerhard Böttger

In einer Geschichte von meinem neuen Drilling habe ich es erwähnt: „Am Horizont zeichnet sich eine Jagdmöglichkeit auf den Elch ab."

Meinen in kurzer Zeit schon so bewährten Dreilauf hatte ich in der Faust, als ich den anvisierten Horizont am 1. Oktober 1995 dann tatsächlich erreichte: Morgens im strömenden Regen stand ich an meinem ersten Elch – in Estland.

Ganz unverhofft hatte sich die Möglichkeit geboten. Der Schnappschuß auf den davontrollenden Spießer hatte diesen etwas zu weit hinter dem Blatt gefaßt.

Noch 70–80 Gänge mußten wir der Laika-Hündin am Riemen folgen, bis diese am Stück war.

Elch und Kaliber 9,3 – das paßt schon zusammen! Der Anfang war gemacht, die Jagd damit also nicht zu Ende. Ich konnte noch einen weiteren Hirsch oder auch ein einzelnes Tier, ein Schmaltier oder Kalb erlegen.

Doch beginnen wir ganz vorn: Wie kam ich überhaupt ins Baltikum, warum war es Estland, das mich anzog? Zum einen war es sicherlich mein Bestreben, den Osten generell kennenzulernen, schwerpunktmäßig die mir aus der Literatur vertrauten Gebiete von Mecklenburg (nur eben über die Elbe rüber...) bis, ja..., bis eben ins östliche Baltikum, ins Ostland.

Mecklenburg war mir fast schon vertraut, auch Vorpommern hatte ich besucht, eine Zwischenstation (Hinterpommern) hatte ich auch schon gemeistert, mit dem Aufenthalt in Estland wollte ich den

Endpunkt einer geographischen Linie abstecken, die ich in Zukunft verstärkt – und zwar jagdlich, allgemein naturwissenschaftlich und historisch – erforschen wollte.

Zu lange waren wir durch den Eisernen Vorhang ausgesperrt worden!

Zum andern betrifft es die Jagdtradition. Ich kenne eine ganze Reihe begeisterter Schwedenjäger, die regelmäßig in das landschaftlich so reizvolle skandinavische Land fahren, um dort auf Elchwild und Rauhfußhühner zu jagen. Die Jagdart auf den Elch ist dort die Drückjagd; ein oder zwei große Treiben am Tag sind die Regel, der Jäger harrt auf seinem Stand aus, sofern er nicht den Vorzug genießt, dem Hunde folgen zu dürfen. Das sind aber meistens die einheimischen Schützen.

Neuerdings werden auch mehrere Treiben an einem Tag durchgeführt, da neue geschotterte Forststraßen die Reviere besser (?) erschließen und schnelle Umgruppierungen der Jäger per Kfz zulassen. Hierzu werden zunehmend Funkgeräte eingesetzt, d. h., es gerät eine gewisse Hektik in den Ablauf. Bei der Kürze der Jagdzeit bleibt den Schweden auch gar nichts weiter übrig.

So hörte ich es von Jagdfreunden und las es in der Presse. Im großen und ganzen wird es von Revier zu Revier unterschiedlich sein, und ich hüte mich vor pauschalen Bildern. Die Spannung der Elchjagd in Skandinavien behält gewiß ihre Herausforderung für den deutschen Waidmann. Meine Intention, auf den Elch zu jagen, ist eine andere. Ich fühle mich der Tradition des „Elchwaldes" in Ostpreußen verbunden, wo die Jagd anders ausgeübt wurde. Im wesentlichen war es die Pirsch zu Fuß und mit dem Pferdewagen, weniger der Ansitz am frisch begangenen Wechsel oder am Brunftplatz, noch seltener das Zudrücken bestätigter Hirsche (nur für ganz prominente Jäger, die auch damals schon keine Zeit hatten) und nur ganz ausnahmsweise die Jagd mit dem Ruf.

Kurzum: Ich wollte pirschen, und deshalb fuhr ich nach Estland. Daß der Pirschwagen nicht mehr nur ein oder zwei PS hatte, sondern achtzig oder neunzig, das liegt leider im Zuge der Zeit und ist nicht zu ändern. Ich nahm aber Einfluß darauf, daß daneben die Fußpirsch nicht zu kurz kam.

Wenn ich eben schrieb „ich fuhr nach Estland", so muß ich mich jetzt verbessern, denn ich wählte die Luftroute und flog von Hamburg nach Tallin.

Die „Estonian Air" flog durchaus nicht mit alten russischen Iljuschin-Flugzeugen, wie mir einige Bekannte weismachen wollten, sondern es war eine neue Boeing 737-500, in der ich einen angenehmen Fensterplatz fand. Die reine Flugzeit auf dem Hinflug betrug nur 1,5 Stunden. Bei meist klarer Sicht sah ich die Ostsee-Küstenlandschaft unter mir dahingleiten. Über Estland dann Wälder und Moore, später ein Keilflug von Kranichen tief unter mir – eine höchst ungewohnte Perspektive, wie oft hingegen hatte ich emporgeblickt zu den edlen Grauvögeln!

Im relativ kleinen und daher übersichtlichen Flughafengebäude von Tallin wurde ich bereits von meinem Jagdführer erwartet.

Alar mußte einen Riecher und ein Auge für die richtige Person haben, denn obwohl noch weitere Jäger sich in der Zollabfertigung drängten, hier auch andere Fluggäste anstanden und ich zudem nicht jagdlich gewandet war, sprach er mich als ersten an. Mit meiner mir angeborenen Phantasie erkannte ich auf Anhieb, daß er mich meinte, wenngleich ich meinen Namen in dieser Aussprache noch nicht gehört hatte. Er artikulierte „Gerard" mit zwei langrollenden „r".

Nun, nicht nur sprachlich verstanden wir uns von Tag zu Tag besser. Alar, in dem ich nicht gleich – das muß ich gestehen – den Chefjäger vermutete, sprach ansonsten ein verständliches Englisch, das fortan unsere Sprachgrundlage bildete. Es kam sehr gut an, daß ich mir einen Grundwortschatz der estnischen Sprache angeeignet hatte, mich auf jagdlichem Gebiet grob verständigen konnte und auch in der Lage war, bei meinem einzigen Aufenthalt in der Stadt (in Pärnu) von der Post aus nach Deutschland zu telefonieren sowie einige Geschenke zu kaufen und mir im Restaurant etwas zu bestellen.

Meinen kleinen Band „Estnisch für Globetrotter" hatte ich immer dabei.

Die Esten sind eher zurückhaltend, man muß aufpassen, daß man am Beginn einer Bekanntschaft nicht aufdringlich wirkt. Zum Beispiel ist es nicht üblich, sich mit Handschlag zu begrüßen oder zu verabschieden.

Die zweieinhalb Stunden Fahrt bis in das kleine Dorf Pootsi verbrachten wir zum größten Teil schweigend, uns höchstens einmal gegenseitig auf eine abspringende Ricke oder auf einen Flug Gänse aufmerksam machend.

Erst beim und nach dem reichhaltigen Essen in Alars Elternhaus (seine Mutter war für das leibliche Wohl der Jagdgäste zuständig) konnte ich von ihm und seinem Bruder einiges über die Revierverhältnisse erfahren.

Alar ernährte sich, seine Familie und zwei weitere Berufsjäger, die teilweise von Aushilfspersonal unterstützt wurden, nur von der Jagd. Für die 27 000 ha zahlte er Pacht an den Staat sowie an einige Gemeinden.

Sein Verdienst war der Erlös aus der Vergabe von Lizenzen sowie aus dem Wildbretverkauf. Ausländische Jäger zahlen natürlich auch Organisations- und Jagdführungsgebühren. Der Bestand der Elche war bereits reduziert worden, im Schnitt wurde jetzt ein Elch auf 1000 ha erlegt.

Hinzu kamen 60–70 Sauen und an die 40 Stück Rehwild. Letzteres ist aus Ostpreußen und Litauen eingewandert, im Baltikum wurde es im südlichen Teil in der ersten Hälfte des 19. Jahrhunderts zum Standwild. 40 Stück Rehwild auf 27 000 ha – das ist natürlich wenig im Vergleich zu deutschen Verhältnissen, wo die gleiche Anzahl auf 800 ha – ich denke da an Auermühle in der Lüneburger Heide – geschossen werden kann.

Der regelmäßig vorkommende Luchs und der Wolf, harte Winter an erster Stelle, sowie noch jemand mit „W" – Wilderer nämlich! – halten das Rehwild kurz.

Das Gesetz von geringer Wilddichte und starken Trophäen der Böcke trifft hier leider nicht zu, ein Bock mit über 300 g Gehörngewicht ist schon etwas Besonderes und gehört zu den Ausnahmen.

Der Bär kommt vor, wenngleich ich keine Begegnung mit „karu" hatte und auch keine Fährten fand. Er ist selten, der Bestand wird aber immer wieder aufgefrischt durch Zuwanderung aus Rußland. Der Jäger Mart, mit dem ich zur Entenjagd und zum Abfährten später unterwegs war, hatte im August, ungefähr sechs Wochen vor meinem Eintreffen, einen starken Braunbären von 230 kg im Revier erlegt. Dessen Wildbret fand sich in der Wurst wieder, die regelmäßig auf dem Frühstückstisch stand. Immerhin interessant. Im Jahr 1990 ist in Estland sogar ein Rekordbär von 450 kg erlegt worden. Unglaublich, da denkt man an Alaska und Kamtschatka. Mart war mit Recht stolz auf seinen „karu"; man brauchte dieses Wort nur zu erwähnen, und schon machte er, dabei kopfnickend und lachend, die typische Handbewegung – deutete mit ausgestreckten Zeigefingern die Breite und Länge des Bärenschädels an.

Ein weiterer Bär war in diesem Jahr nicht frei; beim späteren Mondschein-Ansitz auf Sauen im Feld wurde ich darauf hingewiesen, damit ja nicht plötzlich ein Petz auf der Decke liegen würde. Ich sage zum zweiten Mal: Immerhin interessant.

Nach dem Erfolg auf den Elchhirsch vom ersten Jagdtag war eine wohltuende Ruhe bei mir eingekehrt. Als „Schneider" würde ich nicht nach Hause zurückkehren. Auf der nächsten Früh- und auch Abendpirsch bekamen wir keinen Elch in Anblick. An Schalenwild hatten wir nur einmal eine Ricke mit zwei Kitzen vor, beobachteten außerdem einen Fuchs, der uns auf einer Forststraße entgegenschnürte. Alar freute sich, daß ich wieder einmal in der Landessprache mit ihm redete, denn ich kannte die estnische Bezeichnung für den Rotrock (= rebane).

Wir hatten Muße, uns über das Elchwild allgemein zu unterhalten. Alar mit seinen (geschätzten) 35 Lebensjahren hatte an die 150 Stück gestreckt und also eine reiche Erfahrung. Seinen stärksten Schaufler hatte er allerdings nicht im eigenen Land, sondern in Finnland geschossen. Finnische Jäger kommen gern zu ihm, um auf Schwarzwild zu jagen (Drückjagd und Nachtansitz), was ja bekanntlich in Finnland nicht vorkommt. So hatten sich diese für beide Seiten nützlichen Kontakte ergeben. Alar bestätigte mir, was ich bisher nur aus der Literatur (Folke Bromée, ehemals königl. schwedischer Forstmeister und Oberjägermeiste:. „Das Elchwild" sowie Freiherr von Ungern-Sternberg: „Vom deutschen Elch in Ostpreußen", um nur zwei Werke zu nennen) wußte, dann bei meinem ersten Elch selbst erlebte: Der Elch zeichnet oft nicht oder kaum. Ausnahmen bestätigen jedoch auch hier die Regel. Hätte es sich um ein Stück Rot- oder Rehwild gehandelt, hätte ich wahrscheinlich aufgrund dieser Tatsache Vorbeischuß „diagnostiziert".

Alar als auch seine Jäger Jaan und Mart schossen übrigens die .308 Winchester aus russischen oder tschechischen Büchsen. In dieser Jagdsaison hatten sie ein Tier mit Kalb sowie zwei von Wilderern mit ungenügender Munition krankgeschossene Elche (ein angehender Schaufler, ein Tier) damit zur Strecke gebracht.

Als wir am nächsten Morgen wieder ins Revier fuhren, hatte es erneut zu regnen begonnen, der Wind hatte aufgefrischt und eine Menge Herbstlaub von den Bäumen gepflückt, das nun die Straßen bedeckte.

Das Bemerkenswerteste an diesem Morgen waren die sieben Waldschnepfen, die vor uns auf den Wegen nach und nach aufstanden; ansonsten hatten wir keinerlei Anblick.

Bei dem umfangreichen Lunch, zu dem wir uns jeweils um 15.00 Uhr versammelten, gab es diesmal als Fleischspeise einen Schweinebraten sowie die Leber des von mir erlegten Junghirsches. Gut gestärkt brachen wir danach erneut ins Revier auf. Eine kleine Verzögerung ergab sich dadurch, daß wir einmal rechts ran fahren mußten, um eine Militärkolonne vorbeizulassen. Estnische Soldaten, keine russischen! Der Abzug letzterer war zum größten Teil abgeschlossen. Nach den leidvollen Erfahrungen mit dem östlichen Nachbarn in der Vergangenheit gilt das ganze Streben der estnischen Regierung der Sicherung der staatlichen Existenz gegen potentielle Bedrohungen.

Estland wie auch seine baltischen Nachbarn streben deshalb eine Einbindung in das westliche Sicherheitssystem an. Daß diese Bestrebungen nicht die Billigung der russischen Regierung finden ist klar.

Ich erinnerte mich gut an den Vortrag des litauischen Botschafters Dr. Zenonas Namavicius, den dieser in Lüneburg auf Einladung der Deutschen Atlantischen Gesellschaft gehalten hatte. Er verglich in seinen interessanten Ausführungen die baltischen Staaten mit einem „Airbag zwischen West und Ost".

Obwohl die Blöcke nach dem Niedergang des Sozialismus an Bedeutung verloren haben, besteht dieser plastische Vergleich sicherlich zu Recht.

Litauen, Lettland und Estland arbeiten, wie zum Beispiel in der „Baltischen Versammlung", eng zusammen. Militärisch ist u. a. ein baltisches Bataillon für UN-Einsätze geplant, das 1998 stehen soll. Auf alle Fälle muß aber auch auf eine Normalisierung des Verhältnisses zu Rußland hingearbeitet werden. Im Land befinden sich noch eine halbe Million Russen, die auch bleiben wollen, da die Lebensverhältnisse in Estland noch weitaus besser sind als in ihrer eigentlichen Heimat. Auf zwei Esten kommt also ungefähr ein Russe. Nach dem Wiedergewinn der staatlichen Selbstbestimmung wird mit Macht daran gearbeitet, die Verhältnisse auf allen Ebenen zu konsolidieren.

Die Gespräche hier bewegten sich oft um die damit zusammenhängenden Probleme. Alar übersetzte mir oft Auszüge bzw. für die anderen dann meine in englischer Sprache (inglise keelt) vorgetragenen Einwendungen und Beiträge.

Wenden wir uns wieder dem Revier zu, dessen Grenze wir jetzt überschritten bzw. überfuhren.

Unterwegs hatte ich schon bemerkt, daß wir eine andere als die sonst übliche Strecke gefahren waren.

Ein mir bisher unbekannter, ein neuer Revierteil also und – ein Elchbiotop reinsten Wassers.

Unter den Weichhölzern dominierten die verschiedenen Weidenarten, die undurchdringliche, riesige Dickichte bilden. Dazwischen überall das bereits in Gold übergegangene Birkenlaub, während die Erle inselartige Bestände bildete, Eschen und Pappeln hauptsächlich an den Weg- und Schneisenrändern vorkamen. Die Eiche hingegen war hier kaum vertreten und der Ahorn setzte nur hier und da einmal seine roten Akzente.

Eine Sicht nach links und rechts war teilweise gar nicht möglich, dann wieder nur bis ca. 30 m in den Bestand hinein. Wir hofften auf Anblick auf den Schneisen und auf den Blößen im Wald, wo die Schlagflora nach Kahlhieben noch nicht wieder über den Elch hinausgewachsen war; auch neben den Wassergräben duldete man keinen Baumbestand, so daß man hier die vorhandene Krautvegetation weithin überblicken konnte.

Eine Stunde schon fuhren wir durch dieses Gebiet, die Waldbilder änderten sich zwar ständig, ähnelten sich aber sehr – in der beschriebenen Weise.

Welch Hülle und Fülle an Äsung für den Elch!

Doch leider sahen wir keinen.

Auf einem höhergelegenen Moränenhügel kamen wir dann in einen hier fast fremdartig wirkenden Fichtenaltholzbestand hinein. Ausgerechnet hier entdeckte ich die weißen Läufe eines Elches, die sich beim Erscheinen unseres alten, weißen Geländewagens sofort in Bewegung setzten. Ein Hirsch, kurz hatte ich das Stangengeweih in Anblick!

„Look, the cow!" Alar, der den Wagen gestoppt hatte, wies auf das 50 m seitlich stehende Tier, das bewegungslos zu uns hin sicherte, dann aber dem abtrollenden Hirsch folgte. Die langen Läufe sind auch in dieser Gangart ganz schön schnell! Natürlich war ich längst raus aus dem Gefährt und suchte durch das Zielfernrohr den Hirsch.

Waldeinwärts standen die Stämme dichter, war auch hier und da ein Jungfichtenhorst zu finden. Zwei- bis dreimal sah ich ein Stück graue Decke in einer Lücke auftauchen und wieder verschwinden, dann gar nichts mehr.

Ich war parallel mitgezogen, mittlerweile über eine weite Schrotschußdistanz vom Jeep entfernt.

Den Drilling hängte ich mir wieder über die Schulter, schaute durch das Glas angestrengt in den Bestand hinein und – hatte plötzlich die mir zugewandte Muffel des Hirsches mit dem respektablen Stangenpaar darüber in der Optik!

Reglos verhoffte der Hirsch, nur die großen, verhältnismäßig schlanken Lauscher bewegten sich sachte.

Mindestens 150 Meter waren es jetzt bis zu ihm hin. Doch der Wildkörper war verdeckt, auch als der Hirsch dann das Haupt wendete und zurückäugte (dem Tier hinterher, das vielleicht noch brunftig war), wobei der Bart, dieser kegelförmige Hautsack an der Kehle, ins Schwingen geriet, sah ich keine Chance zum Schuß. Doch dann kam der Stangler wieder ins Ziehen, blitzartig vertauschte ich wiederum Glas und Waffe, sah sogar sekundenlang den ganzen gedrungenen Rumpf mit dem vom hohen Widerrist abfallenden Rücken von der Breitseite, doch zum Zielauffassen reichte die Zeit nicht.

Da verhielt er wieder! Eben war Alar bei mir angekommen, bot mir seine Schulter zur Auflage. Der Zielstachel saugte sich auf der grauen Decke fest. Nein, es ging nicht, genauso hatte ich es mit einem Damhirsch einmal erlebt: Haupt, Blatt und Keulen waren verdeckt, sollte ich absichtlich einen Schuß „mittendrauf" anbringen? Niemals! Weiterer Überlegungen enthob mich der Hirsch, plötzlich war die Lücke wieder frei, keine Bewegung mehr, sicherlich war er dem Tier nachgezogen. In der Richtung lag einer der besten Elcheinstände, wie Alar mit später erzählte. Es handelt sich um ein unwegsames Moorgebiet zwischen zwei Sumpfseen, dem Ermistu järv und dem Töhela järv (järv = See). Kein Weg und Steg führt zu ihnen hin, und beide liegen mindestens fünf Kilometer vom nächsten befahrbaren Weg entfernt.

Der Jäger Mart (der Bärentöter mit der typischen Handbewegung), mit dem ich am vorletzten Tag am Rande dieses Gebietes pirschte, bot mir dort eine eindrucksvolle Demonstration: Von einem Haselnußstrauch schnitt er einen 3–4 m langen Schößling ab, gut daumenstark, und – stieß ihn einfach vor sich in den Boden, trat zum Schluß noch einmal drauf, bis die Rute gänzlich verschwunden war! Danach verstand ich, warum Alar immer gezögert hatte, wenn ich ihn bat, mir doch wenigstens einen dieser geheimnisvollen Seen zu zeigen.

Es ist nicht dazu gekommen, auch aus zeitlichen Gründen war diese „Expedition" nicht mehr möglich.

So denke ich heute noch manchmal daran, wie es an den stillen, der Zivilisation entrückten Gewässern wohl aussehen mag.

Oder war es dort nicht ganz geheuer, trauten die Esten sich nicht in das Reich des Erdgeistes Alune (= des Unterirdischen), der einsame Wanderer, Verirrte, zu wagemutige Jäger, aber auch versprengtes Vieh zu sich herabzog in sein Reich?

Der Aberglaube der baltischen Landbevölkerung, die in dünnbesiedelten Moor- und Waldgegenden sehr abseits lebt, ist oftmals stark ausgeprägt, und Spuren vergangenen Heidentums sind deutlicher zu finden als anderswo.

Der Hirsch mit dem spätbrunftigen Tier war fort. Wir blieben zwar noch eine Viertelstunde am Ort, doch umsonst. Nach kurzer weiterer Pirschpfad war schon die Zeit gekommen, sich des gedeckten Frühstückstisches zu erinnern, wir „drehten also bei". Zu dieser Jahreszeit ruht der Elch tagsüber, und der Jäger kann das gleiche tun, sich außerdem um seine Atzung kümmern.

Daran fehlte es hier wahrhaftig nicht. Die Verpflegung war erstklassig. Früh um fünf gab es den Morgenkaffee mit Weißbrot, Marmelade oder auch Wurst, wahlweise auch leichtes Gebäck. Wenn wir pünktlich aus dem Revier zurückkamen, freuten wir uns über die um 10.00 Uhr gereichte warme Mahlzeit. Bratkartoffeln, Fleisch, Eierspeisen, warmes Gemüse, knackige Tomaten aus dem eigenen Gewächshaus, Gurken und Kürbisabschnitte, verschiedene Wurstsorten... alles war reichlich da, ich kann gar nicht alles aufzählen. Getrunken wurde Tafelwasser, Saft oder Bier. Letzteres wohlschmeckend und bekömmlich aus einer einheimischen Brauerei. Wasser oder Saft kann ich leider nicht beurteilen.

Ich will weiter chronologisch berichten: Jaan, der passionierte, alte Hunter mit dem verwitterten Gesicht unter der roten Elchmütze, war mein Fahrer und Jagdführer am nächsten Morgen. Sein übliches Gefährt war der berühmte „Russki-Mercedes", den ich schon in Ungarn kennengelernt hatte. Ein tarnfarbener Unimog, unübertroffen im schwierigen Gelände. Das wollte Jaan mir wohl auch beweisen, denn so durch dick und dünn, auf unwahrscheinlichen Wegen, war ich mit Alar und seinem Japaner denn doch nicht gefahren. „Mitten durch die Einstände", bin ich fast geneigt zu sagen.

Es kam, was kommen mußte, aber in der ganzen Woche nur dieses eine Mal passiert ist: Wir fuhren uns fest. Der Wagen neigte sich nach rechts zur Seite, die Räder drehten durch, nichts ging mehr. Das rechte Vorder- und das rechte Hinterrad steckten bis über die Mitte im anmoorigen Grund. Jaan fluchte nicht schlecht, während ich leider nur einen einzigen (estnischen!) Fluch kannte, mit dessen Kenntnis ich schon einmal geglänzt hatte: „Kurat votaks – Hol's der Teufel!"

Nun fährt kein estnischer Jäger ohne die geliebte Axt in den Wald. Jaan ergriff das langstielige Instrument und machte sich daran, größere Fichtenzweige von den Bäumen zu schlagen, die ich dann in Bündeln zum Wagen schleppte und hinter die eingesunkenen Räder schichtete. Nach mehrmaligem Zurückfahren und Umschichten waren wir wieder flott und die Pirschfahrt konnte weitergehen. Und plötzlich hatten wir Anblick!

Zunächst war es eine Ricke mit Kitz, die uns auf 30 Meter passieren ließ; keine sonderlich starken Stücke. Nur fünf Minuten später ein einzelner Bock, lauscherhoch auf. Noch ein einzelnes Stück Rehwild, nicht anzusprechen – alles mitten im Wald.

Und schließlich – Elch, auf beste Schußentfernung!

Jedesmal wieder gab es mir einen Schlag aufs Herz beim Anblick des urigen Wildes.

Es war ein einzelnes Tier, das wir da in einem lückigen Jungwuchsbestand vor uns hatten. War es wirklich allein? Noch während ich mich das fragte, glaubte ich eine Bewegung seitlich in einer dichten Buschinsel wahrzunehmen. Noch nicht einmal sekundenlang tauchte dort ein schwächeres Stück auf – das muß ein Kalb gewesen sein. Es zeigte sich jedoch kein zweites Mal, der Griff zum Drilling erübrigte sich. Natürlich ließen wir das Tier in Ruhe, erfreuten uns nur an dem Anblick. Jaan artikulierte folgendermaßen in einer Sprache, in der es keine Mißverständnisse gibt: „Tip-top Mama, nix…" und machte hinterher die Bewegung des Zielens und Schießens. Zu deutsch: „Dies ist ein starkes Tier in der Blüte seiner Jahre, als führendes Stück wird es selbstverständlich nicht geschossen."

Noch zwei, drei Minuten äste das Tier an Weidenbüschen und niedrigen Ahornstämmchen, ehe es abrupt wendete und in dem dichten Zeug verschwand, aus dem sein vorsichtigeres Kalb gar nicht erst zum Vorschein gekommen war.

Das war's für diesen Morgen. Jaan lenkte den Russki-Mercedes zurück nach Pootsi, wo wir uns den Kartoffelsalat mit zwei Arten von heißen Würstchen schmecken ließen. Der vielen Fahrerei überdrüssig, unternahm ich danach eine dreistündige Wanderung durch die Wälder in der Umgebung des Dorfes. Hier war Alars Vater jagdberechtigt, und ab und zu pirschten hier auch die Jagdgäste. Fährten von Elch-, Schwarz- und Rehwild fand ich wohl, hatte aber keinen Anblick, was zu dieser Tageszeit natürlich auch nicht unbedingt zu erwarten war.

Die Luft war rauher geworden, Kraniche und Wildgänse zogen in Keilen nach Südwesten und ließen sich auch stimmlich vernehmen. Etwas Faszinierendes geht von diesen Rufen aus, sie symbolisieren den Herbst und damit die schönste Jahreszeit des Jägers.

Am Nachmittag fuhr ich wieder mit Alar. Er setzte mich dort ab, wo wir den Stangenhirsch mit dem Tier gesehen hatten. Während er einige Salzlecken und zwei Kirrungen für Schwarzwild kontrollieren wollte, die es hier also durchaus gab (wenn auch in geringer Anzahl), wollte ich eine längere Fußpirsch in diesem Gebiet unternehmen.

Zunächst einmal zündete ich mir einen Zigarillo an, verfolgte mit dem Blick die sachte dahinwehenden Rauchfahnen, die mir guten Wind für meine Pirsch versprachen.

Langsam zog ich dann los. Es war an diesem Tag so warm, daß ich meine Jacke im Wagen zurücklassen konnte. Der tarnfarbene Pullover war ohnehin vorteilhafter für mein Vorhaben als der einheitlich grüne Loden, der in den Mosaikfarben des Herbstwaldes auffälliger wirkt. Immer wieder blieb ich stehen, leuchtete mit dem Glas jede Schneise ab, untersuchte jede Lücke im Bestand und die Blößen, an denen ich vorbeikam. Als ich einmal auf die Uhr schaute, war ich ganz erstaunt, daß schon über eine Stunde vergangen war.

Zu Fuß kann man sich das riesige Revier nicht erschließen – das muß man als praktisch veranlagter Mensch und Jäger einsehen. Andererseits war ich froh, den Motorenlärm einmal nicht zu vernehmen, und trotz meiner vormittäglichen Wanderung immer noch bewegungshungrig. Es gab keine Zivilisationsgeräusche. Nur mein Drilling und ich, allein in diesen wilden Forsten – es war dies die Stunde, in der ich die Poesie der Weite der Wälder am deutlichsten, eindringlich und fast rauschhaft, verspürte.

Dem stand auch nicht entgegen, daß ich keinen Anblick von Schalenwild hatte; ich wußte um die geringe Wilddichte. Es kam der Punkt, an dem ich entweder kehrtmachen oder einen in etwa parallelen Rückweg nehmen mußte; es galt, den Zeitpunkt einzuhalten, zu dem ich mich mit Alar wieder treffen wollte. Nach nur kurzem Zögern entschied ich mich, den gleichen Weg zurück zu pirschen, diese Strecke berührte die aussichtsreichsten Plätze. Schade, daß sich mir außer dem Fuchs noch kein Raubwild gezeigt hatte: der Luchs zum Beispiel, dessen Besatz in Estland immerhin mit rund tausend Exemplaren angegeben wird, oder sein Feind, der Wolf, von dessen Sippe Alar fast in jedem Jahr einen erlegte. Oder gar „karu", Meister Petz, das wäre ein Anblick! Ich träumte davon, war mir aber auch klar darüber, daß die Erfüllung dieses Wunsches eine ganz besondere Gabe unserer schlanken Jagdgöttin Diana sein würde.

Meine „Raubwild-Wünsche" wurden nicht erfüllt, trotzdem hatte ich weder heute noch überhaupt auf meiner Estland-Fahrt Anlaß, mich über das schöne Weib mit dem Jagdbogen zu beklagen. Wieder einmal kam ich an einer Schneise vorbei, nahm, wie üblich, das Glas hoch und leuchtete alles sorgfältig ab. Nichts. Glas wieder runter, und schon wendete ich mich ab. Halt! Gerade eben war da doch noch eine Bewegung. Ich riß die Optik wieder hoch – und erstarrte.

Aus der dichten Vegetation hatte sich ein Haupt erhoben, ein Elchhaupt mit einem Stangengeweih!

Diese verdammten Stauden auf der Schneise waren wirklich so hoch, daß sie selbst diesen starken Hirsch fast verschluckten. Ich sah nur den oberen Teil des urtümlichen Hauptes mit dem mir zugewandten breiten Windfang und den waagerechten Stangen links und rechts, die drei bzw. vier Enden trugen.

Bei dem guten Licht konnte ich das genau ansprechen, der Hirsch stand keine hundert Meter entfernt. Aber ein alter Hirsch – und für den hielt ich ihn – verhofft nicht lange, wenn er Unrat wittert.

Eben noch standen wir uns Aug' in Licht gegenüber – vielleicht zwölf, fünfzehn Sekunden hatten wir uns gemustert –, da drehte er schon das Haupt, Bewegung entstand in den Stauden, kaum sah ich, wie er nach rechts in den Bestand hinein verschwand, so verfilzt und undurchsichtig war dort alles. Den Drilling hatte ich nicht einmal von der Schulter genommen, es hatte sich absolut keine Möglichkeit zum Schuß geboten.

Nun hatte ich zwar Nackenwind bei meiner Rückpirsch, doch der Elch hatte weit genug seitwärts gestanden, so daß er mich von der Stelle aus sicher nicht gewittert hatte. Meine Gedanken rasten, nur wenig später ich selbst auch. Nein, ich will nicht übertreiben, gerast bin ich nicht; im schnellen Dauerlauf eilte ich zurück, parallel zur Fluchtrichtung des Elches. Nach knapp 300 m war ich an einem Wassergraben angelangt, der nach links weg in den Wald hinein verlief. Die einzige Chance, die ich sah, aus der Situation „noch etwas zu machen":

Würde der Hirsch seine Richtung beibehalten, müßte er diese offene Linie kreuzen, hier wollte ich mich also vorlegen. Langsam, die Pulse beruhigten sich dabei wieder, ging ich am Grabenufer entlang und suchte mir nach ca. 50 Gängen einen leicht erhöht liegenden Buckel, der sowohl Ausblick als auch Schußfeld nach vorne bot. Links und rechts des Grabens gab es nur niedriges

Gesträuch, das Wasser selbst war so breit, daß auch für einen hochläufigen Elch ein Überfallen schlechterdings unmöglich war. Außerdem tut das kein Elch, der nur leicht angerührt wurde.

Sollte er auftauchen, rechnete ich mir also eine gute Chance aus. Mein variables Zielfernrohr hatte ich auf 4fach runtergedreht, denn dies war eine Drückjagdsituation! Ich war so fixiert und konzentriert auf das Erscheinen des alten Stanglers, daß ich das Bild, wie er den Graben überwinden würde, ganz plastisch vor mir sah. Ein Wunschtraum im äußerst wachen Zustand war es.

Doch es rührte sich nichts. Der Drilling wurde mir langsam schwer in beiden Händen, ich setzte den Kolben auf der Fußspitze ab. Eine Viertelstunde harrte ich bereits aus.

Vielleicht hätte ich – so denke ich heute – bis zum Schwinden des Büchsenlichtes dort warten sollen.

Auf der anderen Seite war die Verabredung mit Alar, die ich zeitlich wenigstens einigermaßen einhalten wollte. Zehn Minuten gab ich zu, legte dann noch einmal fünf Minuten drauf, bevor ich abmarschierte. Das Stück Weges bis zur bewußten Schneise legte ich heute zum vierten Mal zurück!

Anblick gab es nicht mehr, mein Jagdführer erwartete mich schon mit leichter Sorge. Ich beruhigte ihn scherzhaft: Außer vom Elch angenommen, vom Bären umarmt, vom Wolf gefressen, von einem Wilderer angeschossen oder im Sumpf versunken zu sein konnte mir doch hier nichts passieren! Diese spannende Pirsch mit dem erregenden Anblick werde ich in einem Geheimkästchen meines Gedächtnisses aufbewahren, das ist sicher.

Für den folgenden Tag gilt das nicht, d. h. für den Morgen und Abend im Revier. Die Zeit dazwischen verbrachte ich in der Stadt Pärnu, an die ich mich sehr gut erinnern werde. So kurz mein Aufenthalt war, so eindrucksvoll war er. Alars Mutter, deren Kochkünste ich schon gelobt habe, war so nett, mich zu ihrer wöchentlichen Einkaufstour mitzunehmen, sonst hätte ich keine Möglichkeit gehabt, aus dem kleinen Dorf herauszukommen. Während sie ihre Besorgungen machte, kaufte ich eine wunderbar gearbeitete Bernsteinkette für meine Frau sowie weitere Geschenke für meine

Kinder. Wie ich schon schrieb, hatte ich dann noch in der Post zu tun und in einem Restaurant meine Sprachkenntnisse anzuwenden, bevor der Zeitpunkt kam, mich wieder in Richtung des vereinbarten Treffpunktes in Bewegung zu setzen. Nanu, da war doch noch jemand im Auto?

Es war die Freundin meiner Wirtin, die zu ihrer Arbeitsstelle gebracht werden wollte.

Ihren Dienst brauchte sie aber erst in zwei Stunden anzutreten. Da die aparte Estin ein durchaus verständliches, sehr charmant vorgetragenes Deutsch sprach, war sie auf die Idee gekommen – oder hatte Frau Kuusik sie darauf gebracht –, dem Gast aus saksamaa (Deutschland) ihre liebenswerte Heimatstadt zu zeigen. Ich war natürlich freudig einverstanden und ließ mir auf der folgenden Rundtour die Stadtteile, die Sehenswürdigkeiten, die großen Hotels am Strand, die jetzt etwas verwaist wirkten, erklären. Pärnu (in deutsch-baltischen Zeiten Pernau) ist eine (wieder) aufstrebende Perle an der Rigaer Bucht, die sicherlich bessere Zeiten gesehen hat, aber – wie das ganze Land – nach Abschütteln der kommunistischen Zwangsherrschaft mit Macht nach oben strebt.

Der Abend im Revier brachte an Schalenwild nur eine Ricke in Anblick; dafür sahen wir 50 Kraniche auf einer Wiese rasten, ein imposantes Bild, das uns veranlaßte, den Wagen zu stoppen, um die großen Vögel mit den Gläsern etwas genauer anzuschauen, was sie keineswegs übelnahmen. Die folgende halbe Nacht saß ich dann im Felde auf Sauen an, die aber durch Abwesenheit glänzten.

Nach dem aktionsreichen Tag und dem wenigen Schlaf in der Nacht war ich am anderen Morgen noch recht müde, als ich mich um fünf Uhr zu einer schnellen Tasse Kaffee an den Tisch setzte. Mit Beginn der Morgendämmerung waren wir pünktlich wieder im Revier und fuhren, wie meistens, zunächst die offenen Feld- und Ödlandflächen ab, auf denen wir regelmäßig – nichts sahen. Die Elche, die ich während meines Aufenthalts dort vorhatte, zogen immer im dichten Busch. Dort war zu dieser frühen Stunde aber noch kein ausreichendes Büchsenlicht vorhanden, auf das wir beim Abfahren der Feldflur warteten. Heute bemerkten wir sogar eine Bewegung auf einem der riesigen Schläge, die in vorkommunistischer Zeit wohlbestellte Felder eines – jetzt verfallenen – Gutshofes waren. Ein Feldhase buckelte dort entlang. Die Esten bezeichnen den Einwanderer aus dem Südwesten einfach als Litauer. Auch für das zugewanderte Rehwild mußten sie sich eine neue Wortschöpfung einfallen lassen. Das erste Stück, das ich zusammen mit Alar entdeckte, wurde von ihm als „Kitz" bezeichnet. Ich wunderte mich gleich zweimal:

Erstens über seinen deutschen Wortschatz, zweitens über seine fehlerhafte Ansprache, denn es handelte sich einwandfrei um eine starke Ricke. Nach kurzer Diskussion auf Englisch wurde das Mißverständnis beseitigt. Alar meinte „kits", was auf Estnisch Ziege bedeutet und in dieser Kurzform auch als Bezeichnung für das Reh verwendet wird. Offiziell sagt man aber „metskits" (mets = Wald), so daß aus unserem Reh eine „Waldziege" wird!

Als das Licht auch im Busch zum Ansprechen reichte, fuhren wir in die wilden Jagen hinein.

Eine halbe Stunde war ungefähr verstrichen, als wir wieder einmal an eines dieser ausgedehnten Weidendickichte kamen, das nur von einer einzigen Schneise durchschnitten wird. Alar fuhr in langsamster Fahrt hinein. Wenig später wollte er mich auf einen Haselhahn aufmerksam machen, der auf seiner, der Fahrerseite, von einer winzigen Lücke im Bestand wegpurrte. Ich nahm jedoch kaum den Kopf zur Seite, denn ich beobachtete scharf und konzentriert nach rechts. Am gestrigen Morgen, bevor ich nach Pärnu fuhr, hatte ich diesen verwachsenen Weg auf meiner Fußpirsch durchmessen und auf den wenigen bloßliegenden Bodenstellen Trittsiegel von Hirsch, Tier und Kalb ausgemacht. Mehrmals war ich stehengeblieben, um die über meiner Kopfhöhe (ich bin 1,88 m groß) verbissenen Weidenschößlinge zu bestaunen und zu begutachten.

Irgendwie hatte ich heute ein flaues Gefühl in der Magengegend. Das sollte wohl etwas bedeuten, denn . . . da! Elch auf meiner Seite im Unterholz. Hirsch. Schaufler! „Good bull, good bull!" hörte ich die Bestätigung von meiner linken Seite.

Eine halbe Stunde später dachte ich darüber nach, daß ich in dem Moment überhaupt nicht nachgedacht habe.

War vielleicht auch besser so, denn zum unschlüssigen Abwägen und langen Rekognoszieren war absolut keine Zeit. Der Hirsch – nur 50, 60 Gänge entfernt – trollte sofort ab und viele, viele Zweige des verfilzten Jungwuchsbestandes deckten seine Flucht.

Ich war schon raus aus dem Gefährt, hatte zunächst keine Sicht mehr, federte einige Sprünge vorwärts – war da nicht eine Lücke? „Er" tauchte auf. Drilling hochgerissen, mitgeschwungen, Schuß. Von Zielen kaum eine Rede. Intuition hatte mein Handeln bestimmt. Weg war der „pöder" (estnisch: Elch), im dichten Zeug verschwunden.

Der trollende Riese eben, welch ein urwüchsiges Bild – wie aus lang vergangenen Zeiten!

Alar kam hinter mir her, ganz blaß war er und schaute mich fragend an, aber ich wußte keine Antwort auf seine wortlose Frage. Mir war unheimlich warm geworden, ich riß mir die Jacke vom Körper, ließ sie einfach zu Boden fallen, legte Fernglas und das schnell abgenommene Zielfernrohr darauf und eilte mit dem nachgeladenen Drilling in der Faust Richtung Anschuß.

Auf Anhieb war dort nichts zu sehen, doch dann eine Bewegung, ein Rauschen in den vergilbten Schilfgräsern. Ein uriges Haupt mit mächtigem Schaufelpaar tauchte dort sekundenlang auf.

Er lag, konnte mir nicht mehr entkommen!

Ich wollte hineilen, um den Fangschuß anzubringen, doch Alar stand schon wieder hinter mir und hinderte mich daran. Er als Jagdführer wollte es tun, und so fiel nach dem Schuß aus dem Drilling noch ein Schuß aus der Büchse.

Ein – für Nordeuropa, für Estland – kapitaler Schaufler lag vor uns. Kein Mensch kannte ihn, hat ihn jemals gesehen – weder die Berufsjäger noch die anderen Einheimischen; vielleicht war er von fern her zugewechselt. Ich war der erste, der ihn in Anblick bekam, und nicht einmal zehn Sekunden später habe ich geschossen.

Selbst das wäre fast zu spät gewesen.

Mit diesem Waidmannsheil hatte ich nicht rechnen können. Aus dieser Sicht war es vielleicht doch gut, daß ich auf die Stangenhirsche nicht zu Schuß gekommen war. Dieser Schaufler – unvergleichlich, ein Traum war Wirklichkeit geworden.

Die Rosen dieses einzigartigen Geweihs konnte ich nur zu zwei Dritteln mit der Hand umspannen. Unwahrscheinlich dick die Schaufeln mit den insgesamt fünfzehn Enden, von denen das kürzeste 10 cm, acht über 20 cm und das längste 30 cm maß.

Mit 10,5 kg Geweihgewicht (was allerdings – leider finde ich – für die formelmäßige Bewertung keine Rolle spielt) trug dieser urhafte „pöder" vom Moorsee (der nicht weit entfernt war) eine klare Medaillentrophäe, die alle Aussichten hatte, die Spitzentrophäe Estlands 1995 zu werden bzw. zu bleiben.

So sagte es mir später Alar, nachdem ein „hohes Tier" aus dem Forstministerium angereist war und sich das Geweih angeschaut hatte. Auch der Jagdvermittler Kremser aus Stade (Niedersachsen) war der gleichen Meinung.

Doch ich will nicht vorgreifen. Damals, an dem gefällten Recken, waren mir Punkte und Zahlen noch wirklich völlig egal. Schlicht und einfach glücklich saß ich im Gras und rauchte genießerisch ein braunes Tabakstäbchen, was diesmal sogar Alar akzeptiert hatte, der sonst nur auf seine Zigaretten eingeschworen war.

Kostbare Minuten, Sternstunde eines Jägers.

Unfaßbar, wie schnell so ein Zeitabschnitt vergehen kann. Beim Aufbrechen dann stellten sich Hunderte von kleinen, schwarzen Fliegen ein, die Alar verschonten, aber mich ganz erbärmlich bissen. An die siebzig rote und kreisrunde Flecken zählte ich später an Händen und Armen. Aber – was spielt das noch für eine Rolle? Sicherheitshalber schärften wir das Haupt ab und nahmen es gleich mit. Die beiden Schüsse waren evtl. nicht nur von den Kolkraben richtig gedeutet worden; Urvater Odins Boten kreisten bereits über uns. Ihr Deputat würden sie – wie schon so oft – in Form des Aufbruchs von mir bekommen.

Nein, wir dachten an Zweibeiner. 10–15 % des genehmigten Abschusses – so Alar – wird von Wilderern „erfüllt".

Von den beiden kranken Elchen, die den Fangschuß erhalten mußten, habe ich schon erzählt. Wie viele Stücke – auch der anderen Wildarten – sind vielleicht in unzugänglichen Dickungen verludert?

Doch mir sollte kein Raubschütze dieses Prachtgeweih streitig machen. Alar und ich hatten etwas Mühe, das schwere Haupt über den Wassergraben zu transportieren, den ich vorhin noch ohne weiteres übersprungen hatte. Das breite Schaufelpaar paßte gerade so eben in den Laderaum des Geländewagens hinein.

Auf halbem Weg zurück fuhren wir noch bei einem anderen einheimischen Jäger vorbei, den wir an seiner Arbeitsstelle in einer Reparaturwerkstatt antrafen. Alar wollte natürlich das Geweih vorzeigen, um auch einen gebührenden Anteil des Ruhms einzuheimsen. Plötzlich standen zehn, zwölf Männer um unseren Jeep herum! Ich stieg ebenfalls aus, schließlich mußte ich auch meinen Senf dazugeben, was ich mit wenigen estnischen Brocken sowie auf Deutsch und Englisch auch reichlich tat.

Einer der Männer war an die offene Beifahrertür getreten und sein Blick fiel auf meinen innen auf den Sitzen liegenden Drilling. Diese Augen waren Jägeraugen, das sah und spürte ich, außerdem konnte ich mir denken, was er gern tun würde. So gab ich ihm den Dreilauf zur Begutachtung in die Hände, nachdem ich durch Abkippen des Laufbündels gezeigt hatte, daß er (selbstverständlich!) nicht mehr geladen war.

Sein blitzschneller Anschlag bewies mir, daß ich hier einen Kundigen vor mir hatte. Die Waffe wanderte von Hand zu Hand, und jede Einzelheit, vom Pistolengriffkäppchen mit meinen Initialen bis zum variablen Zielfernrohr wurde eingehend erörtert.

Es lag mir fern, in irgendeiner Weise zu protzen; das merkten die Männer auch, wir waren halt Gleichgesinnte, und stolz zu sein auf seine Waffe – das ist erlaubt.

Zurück in Pootsi wurde mir noch einmal bewußt, was für einen Schaufler ich gestreckt hatte.

Mart und Jaan, welch letzterer eine ganze Litanei von Freudenflüchen ausstieß, als er das Elchhaupt sah, mußten die zweite

Flügeltür der Scheune öffnen, damit die Schaufeln mit ihrer Auslage von gut über einem Meter dort hindurchpaßten.

Wenn ich an die Wildnis dachte, in der der alte Recke seinen Einstand genommen hatte – vielleicht war es doch ein „einheimischer" und ein ganz heimlicher dazu –, so wundert man sich, wie lautlos und schnell er mit dem ausladenden Schaufelpaar durch den dichten Busch trollt.

Von einem anderen, wenn auch nicht so starken Schaufler hatten mir die Jäger erzählt.

„Vielleicht, vielleicht...", sagte Alar, „gibt es auch noch so einen Kapitalen, wer weiß, wer weiß?"

Ich dachte auch an die großen Elchheger und -jäger, die durch die schriftliche Niederlegung ihrer Kenntnisse mir geholfen hatten, mich auf diese Jagd vorzubereiten. Es waren der ehemals königlich schwedische Forstmeister und Oberjägermeister Folke Bromée, die Deutschen Hans Kramer und der Freiherr von Ungern-Sternberg, auch Arvid von Nottbeck hatte ich gelesen und nicht zu vergessen das wundervolle Buch des Malers Alexander von Fersen: „Elchjagd mit dem Ruf", um einige weitere zu nennen.

Mart und Jaan kamen wieder. Der Unimog wurde klargemacht. Das Heimbringen so eines starken Stückes von erheblichem Gewicht erfordert allerlei bei den dortigen Geländeverhältnissen.

Welch ein Elch, welch ein Tag, und später – welch ein Abend!

Überraschung im Roggenfeld

Von Dr. Helmut Koch

Die Jagd an einem schönen Sommerabend im August war besonderen Bedingungen unterworfen. Sie bestanden darin, daß meine Frau mich begleitete. Wenn man die Frage stellt, was das mit den besonderen Jagdbedingungen zu tun hat, so ist das einfach zu erklären. Die Anwesenheit meiner Frau war mit einem Schießverbot verbunden, das sich auf alle Wildarten mit Ausnahme der ausgewachsenen Wildschweine erstreckte. Sie wurden nur deswegen nicht verschont, weil sie – wie meine Frau empört und vorwurfsvoll feststellte –, „kleinen niedlichen Rehkitzen nachstellten".

Mit diesen Jagdbeschränkungen belastet, bestiegen wir einen Hochsitz, der an einer Wiese stand und von großen Getreide- und Maisfeldern umgeben war. Bei diesem Ansitz blieb mir eigentlich nur die Hoffnung, neben der mir nur gestatteten Beobachtung von Rot-, Dam- und Rehwild eventuell Wildschweine vorzubekommen, die sich zu dieser Jahreszeit oft in den umliegenden Getreide- und Maisfeldern eingeschoben haben. Von dumpfen Vorahnungen geplagt, kam es natürlich in dieser Situation so, wie es kommen mußte. Wir hatten kaum eine Viertelstunde gesessen, als plötzlich ein Rehbock wie aus dem Boden gestampft mitten vor uns auf der Wiese stand. Er hatte bisher unbeobachtet von uns im hohen Gras gesessen und äugte nun noch scheinbar etwas verschlafen in seine Umgebung. Natürlich, wie konnte es anders sein: Es war ein alter Abschußbock. Sein Sechser-Gehörn überragte deutlich die Lauscher, und er schien sogar schon etwas zurückgesetzt zu haben.

„So ein schöner Bock", sagte meine Frau leise und freute sich über den Anblick. Diszipliniert wurden die aufkommenden Wünsche eines Jägers unterdrückt. Da stand der Bock nun breit und regungslos in kaum 30 Meter Entfernung von uns und vor meinem geladenen Gewehr. Wenn man abergläubisch wäre, hätte man bei etwas Phantasie annehmen können, daß dem Bock mein Jagdverbot bekannt war. Er begann für mich provokatorisch in aller Ruhe zu äsen, und das einzige, was ihn zu stören schien, waren die Mükken, die er zeitweilig mit heftigem Schütteln des Hauptes abzuwehren versuchte. Dieser für meine Frau „schöne Anblick" und die damit verbundenen Qualen eines Jägers währten eine knappe Stunde. Schließlich bereitete der Bock meinem Jägerleiden ein Ende und verschwand im angrenzenden Kornfeld. Einerseits stolz über meine Disziplin und andererseits mit Bedauern über den entgangenen Abschußbock erwartete ich die kommenden Ereignisse.

In der nun folgenden ruhigen Phase ohne besondere Vorkommnisse gingen mir zwei „Jagderlebnisse" durch den Kopf, die sich auch in Begleitung meiner Frau ereigneten.

Eines geschah auf einem Hochsitz am Waldrand an einer Wiese. Nachdem wir schon vorher ein Knacken im hinter uns liegenden Wald gehört hatten, wechselte im wahrsten Sinne des Wortes direkt unter dem Hochsitz ein Überläuferkeiler auf die Wiese. Auf das mir eingeräumte Abschußrecht auf größere Schweine pochend, traf ich sofort alle Vorbereitungen zum Schuß. Doch da hatte ich trotz aller Zusagen mit der Tierliebe meiner Frau nicht gerechnet. Der Überläufer stand etwa 40 Meter vor uns breit und frei auf der Wiese. Meine Frau, die ebenfalls diesen Vorgang beobachtet hatte, versuchte mich nun eindringlich zu bewegen, „dieses schöne Tier" in Frieden zu lassen. Diese Forderung stieß natürlich auf meine Gegenwehr und ich brachte das Gewehr in Stellung. Ihre nun nahezu drohend vorgebrachten Bitten brachten mich so aus dem Konzept, daß ich die Meisterleistung vollbrachte, auf diese kurze Entfernung vorbeizuschießen. Ich konnte es gar nicht fassen, daß der Überläufer auf dem gleichen Weg, den er gekommen war, unter dem Hochsitz zurückwechselte. Der zweite Schuß mit der Brennecke, den ich steil von oben abgab, schien auch vorbeigegangen zu sein. Obwohl der Überläufer flüchtig und scheinbar unverletzt im Wald verschwunden war, konnte ich in diesem Falle natürlich auf eine Nachsuche nicht verzichten.

Als ich den Hochsitz verließ, wandelte sich schlagartig das Mitleid meiner Frau mit dem Wildschwein in eine Sorge um mich um, da sie auch schon viel von den wehrhaften Schweinen gehört hatte, die Jäger angenommen und oft übel zugerichtet hatten. Nachdem ich durch das Nachladen des Gewehrs meine Wehrfähigkeit wiederhergestellt und die Ängste meiner Frau beschwichtigt hatte, verließ ich schließlich den Hochsitz. Das tat ich allerdings nicht ohne einen Seitenhieb auf meine Frau, daß mit Sicherheit das Schwein gelegen hätte und mir eine Nachsuche erspart geblieben wäre, wenn sie mich beim Schießen nicht behindert hätte. Die anschließende Nachsuche verlief wie erwartet oder – besser gesagt – wie befürchtet. Ich hatte unter Anleitung meiner Frau die Meisterleistung vollbracht, einmal mit der Kugel auf 40 Meter und einmal mit der Brennecke auf etwa 10 Meter an einem starken Überläufer vorbeizuschießen!

Das zweite Ereignis, an das ich mich zurückerinnerte, spielte sich auf dem gleichen Hochsitz ab, den wir an diesem Abend besetzt hatten. Auf der Wiese befand sich ein Wasserloch, das von den in der Feldwirtschaft tätigen Traktoristen geflissentlich immer umfahren wurde. Wir hatten damals ein Kranichpärchen beobachtet, das mit lauten, trompetenartigen Rufen am Wasserloch im Schilf gelandet war. Das störte offensichtlich einen Rehbock, der sich für uns nicht sichtbar im Schilf am Wasserloch niedergetan hatte. Er beantwortete die aufreizenden Rufe der Kraniche mit lautem Schrecken. Es handelte sich um einen jungen Sechser, der im doppelten Sinne vor mir geschützt war. Einmal war es kein Abschußbock und zum anderen unterlag er dem Schußverbot meiner Frau. Die Rufschlacht des Kranichpaares und des beteiligten Rehbockes hielt noch eine ganze Zeit lang an. Wahrscheinlich wollte keiner der beiden Kontrahenten freiwillig das Feld räumen und versuchte, den Gegner in die Flucht zu schreien. Dieses Vorhaben gelang schließlich den Kranichen. Widerwillig und noch mehrmals laut schreckend zog schließlich der Rehbock von dannen.

Die Erinnerungen an die Jagderlebnisse mit meiner Frau wurden jäh unterbrochen. Im angrenzenden Kornfeld war ein tiefschwarzer Fleck sichtbar. Sollte das schon so früh ein Schwarzkittel sein, der sich hier bewegte? Bevor ich das Glas erhoben hatte, war der schwarze Fleck verschwunden. Angestrengte Beobachtungen in den nächsten Minuten, selbst mit Unterstützung meiner Frau, blieben ohne Ergebnis. Da tauchte plötzlich der schwarze Fleck an einer lichten Stelle im Korn wieder auf. Noch war aber nicht zu erkennen, was sich dahinter verbarg. Vorsichtshalber hatte ich schon in der Hoffnung auf ein Wildschwein das Gewehr in die Schießscharte des Hochsitzes aufgelegt. Weitere Beobachtungen brachten Entwarnung. Ein weißer Streifen über Haupt- und Rückenpartie „enttarnten" das vermutete Schwein als einen Dachs, der durch das Kornfeld streifte. Er hatte, wie ich vor einiger Zeit feststellte, seinen Bau in einem kleinen Wäldchen inmitten der Felder.

Nach einiger Zeit des Ansitzens schlug meine Frau Alarm. Sie hatte, wie sie glaubte, mit dem Unterton der Empörung einen Mopedfahrer entdeckt, der durch das Getreide fuhr. Eine sofortige Beobachtung mit dem Fernglas brachte eine saftige Überraschung. Der „Mopedfahrer" entpuppte sich als ein grobes Schwein, das hochflüchtig das Getreidefeld durchquerte. Leider war die Entfernung von vielleicht 400 Metern viel zu groß, um einen Schuß abzugeben.

Dieser Vorfall bewegte mich jedoch zu einem Stellungswechsel vom Hochsitz an den Rand des benachbarten Roggenfeldes. Der hohe Roggen bot uns eine gute Deckung. Das Feld lag an einer schmalen Wiese und dahinter lag das besagte Gerstenfeld, wo meine Frau den „Mopedfahrer" ausgemacht hatte. Vielleicht konnten wir von diesem Standort aus die Wildschweine in Schußentfernung vorbekommen.

Schnell war nach einem kleinen Marsch durch die Wiese der neue Ansitz im Roggen eingenommen. Dort richteten wir uns gemütlich auf einer mitgebrachten Decke ein. Die scheinbare Ruhe im Roggen wurde jedoch im Gegensatz zum Hochsitz von einem aggressiven Mückenschwarm empfindlich gestört. Das versprühte Spray dämpfte etwas die Angriffslust der blutbesessenen Insekten, die sich in einem benachbarten kleinen Tümpel in der Wiese sicher mit großem Erfolg vermehrt hatten. Als „Ersatz" für die abgewehrten Mücken traten leider bald die Ameisen in Erscheinung, die geradezu meisterhaft jedes Schlupfloch in der Kleidung herausfanden.

Trotz angestrengter Beobachtungen ließ sich in der kommenden Zeit nicht das erhoffte Wild „herbeigucken". Da machte sich meine Frau dadurch bemerkbar, daß sie mich schweigend – soviel hatte sie bei der gemeinsamen Jagd schon gelernt – anstieß und hinter uns deutete. Als ich mich vorsichtig umdrehte, erblickte ich ein Bild, das ich in meiner langjährigen Jagdzeit wohl immer in Erinnerung behalten werde. Dicht hinter uns stand ein Rudel Damhirsche im Roggenfeld. Ihre Geweihe sowie Haupt und Träger hoben sich deutlich vom Gelb des Roggens und dem hellen Himmel im Hintergrund ab. Es waren acht Geweihte, unter ihnen mehrere starke Hirsche. Die Entfernung mochte vielleicht 40 Meter betragen. Das Hirschrudel verhoffte reglos, und da der Wind für uns günstig stand, konnten sie mit uns offensichtlich nichts anfangen, da nur unsere Köpfe sichtbar waren. Nachdem wir so eine ganze Zeit lang regungslos gegenübergestanden hatten, wagte ich ein Experiment. Ich ging gebückt ganz langsam Schritt für Schritt auf das Rudel zu, in gespannter Erwartung, was sie wohl unternehmen würden. Nachdem ich so einige Meter auf sie zugegangen war, gaben sie ihre Reglosigkeit auf. Angespannt äugten sie auf uns und schaukelten mit ihren Geweihen hin und her. Als sich auch meine Frau vorsichtig hinter mir auf das Rudel zu bewegte, wurde unseren Gegenübern diese Sache wohl unheimlich. Langsam und geradezu widerwillig setzten sie sich in Bewegung und wie zur Verabschiedung schaukelten ihre Geweihe über dem Roggen. Noch oft und gern haben wir uns an die Überraschung im Roggenfeld erinnert.

Herbstansitz

Von Ursula Sabban

Die Tage wurden deutlich kürzer, die Abende und Nächte bereits auch schon empfindlich kühler. Ein Zeichen, daß die Tage der Bockjagd für dieses Jagdjahr zu Ende gingen.

Der Abschußplan war noch nicht ganz erfüllt, und mein derzeitiger Jagdherr trug mir an, noch das Nötige zu tun.

Nun denn – ich war mit notwendiger, ungeliebter Hausarbeit beschäftigt, als mich das Gefühl, heute noch anzusitzen, nicht mehr losließ.

Gegen Mittag richtete ich gemächlich meine Jagdutensilien zusammen, zur Freude meines treuen Jagdbegleiters Arco, einem Irish-Setter-Rüden. Er war in diesem Jahr in seinem 7. Felde. Er postierte sich so, daß ich ihn auf keinen Fall beim Gehen übersehen konnte.

Es amüsierte mich immer wieder, denn er war ja stets mein Begleiter.

Ich packte das Auto – Arco natürlich zuerst – und wir fuhren voller Erwartung in unser Revier.

Die Luft war klar, die Sonne schien, es war ein herrlicher Herbsttag.

Im Revier, an der Jagdhütte angekommen, trug ich mich in unsere Ansitzliste ein und konnte so gewiß sein, nicht gestört zu werden.

Da ich zeitig unterwegs war, konnte ich in Ruhe anfahren, das Auto an einen geeigneten Platz stellen und in aller Ruhe zu meiner auserwählten Kanzel gehen.

Ich liebte diesen Platz. Er war abseits von durchgehenden Wegen. Die Felder waren abgeerntet, nachgewachsenes Grün war jedoch vorhanden.

Die ganze Ecke war mit natürlich gewachsenen Dickungen und dadurch herrlichen Einständen umgeben. Bach und See waren auch in Sichtweite.

Auf meiner Kanzel angekommen, richtete ich alles in der mir gewohnten Ordnung und hatte dann Zeit hinauszuhorchen.

Mir war, als würden Enten, Bläßhühner und auch am Bachlauf zu sehende Nutria ebenfalls den nun doch schon fortgeschrittenen Herbsttag schätzen.

Genau wie ich auch!

Ich lehnte mich zurück und schaute mit meinem Fernglas das Umfeld ab.

Ich wußte, daß ein alter, sehr heimlicher Bock hier seinen Einstand hatte.

Er wurde immer nur sehr kurz und auch sehr spät gesehen. Eigentlich galt mein Ansitz ihm, denn er wurde schon einige Jahre bestätigt, und wir konnten beobachten, daß er bereits deutlich zurücksetzte.

Ich genoß nun die langsam untergehende Sonne, empfand die feuchte Kühle des Abends, als links von mir deutlich Tritte zu hören waren.

In diesem Moment verfolgte ich mit meinem Glas weit gegenüber eine Geiß, begleitet von ihren zwei Kitzen.

Ich hielt nun inne und bewegte mich ganz ganz langsam in die Richtung, aus der die Geräusche kamen.

Ich konnte nichts sehen. Im Moment war es auch wieder ruhig.

Ab sofort war ich aber nur noch auf diese Stelle konzentriert und lauschte.

Kritisch der Lichtsituation gegenüber dachte ich noch – na ja – in der nächsten halben Stunde muß es klappen.

Da – nun wieder ein Rascheln – ein Zupfen an den Zweigen.

Jetzt konnte ich ihn ausmachen. Ich bekam fürchterliches Herzklopfen – es war der erhoffte Bock.

So – nun galt es – jetzt nur keinen Fehler machen.

Wie schon erwähnt, er wurde spät bestätigt und er zeigte sich auch sehr vorsichtig.

Ich wartete, bis er langsam aus dem Dickicht austrat. Er war mit Äsen beschäftigt, als ich meine Waffe richtete und mich vorteilhaft postierte.

Ich wurde unruhiger, denn das Licht ließ zusehends nach, und ein jetzt angebrachter Schuß wäre völlig unsinnig gewesen. Er stand viel zu schräg von meiner Position aus. Also mußte ich noch abwarten.

Jetzt setzte er sich wieder in Bewegung.

Ich verfolgte mit dem Zielfernrohr meiner Haym-Büchse – 7×65 – die ruhigen Schritte des Stückes.

Doch jetzt – jetzt zog er nach rechts und gab mir dadurch sein Blatt frei.

Ich kontrollierte noch einmal, stach ein, der Schuß brach, und ich wurde durch den Knall aus meiner konzentrierten Anspannung gerissen.

Ich beobachtete jetzt ruhig das Verhalten des Bockes. Doch was war? Warum steht er noch?

Im Hintergrund das Restlicht der untergehenden Sonne – der Blick jetzt zu mir herüber. Ich hatte den Eindruck, er wolle fragen – war ich gemeint?

Im Moment unfähig, viel zu tun, beobachtete ich nun die Silhouette des Wildkörpers sicher in dem Wissen, gut abgekommen zu sein.

Mein Herz pochte.

Doch dann – endlich – trollte er noch ein paar Schritte weiter, blieb wieder stehen, und sein nochmaliger Blick zu mir endete mit dem Aushauchen seines Lebens, deutlich erkennbar durch die kalt-feuchte Luft.

Ich bekam eine Gänsehaut!

Er tat sich nieder, legte seinen Träger auf die dunkle Erde und das Haupt zu Seite.

Ich beobachtete das alles, und noch nie wurde mir das Erlegen eines Stückes so bewußt.

Es vergingen noch ein paar Minuten, bis ich das alles erfaßte und von der Kanzel stieg.

In der Zwischenzeit war es bereits dunkel und ich ging zum Auto, um meinen Arco zu holen, der nach dem Schuß schon ungeduldig auf mich wartete.

Wir kamen ruhig bei dem erlegten Bock an, wo wir dann Totenwache hielten.

Ich wollte mit meinen Eindrücken noch nicht zur Jagdhütte zurück und das Erlebte mit anderen teilen.

Würden sie mich verstehen?

Wäre ich zu sentimental?

Nun – ich habe nur festgestellt – dieser Anblick fesselt mich bis heute – und ich werde nie mehr diesen langen, heißen Atemstoß vergessen.

Langsam trug ich meinen Bock zum Auto, verlud alles und fuhr zur Hütte.

Ich wurde dort schon ungeduldig erwartet. Schließlich war es ja schon spät.

Einige Stunden verbrachten wir, nachdem das Stück waidgerecht versorgt war, noch in unserer Hütte.

Es waren Stunden – angereichert mit allerlei erzählten Erlebnissen.

Meine Gefühle, die diesem Ansitz galten, erzählte ich erst viel, viel später.

Gedanken zur Silvesternacht

Von Rudolf Leyh

Leise und leicht fallen die Flocken. Am frühen Morgen begann es zu schneien, erst schüchtern, dann zunehmend stärker. Kurz nach Mittag wurde das Schneetreiben so heftig, daß man kaum 20 Schritte sehen konnte. Häuser, Straßen, Bäume und Sträucher verschwanden im dichten Flockenwirbel. Jetzt am Abend hat das heftige Schneetreiben nachgelassen und es ist merklich kälter geworden. Nur noch spärlich fallen die Flocken und der Wind ist zur Ruhe gekommen.

Silvester ist heute. Eine feierliche Stille liegt über Wald und Flur, die durch das ruhige, lautlose Herniederschweben weicher Flocken noch eindringlicher, fühlbarer zu werden scheint.

Noch einmal in diesem Jahr zieht es mich hinaus. Ganz behutsam schreite ich im flaumenweichen, hohen Schnee durch die Natur. Kein Vogelruf dringt an mein Ohr, keine Spur irgendeines Wildes kreuzt meinen Weg. Alles Leben scheint erstorben. Nur ganz gedämpft hört man die Schellen eines Gespannes, wahrscheinlich eines Schlittens, der, von Pferden gezogen, der nahen Gaststätte zustrebt, um dort die Insassen hinzubringen, die die letzten Stunden des Jahres mit guten Freunden in froher Gesellschaft verbringen wollen. Dann bin ich allein, allein mit meinen Gedanken. Das Dorf habe ich längst hinter mir gelassen. Alles sieht heute so verändert aus. Obwohl ich den Weg fast täglich gegangen bin, kommt mir alles unwahrscheinlich neu vor. Der Schnee hat alle Formen und Farben verwischt und alles mit einem gleichmäßig weißen Anstrich versehen. Mir ist nicht, als ginge ich durch mein vertrautes Jagdgebiet, wo ich jeden Fußbreit Erde, jeden Stein und jeden Strauch kenne, sondern als wandere ich durch eine völlig unbekannte Gegend.

Leise und vorsichtig setze ich Fuß vor Fuß, als gelte es im raschelnden Laub ein Stück Wild anzupirschen.

Ich habe nicht die Absicht, heute noch zu jagen und die feierliche Stille durch einen Schuß zu stören. Ein paar Kilogramm Kastanien und Eicheln habe ich im Rucksack, die ich zur Futterstelle bringen möchte, damit auch Reh und Hase, Schwarz- und Rotwild ein wenig teilhaben können an den Festlichkeiten der Menschen in den letzten Tagen.

Wieder taucht ein Jahr unter im Meer der Vergangenheit und ein neues steigt empor. Da treibt es den Waidmann dorthin, wo er die schönsten und reinsten Freuden erlebte, in den Wald zum Wild. Und darum wandere ich heute nochmals hinaus, um am letzten Tag des scheidenden Jahres Rückschau zu halten, dort, wo man so oft Zuflucht suchte vor dem Hasten und Treiben der lauten Welt.

Immer noch fallen die Flocken und legen sich behutsam auf die schon dicke Schneeschicht.

Hier, an meinem Lieblingsplatz, mache ich einen Baumstumpf, den ich schon so oft als ein Stück Wild im fahlen Mondlicht ansprach, vom Schnee frei und setze mich auf meinen nunmehr leeren Rucksack.

Mein Blick schweift hinüber zur nahen Kanzel, von der aus ich schon so manches Stück Schwarzwild, Rotwild oder Rehwild streckte. Auch den vorsichtigen Fuchs erreichten schon oft meine Schrote.

Meine Gedanken gehen zurück. Wieviel Stunden habe ich hier, ob am Tage oder bei Nacht, schon angesessen, als die Sauen die Felder der Genossenschaft heimsuchten und mehr Schaden als vertretbar anrichteten. Einige stärkere Keiler, Überläufer, Frischlinge und so manche alte Bache bezahlten den angerichteten Schaden mit ihrem Leben.

Noch weiter zurück gehen meine Gedanken. Hier in dieser Ecke standen schon Hochsitze in der dunkelsten Zeit unseres Volkes. Nicht wir, sondern Reiche, die es sich finanziell leisten konnten, durften hier die Jagd ausüben.

Heute jagen Menschen aller Bevölkerungsschichten ohne Klassenunterschiede in den Wäldern Deutschlands.

Dankbar sind wir, daß wir in Frieden unserer Arbeit nachgehen können und in unserer Freizeit die Hege und Pflege des Wildes ausüben dürfen.

Viele Erinnerungen werden wach. Dort, hinter der Schlehenhecke, der schlecht veranlagte Bock, den Schuß hat er nicht gehört und war sofort verendet.

Oben auf dem schmalen Wiesenstreifen, der nun, tief verschneit, von den Feldern nicht mehr zu unterscheiden ist, der Augsprossengabler. Mit gutem Blattschuß ging er doch noch 250 Meter, und erst die Nachsuche mit dem Rauhhaardackel führte uns am nächsten Tag zum Hirsch.

Dort drüben, auf dem Schlag junger Fichten, der wildernde Hund, schon lange hatten wir ihm Rache geschworen. Der Bastard hetzte wochenlang das Wild in diesem Gebiet, bis ihn eines Nachts das Schicksal ereilte.

Langsam mache ich mich weiter auf den Weg. Von fern hört man das Bellen eines Hundes. Leise klingen vom Dorf her Glocken. Erst jetzt merke ich, daß es aufhörte zu schneien.

Vom Himmel blitzen Tausende Sterne. Nebenan im Fichtenaltholz ruft ein Käuzchen. Merkwürdig hell ist es nun geworden. Ist es der Schnee, der so weite Sicht schafft?

Die Augen wandern hin und her. Von den kleinen schneegepuderten Fichten hinüber zu der alten knorrigen Eiche, die schon viel mehr Jahre als ich kommen und gehen sah.

Schräg vor mir ziehen lautlos sechs Stück Rehwild über das Feld der Wiese zu.

Wieder bin ich mit meinen Gedanken allein. Es wird Zeit, an den Heimweg zu denken. Sicher wird die Familie schon warten. Es fällt mir schwer, meinen Platz zu verlassen, denn es ist zu schön im nächtlichen Winterwald. Zu sehr liebe ich dieses Stillsein, dieses Sinnen und Lauschen nach innen und außen.

Eine Schneelast rieselt hinter mir aus den Fichtenkronen und hat mich im ersten Moment ein wenig erschreckt.

Wieder ruft das Käuzchen, als mahne es mich, es wird Zeit. Danach wie vorher vollkommene Stille. Ich verfalle in Gedanken. Manches hätte man anders, besser machen können, ob im Beruf oder auch beim Jagen im vergangenen Jahr, auch das geht mir durch den Kopf. Fehler, die man machte und bereute. Aber welcher Mensch ist schon fehlerfrei.

Jahreswende ist heute. Nun führt der Weg der Sonne wieder aufwärts, dem Lenz, dem Sommer entgegen, stetig, ständig, von Tag zu Tag, nicht ohne Stürme und Regen.

Noch einmal ruft der Kauz, als mahne er mich: Es wird Zeit, den Heimweg anzutreten.

Die Luft ist still und kalt. Stern bei Stern am samtblauen Himmel. Groß und rund steht der Mond zwischen dieser Pracht. Es wird eine sehr kalte Nacht. Nun aber heimwärts, denn ich will mit Frau und Kindern noch einige Stunden des alten Jahres feiern und mit einem „Prosit" das neue Jahr begrüßen.

Möge es allen Menschen der Erde Frieden bringen. Setzen wir alle unsere ganze Kraft dafür ein, daß nie wieder ein Krieg von deutschem Boden ausgeht und daß nie wieder eine Mutter ihren Sohn und eine Frau ihren Mann beweint.